W0372948

BASTEI
LÜBBE
TASCHENBUCH

Titel ist auch als E-Book erhältlich.

Über die Autorin:

Die Niederländerin Lidewij van Wilgen arbeitete lange als erfolgreiche Marketingmanagerin in Amsterdam, bis sie sich 2002 einen langgehegten Traum erfüllte. Zusammen mit ihrem Mann ging sie nach Südfrankreich und kaufte ein Weingut. Während ihr Mann ins alte Leben zurückkehrte, bildete sich Lidewij van Wilgen selbst zur erfolgreichen Winzerin aus. Heute produziert sie preisgekrönte Weine und lebt mit ihren drei Töchtern auf dem Weingut *Mas des Dames* südlich von Montpellier. Mehr zu ihr und ihren Weinen auf www.masdesdames.fr.

Lidewij van Wilgen

TRÄUME ERNTEN

Eine junge Frau, ein altes Weingut
und ein neues Leben

Aus dem Niederländischen
von Anja Lademacher

BASTEI
LÜBBE
TASCHENBUCH

BASTEI LÜBBE TASCHENBUCH
Band 60743

1. Auflage: Juni 2013

MIX
Papier aus verantwortungsvollen Quellen
FSC® C006701

Dieser Titel ist auch als E-Book erschienen

Vollständige Taschenbuchausgabe

Deutsche Erstausgabe

Für die Originalausgabe:
Copyright © 2011 by Lidewij van Wilgen
Titel der Originalausgabe: »Het domein«
Originalverlag: De Bezige Bij, Amsterdam

Für die deutschsprachige Ausgabe:
Copyright © 2013 by Bastei Lübbe GmbH & Co. KG, Köln
Textredaktion: Josefine Janert, Berlin
Titelillustration: © shutterstock/PAUL ATKINSON
Umschlaggestaltung: Kirstin Osenau
Satz: hanseatenSatz-bremen, Bremen
Gesetzt aus der ITC Officina Serif Std
Druck und Verarbeitung: CPI books Ebner & Spiegel, Ulm
Printed in Germany
ISBN 978-3-404-60743-3

Sie finden uns im Internet unter
www.luebbe.de
Bitte beachten Sie auch: www.lesejury.de

Der Preis dieses Bandes versteht sich einschließlich
der gesetzlichen Mehrwertsteuer.

Für Marijn, Fiene und Lara

1

Vom Tal aus führt ein schmaler Weg den Berg hinauf. Unter den dunklen Eichen ist der Asphalt so schwarz, dass sich meine Augen unwillkürlich schließen, wenn plötzlich ein Streifen hellweißes Licht durch die Bäume fällt. Eine sanfte Biegung, eine Natursteinmauer, ich trete aus dem Schatten, die Aussicht weitet sich. Die grelle Sonne fällt auf das Felsplateau hinter den Weingärten und taucht es in ein helles Ockergelb. Dann geht der Asphalt in einen Sandweg über, und ich fahre durch eine Wolke aufstäubenden Sandes auf die hohen Zypressen in der Ferne zu. Ich stelle mein Auto ab und schlage die Tür zu – das Geräusch durchschneidet die Stille und lässt eine erschrockene Leere zurück.

Das ist das Bild, das ich meinen Freunden und Bekannten immer und immer wieder gezeigt habe: ein langgestrecktes, sandfarbenes Haus mit hellblauen Fensterläden im Schatten einer großen, weit ausladenden Esche mitten in Frankreich. Alle konnten sich das Leben dort sofort vorstellen: den langen Tisch, den wir im Kies aufstellen würden, die vollen Gläser mit dem selbstgemachten Wein, spielende Kinder. Ein ewiger Sommer.

Mit zwei schweren Einkaufstaschen in der Hand gehe ich vorsichtig das schmale Treppchen mit den glatten Steinen zum Haus hinunter. Ich stelle die Taschen auf die kleine Arbeitsplatte in der Herberge, sie ist der Teil des Hauses, den wir zu Anfang bewohnen werden. Eine Stunde noch, dann kann ich Fiene und Marijn aus dem Kindergarten und Laartje, das Baby, bei der Tagesmutter abholen. Ich stopfe einen Kopfsalat in das winzige Gemüsefach des Kühlschranks und verkeile ein Stück Käse auf einem Becher Crème fraîche. Hier wohnen wir also: ein langgezogener Raum von acht mal vier Metern mit einer kleinen Küche aus dem Baumarkt, weiß verputzten Wänden und einem Kamin aus hauchdünnem Kupferblech, über das schon bei der leisesten Berührung wollüstige Wellenbewegungen laufen. Madame Ros, die Vorbesitzerin, hatte uns diesen Raum, den sie als Ferienunterkunft vermietet und daher besser in Schuss gehalten hatte als den Rest des Hauses, als Höhepunkt ihrer Führung durchs Haus präsentiert. »Leicht zu vermieten, gute Einnahmequelle«, hatte sie gebrummelt. Eine unzufriedene Frau mit schwarzem, krausem Haar, die uns mit müder Routine durchs Haus geleitete – immer diese unbekümmerten, jungen Touristen, die ihr nur unnötig Arbeit machten. Dieser Widerwille spiegelte sich auch in ihrer Kleidung, einer schlabbrigen Leggins im ausgeblichenen Tigerprint, auf ihrem T-Shirt ein blaues Pferd vor einem verwaschenen Regenbogen.

Ich stopfe die letzte Flasche Milch in den Kühlschrank, stelle die Einkaufstaschen in die Ecke und gehe nach draußen. Dort trete ich ein wenig zurück, um die sonnenbeschienene Fassade zu betrachten. Der Schatten der Blätter zeichnet ein Muster darauf, das wirkt wie ein feiner Häkelteppich – genau so müssen romantische Häuser in Frankreich aussehen. Dann betrete ich durch die hohen Stalltüren den rechteckigen Mittelteil des Hauses.

Hier ist es dunkel, die hintere Wand hat keine Fenster, der Boden besteht aus gestampfter Erde und krümeligem Beton. Ich gehe die zwei Stufen in einen höher gelegenen Raum hinauf, der mit alten Terrakotta-Fliesen ausgelegt ist. Vor 300 Jahren war dies der Wohnraum, kaum zwölf Quadratmeter rund um einen großzügigen offenen Kamin aus weißem Stuck. Für die armen Bauern, die von Sonnenaufgang bis Sonnenuntergang auf dem Land arbeiteten, wird es gereicht haben, ein Platz, an dem sie sich kurz erholten, in der Wärme des Kamins und des Viehs im Raum nebenan – kurz etwas essen und dann nur noch schnell ins Bett. In der Ecke führt eine steile, irrwitzig schmale Treppe, die schon lange nicht mehr benutzt wird, nach oben in eines der Schlafzimmer. Madame Ros ging durch den Anbau aus dem 19. Jahrhundert nach oben, durch eine niedrige Öffnung in der dicken Steinmauer – ich muss mich bücken, um hindurchzukommen. Auf Madame Ros' Spuren gehe ich in die Schlafzimmer auf der oberen Etage, wo die Möbel Schatten auf der Wand hinterlassen haben. Ich stelle mir Madame Ros vor, wie sie barfuß auf dem verschlissenen Teppich im hinteren Schlafzimmer steht, schlecht gelaunt wie immer. Dort stand auch der Wäscheschrank, in dem sie ihre hautfarbenen Strumpfhosen aufbewahrte, dort das Bett, auffallend klein für zwei Menschen, die sich so wenig leiden konnten wie sie und ihr Mann. In einer Ecke löst sich ein Fetzen der rosa geblümten Tapete von der Wand, ein Nistplatz für eine Familie mir unbekannter Insekten in einem weißen durchsichtigen Netz.

Ich betrete das Zimmer ihres Sohnes. Ich habe ihn nie kennengelernt, aber ich weiß, dass er arbeitslos war und den halben Tag im Bett lag. Besonders anregend kann es jedenfalls nicht gewesen sein, den lieben langen Tag im Spannungsfeld dieser zwei frustrierten Menschen zu verbringen. Ich stelle ihn mir vor, wie er auf dem schmalen Bett in der Ecke liegt und mit wütenden Bewegungen masturbiert. Diese Vinyltapete ist wirklich eine gute Wahl für das Zimmer eines Jungen – kurz irgendwas an die Wand gekleistert, fertig. Ich schaue mir die schmutzig beige Tapete an und versuche, mich nicht in Gedanken darüber zu verlieren, welchen Ursprung die Flecken darauf haben. Auf der nach vorne gelegenen Seite befinden sich zwei weitere schmale Zimmer. In dem einen hat eine Tochter gelebt, die schon lange nicht mehr zu Hause wohnte. Das zweite Zimmer beseelt eine andere tiefer versunkene Verlassenheit. Ich betrachte die verschlissene Tapete mit den blauen Kornblumen und versuche mir vorzustellen, wer hier wohl geschlafen haben mag, denke an das Bett aus Mahagoni-Holz, das dort ganz sicher gestanden hat, die steife Baumwollbettwäsche mit dem gehäkelten Rand. Es ist der einzige Teil des Hauses, in dem die originalen Sprossenfenster noch erhalten sind, wo die Decke von alten, braunen Balken getragen wird. Auch hier herrscht diese lastende, staubige Traurigkeit. Erschrocken wehre ich mich gegen die Frage, die sich mir plötzlich aufdrängt: Ist hier jemals irgendjemand glücklich gewesen?

Ich gehe nach draußen, zurück zu meinem Auto, zu demselben dunkelblauen Volvo, den ich auch in den Niederlanden schon gefahren habe, und stehe im Schatten der großen Zypressen in dieser eindringlichen Leere, die sich um mich herum auftut. *I have never found a companion that was so companionable as solitude,* zitiere ich bitter in Gedanken, wobei ich mich an die Weinberge wende, die mich seelenlos anstarren. Noch niemals in meinem Leben war ich so alleine wie während dieser langen Tage in diesem weiten Land. Das also sind die viel beschworene Ruhe und die Stille, die von den Niederlanden aus so anziehend gewirkt haben, die mich den ersehnten buddhistischen Idealen von innerer Balance und Wahrheit näher bringen sollten.

In Wirklichkeit aber werde ich morgens fast panisch, wenn ich die Fensterläden öffne und dieses leere Land vor mir sehe. Diese vollkommene Leere, diese Abwesenheit eines jeden Geräusches, das Fehlen jeglicher menschlichen Gegenwart – all das macht mir Angst.

Manchmal wechsele ich ein paar Worte mit unserem einzigen Angestellten oder mit dem jungen Mann, der die Weinberge für uns bewirtschaftet. Sie haben ihre Arbeit, ihren festen Tagesablauf – meine einzige Aufgabe besteht darin, hier zu sein, und niemanden kümmert diese rein physische Anwesenheit. Man begegnet mir mit einem freundlichen Mitleid, die Menschen im Dorf grüßen mich, um sich dann wieder ihrem eigenen Leben zuzuwenden.

So ist es, jemand zu sein, der keine Bedeutung hat.

Zwei Jahre zuvor: Ich sitze hinter einem großen Schreibtisch aus gehärtetem Glas, darauf eine modern anmutende Aluminium-Leuchte und ein Stapel Ordner und Entwürfe. Ich bin 31, Strategische Leiterin in einer Amsterdamer Werbeagentur und mit acht Jahren Berufserfahrung beinahe ein Veteran in diesem Berufsfeld. Rob, der Leiter der Agentur, für die ich arbeite, lehnt sich lässig an den Türpfosten, wobei er ein Bein über das andere schlägt. »Ach Lidewij«, säuselt er, »kannst du nicht eine Brille aufsetzen? Mit Fensterglas? Nur dieses eine Mal?«

Erst als ich am nächsten Tag mein Spiegelbild in dem glänzenden Mahagoni des gediegenen, altehrwürdigen Versammlungssaales betrachte, als ich die forschenden Blicke all der älteren Herren spüre, die umständlich schwere Füller und in Leder gebundene Notizblöcke vor sich auf den Tisch legen, verstehe ich Robs Bemerkung. Es ist ziemlich mutig von ihm, ein Mädchen wie mich vorzuschicken. Ich zögere eine Sekunde, öffne dann meinen Laptop und tauche mit dem blauen Licht, das sich verbreitet, in meine Präsentation ein. Aus den Augenwinkeln sehe ich, wie jemand nickt, ein großer Mann im blassrosa Hemd macht sich sogar Notizen. Ich versuche, es einfach zu halten, wenn sie meine Analyse akzeptieren, folgt der Rest von selbst: wenn A, dann B, dann C, und selbstverständlich muss das dann Strategie X nach sich ziehen!? Und da kommen auch schon die Jungs, die den kreativen Teil vorstellen – große Tafeln aus festem Styropor werden auf den Tischen ausgelegt und mit großen

Gesten präsentiert. Die Herren am Tisch richten sich auf – endlich, jetzt wird es interessant.

Zufrieden betrachte ich das Schauspiel, wohl wissend, dass alles passt. Schließlich haben wir vorher all das gemeinsam begutachtet und ausführlich besprochen, in langen Diskussionen in verrauchten Zimmern voll bekritzelter Papiere und zerknüllter Plastik-Kaffeebecher. Draußen klopfen wir uns gegenseitig unbeholfen auf die Schultern und gehen vor Erleichterung laut redend die Gracht entlang zu einem Café, wo wir gemeinsam essen werden.

Es war nie mein Wunsch gewesen, in der Werbung zu arbeiten. Als Kind wollte ich Archäologin werden. Doch diese Idee gab ich auf, als sich herausstellte, dass meine sorgfältig freigelegten Grabungsfunde Stücke eines Abwasserrohres waren. Danach beschloss ich, dem Vorbild meiner Eltern und meiner Tante Carla zu folgen, denn sie alle hatten sich schließlich für die Kunstakademie entschieden, und das, obwohl sie aus guten Familien mit einer vorhersehbaren Zukunft kamen. Ich erinnere mich noch gut an die samtenen Zigarrenkisten meines Großvaters, den neuen Mercedes, der alle zwei Jahre in seiner Garage stand, an meinen anderen Großvater, der immer einen Hut trug, den er abnahm, um die Damen auf der Straße zu grüßen.

Ich kenne nicht viele Menschen, die sich selbst immer so treu geblieben sind wie mein Vater Rex. Da er realistisch genug war, nicht im Dachzimmer auf seinen Durchbruch als Künstler zu warten, nahm er einen Job bei einem großen Chemie-Unternehmen an, wo er schon bald eine Managementfunktion innehatte. Doch kaum wurde »der Laden« geschlossen, warf er seine Anzüge in die Ecke und kehrte zu seinen Skulpturen zurück, später zu seinem Segelboot. Auf einer Weihnachtsfeier der Firma fiel mir auf, dass Rex außer dem Weihnachtsmann der Einzige war, der einen Bart trug und einen Rollkragenpulli anstelle einer Krawatte. Es war mir egal: Er war der Maßstab, nicht die anderen. Abends im Bett wartete ich immer ungeduldig, dass er mir einen Kuss gab, und wenn ich ihn darum bat, machte er auch noch einen Handstand gegen meinen Schrank.

Als ich acht Jahre alt war, trennten sich meine Eltern. Wie vernünftige Erwachsene es eben tun, hatten sie sich nie im Beisein der Kinder gestritten, sodass alles, was ich bisher glaubte, von der Welt verstanden zu haben, wie ein Kartenhaus in sich zusammenbrach. Das also waren die beiden Menschen, die im Auto so herzlich miteinander lachen konnten, die vor dem Kamin Sherry tranken, während sie der Filmmusik aus »Der Clou« lauschten. Wenn das kein deutliches Zeichen dafür war, dass alles gut war, was dann?

Jahrelang war ich anschließend ständig auf der Hut, weil ich fest davon überzeugt war, dass nichts so ist, wie es scheint, dass einem der Boden jederzeit unter den Füßen weggezogen werden kann.

Mein jüngerer Bruder Michiel und ich blieben bei meiner Mutter Simone, die sich nicht so leicht unterkriegen ließ. Alleinerziehend – na und! Sie suchte sich einen Job bei einer Fluggesellschaft, sodass wir zweimal im Jahr umsonst verreisen konnten, vorausgesetzt, dass kurz vor Abflug noch Plätze frei waren. »Mein Gott, Mama, kann nicht mal irgendwas ganz normal ablaufen?«, fragte Michiel, als alle Touristen bei ihrer Ankunft in den Bus stiegen, während wir auf der rostigen Rückbank eines alten Pick-ups von der Landebahn gefahren wurden.

»So ist es doch erst ein richtiges Abenteuer!«, sagte sie lachend mit im Wind flatternden Haaren. Dann versuchte sie verzweifelt, die auf und ab hüpfenden Koffer zwischen ihren Beinen einzuklemmen. Sie fand ein frei stehendes Häuschen auf Kreta, direkt am Strand, wo wir den ganzen Tag umsonst Wasserski fahren durften, um andere Touristen anzulocken. Über Bekannte organisierte sie in Spanien ein kleines Penthouse mit einem eigenen Schwimmbad. Nachts lagen wir auf dem Dach, um zu den Sternen hinaufzuschauen. In Marokko nahm sie uns mit in die Altstadt von Tétouan, wo sie mit einem charmanten Lächeln auch die aufdringlichsten Teppichverkaufer auszuschalten wusste. Sie trug schwarze Seidenhosen, schöne weite Röcke, klingelnde Armbänder und ihr Haar als halblangen Pagenkopf – man denke an Roxy Music und die Pointer Sisters. Erst als ich erwachsen war, wurde mir bewusst, wie wenig Geld wir damals gehabt haben müssen. Geld war ein Thema, das Simone nie interessiert hat. Auf Jugendfotos sieht man sie in ihrem Gartenhäuschen vor einer Villa in Heemstede oder breitbeinig, im weißen Trainingsanzug, auf einem Tennisplatz im Garten stehen. Als geschiedene Mutter wohnte sie eben in einem Neubauviertel, und das war auch in Ordnung. Ich glaube nicht, dass ich sie je habe klagen hören.

Michiel war in der Grundschule sehr beliebt, ich dagegen bewegte mich mehr am Rande, ein zu langes, dünnes Mädchen, das stundenlang in seinem Zimmer saß und malte, als einzige Gesellschaft eine immer kahler werdende Katze, die von ihrer Sterilisation einen Hängebauch zurückbehalten hatte.

»Lidewij könnte, wenn sie nur wollte«, stand in den ersten Klassen auf der weiterführenden Schule regelmäßig in meinem Zeugnis. Wenn alle sowieso schon wissen, dass ich es kann ..., dachte ich, als ich am ersten Tag der Prüfungswoche eine strahlende Sonne über den Häusern aufgehen sah. Es hatte schon beinahe eine Woche gefroren, und nach dieser sternklaren Nacht musste das Eis überall dick genug sein. Ich ließ meine Schultasche stehen, nahm mein Fahrrad und band wenig später auf einem Baumstumpf sitzend meine Schnelllauf-Schlittschuhe zu. Die Eisfläche war spiegelglatt, unermesslich groß, und ich hatte sie ganz für mich alleine. An diesem Tag lief ich eine riesige Runde, am nächsten Tag wieder und immer so weiter bis zum Ende der Woche.

Ich glaube, niemand war überrascht, als ich eine Sechs für jede der verpassten Prüfungen bekam. Das Mädchen-das-es-kann-aber-es-nicht-zeigt war für die Lehrer jetzt ein für alle Mal Vergangenheit, keine Diskussionen mehr, ich musste die Schule verlassen. Da war ich 13.

Nach dem freundlichen Gymnasium war die Hauptschule grausig. Jede überdurchschnittliche Note wurde mit Argwohn betrachtet, und die dicke Tochter des Metzgers machte sich die Mühe, mir jeden Tag kurz mitzuteilen, wie bescheuert und vor allem wie hässlich ich sei. Eine persönliche Meinung, die ich schon bald für die Wahrheit hielt und von der ich aus Scham nicht einmal Simone erzählte. Aber die Sache führte dazu, dass ich Lust bekam, endlich loszulegen. Mit kurz vor dem Explodieren stehenden Lungen tauchte ich mit 16 Jahren endlich auf. Die Realschule war eine andere Welt, zwei Jahre später hatte ich den Abschluss in der Tasche.

Miriam erinnert sich noch genau daran, wann sie mich das erste Mal im Abendgymnasium in Haarlem gesehen hat. »Die Stunde hatte bereits vor zehn Minuten begonnen, als du auf einmal in die Klasse kamst«, erzählt sie.

»Wir haben bereits angefangen. Wenn du nicht rechtzeitig kommst, kannst du gleich wieder gehen«, hatte Anja Schoof, die Biologielehrerin, damals gesagt. »Es tut mir leid«, antwortete ich, »aber ich habe für diese Ausbildung bezahlt, und jetzt will ich auch was davon haben.« Zwei Mädchen hatten mich lachend angeschaut – es war nur logisch, dass wir Freundinnen wurden.

Annemiek hatte abwechselnd schneeweißes und pechschwarzes Haar, das sie so toupierte, dass es auch noch aufrecht stand, wenn sie sich hinlegte. Sie kam aus einer freundlichen Gärtnerfamilie aus Lisserbroek und tat alles, um sich von ihrer alten Umgebung abzugrenzen. Sie trug atemberaubend große Ohrringe, kurze Tüllröcke und Netzstrümpfe oder Latzhosen mit Bleichflecken und war sehr gut in Mathematik und Wirtschaftslehre. Und Miriam, die unglaublich schön sein konnte, blond und glamourös mit der Ausstrahlung einer Debbie Harry und am nächsten Tag plötzlich in einem alten Männerjackett und einer komischen Wollmütze erschien – ein Schatten ihrer selbst. Miriam wusste immer, wo etwas los war, wo die Feten stattfanden, auf denen die echten Punker rumhingen. Sie war schlau, impulsiv, und ich mochte sie sofort.

Zwei Jahre später studierten Miriam und ich an der Universität Amsterdam – zuerst Niederländisch, dann Kommunikationswissenschaften. Ich saß in der Redaktion der Fachschaftszeitung und wusste endlich, was ich später machen wollte: Artikel schreiben, recherchieren, vielleicht Dokumentarfilme drehen. Meinen ersten gut bezahlten Job fand ich allerdings in der Werbung. Im Prinzip konnte ich auch dort genau das tun, was mir Spaß machte. Ich bekam genügend Geld und die Möglichkeit, für meine Analysen alle Themen zu recherchieren, die mich interessierten, und ich konnte schreiben. Von Beginn an fühlte ich mich ernst genommen, hatte sogar eine wichtige Funktion in der Agentur.

Noch spannender wurde es, als ich eine Strategie-Abteilung aufbauen durfte und eng mit ein paar sehr schlauen und ehrgeizigen Jungs meines Alters zusammenarbeiten konnte, die sich um die kreative Leitung kümmerten. Es war wie ein Rausch, eine Wachheit, die abhängig machte. Und solange es immer weiter aufwärtsgeht, muss man sich keine Fragen stellen.

Ich lernte Aad im Konferenzraum eines gut frequentierten Restaurants kennen, in das ein Kollege mich geschleppt hatte – eine Gruppe Strategen wollte sich dort mit kreativen Arbeiten anderer Agenturen auseinandersetzen. Ich traf auf eine Gruppe von Männern, die ich damals »schon älter« fand, die aber wahrscheinlich um die 40 waren. Ich war dort eine der wenigen Frauen und in einem Alter, in dem man noch mit fröhlicher Unschuld kurze Röcke mit hohen Absätzen kombiniert. Nachdem wir einige farblose PowerPoint-Präsentationen gesehen hatten, erschien Aad, ein junger Werbetexter, der über ein Video mit ausländischen Werbesendungen sprechen sollte. Seine blonden Wuschelhaare und der verwaschene Sweater bildeten einen deutlichen Kontrast zu den anthrazitfarbenen Anzügen der Herren Strategen. Er hielt einen kurzen, aber durchdachten Vortrag mit einem Witz oder einer Relativierung an den richtigen Stellen. Dich finde ich nett!, dachte ich und gesellte mich nach dem Vortrag zu der Gruppe Männer, die um Aad herumstand. Ich wurde in ein sehr langatmiges Gespräch verwickelt, in dem ein ergrauter Herr sehr ernsthaft darlegte, dass der Anteil Humor in einem Film nicht über 55 Prozent liegen solle. Vorsichtig entfernte ich mich von der Gruppe, und Aad tat dasselbe.

Anderthalb Jahre später heirateten wir, vielleicht, weil genau das damals in unserem Alter und in unseren Kreisen nicht üblich war. Von Aads Wohnung im Zentrum von Amsterdam zogen wir los. Nachdem die Polizei die Junkies verjagt und herumliegende Spritzen in die Gracht gekickt hatte, konnten wir in das Boot steigen, das dort festgemacht hatte, um durch die Grachten zum Standesamt zu fahren. Ich trug ein langes, enges Kleid von »Puck & Hans«, das damals total angesagt war, was die Kinder später nicht nachvollziehen konnten. Vielleicht hätte ich bedenken sollen, dass die Töchter, die ich einmal zur Welt bringen würde, in ihrer Mutter gerne die Prinzessin gesehen hätten. Wir heirateten im Rathaus von Amsterdam, an dessen Anlegestelle uns unsere Freunde erwartet hatten. Gefeiert wurde an diesem Abend im Haus von Rex und seiner Freundin Anneke, wo der stolze Vater den Innenhof des Bauernhofs extra für die Hochzeit hatte pflastern lassen. Nach einigen Gläsern Wein war er richtig in Stimmung. Auf einer großen Bühne standen Bläser und eine unglaublich gute Sängerin mit einem riesigen Mund und einer entsprechenden Stimme.

Es war ein phantastischer Abend – das Leben war schön und konnte nur noch schöner werden, da war ich mir ganz sicher.

2

Für unsere Hochzeitsreise mieten Aad und ich ein Segelboot in Griechenland, wo wir von Athen aus nach Hydra hinübersegeln. Dann fahren wir, mit Hilfe der Karten und unserer ungefähren Position, einfach drauflos. Die nächste Insel, Serifos, liegt fast 60 Meilen weiter in den Kykladen und ist selbst mit dem Fernrohr nicht zu erkennen. Es ist das erste Mal, dass wir ins Nichts hineinfahren, umgeben von einer sich kräuselnden Wasserfläche, die bis zum Horizont reicht. Erst unterhalten wir uns noch, aber schon bald sind wir gemeinsam still, versunken in unsere eigene Gedankenwelt blicken wir in den silbern leuchtenden Schimmer auf dem Wasser. Ich fühle, wie mich eine Ruhe erfüllt, die größer ist als ich selbst – die bewohnte Welt mit ihren Menschen und Autos, Problemen und ihrem Streben scheint unerreichbar weit weg, beinahe vergessen.

In den kommenden Tagen legen wir an Inseln an, auf denen oft nur wenige Familien wohnen, die einen Leuchtturm betreiben oder ein paar Fischerboote besitzen. Wir meistern ernsthafte Stürme und sinken nachts todmüde, aber zutiefst zufrieden in den Schlaf. Jeden Abend finden wir irgendwo einen Holztisch unter einer Überdachung aus blaugefärbtem Metall gedeckt mit Schilf. Das Menü ist immer gleich: Griechischer Salat. Hühnchen. Sardinen. Schwertfisch. Wir trinken Retsina, merken, dass dieses Leben alles ist, was wir brauchen, und sind lächerlich glücklich.

Wir müssen uns ganz schön umstellen, als wir wieder in die Niederlande zurückkommen, und wir fragen uns, ob es dort auch schon so stressig war, bevor wir wegfuhren. Während der Arbeit lese ich Bevölkerungsstudien: Mit fast 400 Einwohnern pro Quadratkilometer sind die Niederlande das am dichtesten bevölkerte Land in Europa. Ich frage mich, wo die fast eine Million Menschen leben sollen, die in den kommenden 30 Jahren noch erwartet werden.

»Wenn du Kinder haben willst, solltest du dich nicht mit mir zusammentun«, hatte ich zu meinem ersten Freund gesagt. Als kleines Mädchen war Tante Clara mein Vorbild, die ganz alleine ein cooles Leben führte, und auch später übte das Gerede über Babyzimmer und das Konzept »junges Paar hinter dem Kinderwagen« wenig Anziehungskraft auf mich aus.

Aber Aad hat schon einen Sohn aus seiner ersten Ehe, Niek, einen blonden Jungen, der erst zwei Jahre alt ist, als ich ihn das erste Mal sehe – alle zwei Wochen ist er am Wochenende bei uns. Ich versuche, einen angemessenen Abstand zu wahren, aber der wird von Niek schon bald nicht mehr eingehalten – er findet mich nett. Irgendwo in meinem Inneren scheint es einen Vorrat an Spielen, Liedern und Kinderhumor zu geben, der plötzlich fröhlich nach oben sprudelt. Es fühlt sich gut an, ein Kind im Pyjama auf dem Schoß zu haben, und so bin bald ich es, die seine Windeln wechselt und ihn tröstet, wenn er hingefallen ist. Es erstaunt mich, wie einfach und natürlich ein Kind in mein Leben passt, dass es etwas in mir gibt, das zumindest diesen Jungen glücklich macht. Aber Niek hat schon eine Mutter.

Plötzlich ist es die natürlichste Sache der Welt, mit 28 bin ich schwanger. Ich fühle mich stark und gesund, und je weiter die Monate fortschreiten, desto stärker wird das Gefühl, dass das alles richtig ist.

Marijn wird in dem hochgelegenen Schlafzimmer am Westerhoutpark geboren. Auf dem Tischchen neben dem Bett brennt eine dicke Kerze in Omas antikem Kerzenständer. Ich bin in mich gekehrt, versuche lang und ruhig zu atmen und meine Gedanken auf etwas anderes zu richten als auf den Lastwagen, der in wiederkehrenden Abständen über meinen unteren Rücken fährt. Ich sehe Szenen von Gemälden von Hieronymus Bosch vor mir, mittelalterliche Dorfplätze, auf denen Zähne ohne Betäubung gezogen und Glieder amputiert werden. »Das ist völlig sinnlos! Das ist absurd!«, rufe ich und finde mich noch ziemlich höflich für einen Menschen, an dem herumgeschnitten wird, während eine andere Frau sich gleichzeitig mit voller Wucht auf seinen Bauch wirft. Dann übernimmt eine Kraft, die größer ist als ich, machtvoller als der Schmerz. Loulou, die Hebamme, legt Marijn mit einer fließenden Bewegung auf meine Brust und deckt sie mit einem kleinen Tuch aus weichem Flanell zu. Aad kniet voller Stolz und Liebe neben uns – eine sanfte Stille legt sich über die Familie. Ich rieche die süßen Haare von Marijn und schaue sie an.

Du bist es, denke ich.

Ruhig und ganz selbstverständlich nimmt Marijn ihren Platz in der Welt ein. Den größten Teil des Tages trage ich sie am Körper in einem grünen Tragesack mit kleinen, weißen Sternen darauf. Sie trinkt bei mir, schläft in meinen Armen, entdeckt mit einer stillen Freundlichkeit die Dinge um sich herum. Wieder arbeiten zu gehen ist schwieriger, als ich dachte. Da sitze ich also mit einer lärmenden Milchpumpe in einem abgeschlossenen Zimmer, während im Raum nebenan Besprechungen stattfinden. Die Wochen verstreichen, und allmählich finden sich die Dinge: Die Krippe wird zu einem vertrauten Ort, es genügt mir, einen Tag in der Woche hinter dem Kinderwagen herzulaufen.

Noch bevor Marijn zwei Jahre alt ist, kommt ein zweites Kind: Fiene – ein kleines, energisches Mädchen, das mit einer skeptischen Haltung in die Welt blickt. Mühelos zapfe ich einen zweiten Vorrat unerschöpflicher Liebe an, mühelos findet Fiene ihren Platz neben Marijn, der Beginn einer unzerstörbaren Allianz.

Ich bin zu einem Mitglied der bunten Schar geworden, die sich in die schmalen Straßen von Haarlem ergießt, diesem Heer von hippen, jungen Müttern. So vorhersehbar wie der Zug der Forellen sind wir aus Amsterdam herübergezogen, um hier unsere Brut großzuziehen – wir tragen hohe Stiefel, kurze Jacken und fahren ein Bakfiets, also ein Fahrrad mit einem Holzaufbau, mit dem wir unsere fröhlich gekleideten Kinder transportieren.

»Kannst du dich nicht einfach mal ruhig hinsetzen?«, fragt Simone, als sie freitags auf einen Kaffee vorbeikommt. Natürlich nicht, ich muss in die Stadt, ich muss einen Strampler kaufen oder umtauschen, ich muss mit Miriam und Annemiek Kaffee trinken, Marijn braucht eine Rassel oder ihr erstes Holzpuzzle. Ich parke mein Bakfiets vor dem Geschäft mit dem pädagogisch wertvollen Spielzeug und treffe dort dieselben Frauen wie in der Stadt.

Sobald das Wetter es zulässt, fahren Aad und ich mit den Kindern an den Strand. Wir trinken Kakao am Kamin des Strandpavillons »Parnassia« oder sitzen an den langen Sommerabenden auf der Terrasse des Strandcafés »Zeezicht«. Marijn spielt mit einem anderen Kind, Fiene kuschelt sich warm in meine Arme. Ich schaue Aad in die Augen, das Licht ist golden und legt einen weichen Glanz auf seine Haut, ein sanfter Wind streichelt sein sonnengebleichtes Haar. Ich lehne mich zu ihm hinüber und küsse ihn lange auf den Mund. Alles ist gut, das ist Glück, dessen bin ich mir mehr als bewusst. Ich weiß sehr genau, was für ein Luxus es ist, Teil einer Familie wie der unseren zu sein, mit einem Mann zusammenzuleben, ohne es in Zweifel ziehen zu müssen.

Können Dinge zu perfekt sein? Die Pyramide von Maslov: Wenn alle Basisbedürfnisse befriedigt sind, möchte man sich weiterentwickeln. Waren wir damals verwöhnt? Oder ist es eine Tatsache, die wir nicht ignorieren können? Auf einmal ist jedenfalls diese Unruhe wieder da, die wir auch nach unserem Segelurlaub empfunden hatten. Es fällt uns vor allem auf, wenn wir im Auto sitzen: All die Orte unserer Jugend, die Wiesen, über die wir als Kinder gerannt sind, das Feld hinter dem Entenstall, an all diesen Stellen sind Neubauviertel aus dem Boden geschossen. Die vertraute Landschaft entlang der Autobahn ist inzwischen ein einziges Industriegelände, an dem wir langsam vorbeischleichen, während wir im Stau stehen. Rex und Anneke verlassen ihren Bauernhof auf der Flucht vor einem sich nähernden Wohngebiet, das die Aussicht auf die Weiden hinter ihrem Haus auf eine kaum mehr wahrnehmbare Erinnerung reduziert. Carlas Aussicht über die Friesischen Seen wird inzwischen von einem langweiligen Ferienpark voller Autos mit deutschen Kennzeichen versperrt. Selbst auf dem Wasser finden wir das Gefühl der Freiheit nicht wieder, das wir früher noch hatten. »Es kommt mir so vor, als ob inzwischen jeder ein Boot besitzt«, beschwert sich Aad, als er seinen Kurs zum fünften Mal ändern muss.

Es ist wie eine tickende Uhr – man kann das Geräusch eine Zeit lang ignorieren, aber sobald man sich einmal darauf konzentriert, hört man es ständig.

Mit einer Tasse Tee in der Hand lehne ich mich gegen die Arbeitsplatte aus Granit in der Küche von Mariël, einer jungen Frau aus unserer Nachbarschaft. Sie hat dichtes blondes Haar, zwei kleine Kinder, einen Mann mit einem hervorragenden Gehalt und arbeitet selbst an drei Vormittagen in einem Architekturbüro. »Das kommt also alles raus?«, frage ich ungläubig. »Ja, natürlich«, sagt sie und wirft einen genervten Blick auf ihre Küchenschränke. »Dieses helle Holz, das hat man jetzt einfach nicht mehr! Ich weiß, dass das alles erst zwei Jahre alt ist, aber Wenge-Holz finde ich inzwischen schöner. Und dann können wir auch gleich die Kücheninsel mit dem AGA-Herd einbauen lassen.«

Wir werden immer häufiger zu Grillpartys in der Nachbarschaft eingeladen. »Schon im Internet nachgeguckt?«, fragen die Männer einander: »Was ist dein Haus inzwischen wert?«

»Ah, Westerhoutpark!«, sagen die Leute, wenn ich mich vorstelle und erzähle, wo ich wohne, und finden mich offensichtlich sofort sympathischer. Doch die Enttäuschung ist groß, wenn sie hören, dass ich auf der Innenseite wohne. »Aber dann hast du sicher einen großen Garten?«

Ich schließe Freundschaft mit einigen der Frauen. Sie sind sehr nett, aber es ist unglaublich, wie sehr wir uns alle gleichen. Wir haben alle eine gute Ausbildung, einen irgendwie kreativen Beruf, drei Kinder und einen Volvo vor der Tür. Wir haben alle große Häuser voll »origineller Details«, die gleichen Holzböden und die gleichen großen Tische. Es scheint eine direkte Verkehrsanbindung zum Ausstattungshaus »Pols Potten« in Amsterdam zu geben, von wo aus Lieferwagen voller neuer Möbel unser Viertel anfahren. Niemand hat Lust, in der eigenen Wohnung ständig dieselben Sachen anzugucken, und ich merke, dass das Gefühl ansteckend ist. So eine Lampe hätte ich auch gerne. Was für langweilige Teller habe ich da eigentlich? Und noch bevor es mir bewusst ist, sitze auch ich schon wieder im Auto auf dem Weg ins Möbelhaus.

Es wird Cappuccino und Rosé getrunken und über die neuesten Anschaffungen geredet, die Arbeit, die Kinder, Freunde und Ferien – alles ist möglich, alles läuft prima.

Keine zwei Jahre später, auf dem Weingut, würde ich einen Mord begehen, um auch nur eine dieser Frauen in meiner Nähe zu haben. Im Moment, in Haarlem, gibt es nur einen Gedanken, der mich nicht mehr loslässt: Ich gestalte mein Leben nicht mehr selbst, es ist nichts als eine Kopie all der Leben um mich herum.

Wenn ich in die Zukunft blicke, sehe ich einen geraden Weg vor mir, auf dem alles voraussagbar ist: Die Kinder gehen ins Städtische Gymnasium und spielen Hockey. Und wenn ich ein wenig älter bin, treffe ich mich mit den anderen Müttern zum Tennisspielen. Es fühlt sich an wie ein Urlaub im Club Med – ein fester Rahmen, in dem man die gleichen vorfabrizierten, schönen Dinge tut wie all die Menschen um einen herum, wie jeder, der vor oder nach einem kommt. Wunderbar, aber nach zwei Wochen kann man es nicht mehr ertragen.

Im Büro lese ich zum vierten Mal den Auftrag durch, der vor mir liegt. Okay, Kunde X hat wieder ein neues Frühstücksprodukt entwickelt. Ich stelle mir den Supermarkt vor, das überquellende Regalfach, in das wir das jetzt auch noch stopfen müssen. Noch mehr Auswahl, noch mehr Verpackungen, noch mehr Abfall. Immer deutlicher sehe ich, worum sich mein Beruf im Kern eigentlich dreht: Es geht darum, Menschen unzufrieden zu machen. Man hat schon einen Fernseher, einen Toaster, eine Lieblingsmarmelade, aber jetzt gibt es außerdem noch X!, Y!, Z! Schmeiß weg, was du hast, entscheide dich für etwas Neues – alle Werbung ist Öl ins Feuer der Konsumgesellschaft.

Ich fange an, ein Konzept für das Frühstücksprodukt zu schreiben. Wie viele Strategien gibt es? Zehn? Zwölf? Ich kenne sie alle, schüttele sie aus dem Ärmel. Ein Kompliment am Ende einer Präsentation gibt mir kaum noch etwas, schließlich musste ich mich nicht dafür anstrengen.

Aad hat seine eigenen Sorgen. Seit er die kreative Leitung des Amsterdamer Büros einer großen internationalen Werbeagentur übernommen hat, kann er vor lauter Problemen nicht mehr aus den Augen gucken. Die Kunden machen Ärger, es gibt Reibungen mit dem Mutterhaus und etliche interne Konflikte, die ihm das Leben schwer machen. Er ist oft krank und müde, was mir angesichts der Umstände normal erscheint. Es ist schön, abends, wenn die Kinder im Bett sind, zusammen auf dem Sofa zu sitzen und unverbindliche Gespräche wie dieses zu führen:

»Und wenn wir einfach mal was ganz anderes machen würden?«

»Was denn?«

»Ich weiß nicht, ins Ausland gehen oder so, irgendwohin, wo es viel Platz gibt, Natur, gutes Wetter.«

Es ist schön, den Ball unverbindlich hin und her zu werfen. Ich beobachte, wie Freunde das Gleiche tun – ein lustiger Zeitvertreib für verwöhnte junge Menschen.

Einer von Aads Kollegen, Jan, lädt uns in sein Haus in Nord-Frankreich ein, in das er am Wochenende ab und zu fährt. Es ist erstaunlich, bereits kurz hinter der Grenze ist alles anders: leicht abfallende Weiden mit grasenden Kühen, kleine Dörfer aus Natursteinhäusern, wir ganz alleine auf dem verlassenen Weg. Jan ruft die Nachbarin an, die den Schlüssel für ihn aufbewahrt, ein französisches Mütterchen wie aus einem Film. Es nimmt sich in seiner geblümten Kittelschürze klein und zerbrechlich zwischen diesen großen, kräftigen Holländern aus, die hier einfallen. Die Nachbarin lächelt zurückhaltend.

Das Haus wurde lange nicht geheizt, und jetzt ist es feucht hier, der riesige Herd in der Küche verbreitet den sauren Geruch eines vor allzu langer Zeit gelöschten Feuers. Es ist eine andere Welt. Abends essen wir vor dem großen, offenen Kamin, wir unternehmen lange Wanderungen durch die feuchten Felder, genießen die Weite und die Leere um uns herum. Nach nur zwei Tagen ist die Hektik der Stadt von uns abgefallen.

»Ist das nicht genau das, wonach wir auch suchen?«, fragt Aad, als wir am Sonntagabend wieder auf unserem Sofa in Haarlem sitzen, »einfach so, ein zweites Haus, um ab und zu aus der Stadt herauszukommen?« Ich schaue ihn an, sehe, wie Farbe auf seine Wangen zurückkehrt, und schmiege mich an ihn.

»Ich denke, das ist ein ziemlich guter Plan«, sage ich.

Nicht zu weit entfernt von den Niederlanden und an der Küste. Ein paar Wochen später machen wir eine Studienreise durch die Normandie. Ein begeisterter englischer Makler, der glaubt, dass unser Findungsprozess schon weiter fortgeschritten ist, als es tatsächlich der Fall ist, schleppt uns effizient durch die Region. Er führt uns von quasi-rustikalen Häusern mit Balken in Holzimitation zu vollkommen verfallenen Scheunen, die er mit den Worten anpreist, dass sie »voller Möglichkeiten« steckten. Aad erhöht den Richtpreis auf einen inzwischen mehr als ambitionierten Betrag. Ich trete ihm gegen das Bein, schaue ihn fragend an. Aber der Makler hat schon zufrieden sein Gaspedal durchgetreten und nimmt den Fuß erst wieder herunter, als er über den Kies schlitternd vor einem großen grünen Gittertor zum Stehen kommt. Eine kleine Auffahrt führt zu einem riesigen, weißen Landhaus aus dem 18. Jahrhundert mit einer Parkanlage voll blühender Rhododendren. All das ist so riesig, dass der Preis schon fast wieder angemessen ist.

Erwartungsvoll schaue ich dem Makler über die Schulter, als er die Tür öffnet ... Leere! Wir stehen vor einer einzigen großen Fläche aus glänzend rosa Fliesen, keine Kamine, keine Ornamente an der Decke. Auf der oberen Etage sind die Zimmer nur ausgestattet mit billigen Einbauwaschtischen und Schränken aus Pressspan. »Sehr leicht zu reinigen!«, versucht der Makler es kurz, aber er hat bereits verstanden. Ohne weiteren Kommentar fährt er uns zur Küste. Vom Küstenort Houlgate aus führt ein langer Weg ins Hinterland, von dem der Makler abbiegt. Wir fahren jetzt durch dichten Pappelwald, der sich mit Feldern und hohem glänzenden Gras abwechselt. Das Auto schreckt eine Gruppe wilder Gänse auf, die erst hoch oben in der Luft wieder zueinanderfinden.

Le Héroussard, wie das Anwesen heißt, ist einer dieser wenigen Plätze auf der Welt, an denen sich alles richtig anfühlt, die Lage auf dem sanft abfallenden grünen Hügel, die Aussicht. Man blickt hier weit hinaus bis zum glänzenden Band des Meeres, das Haus selbst ist einnehmend in seinem verfallenen Stolz. Während Aad mit dem Makler spricht, steige ich auf der breiten Treppe aus dunklem Holz nach oben. Ich gehe durch die Zimmer mit dem polierten Parkett und den mit Toile-de-Jouy-Tapeten bespannten Wänden und streiche über den weichen Marmor eines verzierten offenen Kamins. Als ich von einer der Terrassen aus über das Land schaue, bin ich mir sicher – hier möchte ich bleiben.

Auf dem Weg zurück, im Auto, stellen uns Aad und ich immer und immer wieder dieselbe Frage. Angenommen, wir würden *Le Héroussard* kaufen, womit würden wir dann Geld verdienen? Zum Anwesen gehören zwei Hektar Pappelwald und ein paar Weiden, die man verpachten könnte. Aber ansonsten? »Wir könnten Projekte annehmen, von Frankreich aus arbeiten«, sage ich. Aad schüttelt den Kopf: »Du vielleicht. Ich arbeite mit einem Artdirector zusammen, ich kann nicht weg. Ich leite eine Abteilung, Kunden wollen mich sehen …«

»Wir könnten an Touristen vermieten, als Herberge.« Automatisch sehe ich es vor mir: Was bleibt von der stillen Schönheit übrig, wenn Familien auf dem Rasen Badminton spielen?

»Weißt du, wie oft es in der Normandie regnet?«, fragt Rex,

als wir ihm von unserem Plan erzählen. Er breitet so viele Wetterkarten auf dem Tisch aus, dass wir schließlich seufzend zustimmen. Die Normandie ist es also nicht und ein Haus ohne Einkommensquelle auch nicht.

Und so gehen wir wieder unseren Alltagsgeschäften nach.

3

Seit Aad die Agentur leitet, sitzt er mit den großen Jungs an einem Tisch, und große Jungs trinken teure Weine, die auch Aad immer besser schmecken. Nach einem *Château Lynch Bages '84* können uns die Weine aus der Neuen Welt, die in unserem Küchenschrank stehen, immer weniger überzeugen. Aad beginnt, an Weinproben teilzunehmen, und kommt jedes Mal strahlend und mit immer teureren Flaschen Wein nach Hause. Bei Ikea belädt er seinen Land Rover mit Stapeln zerlegbarer Weinregale, mit denen er schon bald den Keller vollgestellt hat. Wir kaufen neue, angemessene Weingläser, und der Stapel Weinführer neben dem Sofa wächst stetig. Aad ist nicht der einzige Mann aus der Nachbarschaft, der während einer Einladung zum Essen ständig Weingläser poliert und sich einen neuen Wortschatz antrainiert, mit Wörtern wie »Adstringenz« und »Blumigkeit«.

Ich betrachte die schnuppernden und glucksenden Männer mit liebevoller Ironie. Ich kann mir keine Jahreszahlen und Appellationen merken, bin aber trotzdem verrückt auf Wein und probiere mit großer Freude all die Herrlichkeiten, die sich mir auf einmal anbieten.

Eine alte Schulfreundin von Aad ist mit einem Schweizer Winzer verheiratet, und in den Jahren, bevor Aad mich kennenlernte, ist er oft bei dem Paar zu Besuch gewesen. Er mochte die indianischen Lebensweisheiten, die Stéphan zum Besten gab: *»La terre n'est pas à moi, je suis à la terre ...«* Wie schön und edel. Den Boden bearbeiten, selber hervorragende Weine herstellen –

auf einmal war Aads Traum geboren. Wein herstellen! Wie wär's, wenn wir das machten?

In diesem Sommer segeln wir mit den Kindern in Griechenland. Wir meistern ohne Probleme Windstärke sieben und verleben Tage, an denen wir niemanden sehen als uns. Es ist offenbar möglich, dass wir uns völlig von allem frei machen können. Wir gemeinsam gegen den Rest der Welt.

»Von mir aus können wir ein Weingut suchen«, sagt Aad. Ich versuche, es mir vorzustellen, ein Haus wie *Le Héroussard*, aber in den Weinbergen – ein Haus mit einer Einkommensquelle. Wir stellen etwas Echtes her, ein Naturprodukt, nicht nur leere Worte, sondern Flaschen, die man anfassen kann. Aber das alles geht mir auch ein wenig zu schnell: Natürlich trinke ich gerne Wein, ich bin sogar verrückt auf Wein. Aber reicht das, um es zu meinem Beruf zu machen? Müssen wir wirklich so weit weggehen, um ein neues Leben zu beginnen? Aad will nicht mehr darüber reden. »Ich weiß, was ich will«, sagt er, »jetzt musst du dich entscheiden.«

Im Zentrum von Haarlem liegt der Weinhandel »Okhuysen«. Während einer Weinprobe im Gewölbekeller lernen wir Xavier van Okhuysen kennen, den Sohn des Besitzers. Er ist ein sympathischer junger Mann Mitte 30, Niederländer, der aber auch ohne Weiteres als typischer Franzose durchgehen könnte. Die letzten Jahre hat er in Bordeaux gelebt, jetzt steht er davor, den Weinhandel seines Vaters zu übernehmen. Mir fällt auf, dass er anders ist als viele der Männer, die wir auf den Weinproben treffen. Dieser junge Mann weiß so viel über Wein, dass er ohne jeden Snobismus auskommt.

»Gut«, sagt Xavier, »ihr wollt also wirklich ein Weingut kaufen?« Ein Anflug von Spott in seinem Lächeln lässt mich vermuten, dass er das schon öfter gehört hat. Ich sehe seine Kunden vor mir, ältere Herren, die sicher auch gerne mal über ein nettes Schlösschen als Kapitalanlage nachdenken, vereinzelte glückliche Paare wie wir, die großartige Pläne schmieden, die sie nie in die Tat umsetzen. Aber Xavier ist ein netter Kerl, und so setzt er sich mit uns zusammen und ruft einige seiner alten Bekannten in Bordeaux an, sodass wir mit einem Kalender voller Termine nach Hause gehen.

Aus dem Reiseführer von »Gîtes de France« suchen wir ein großes Natursteinhaus mit ausreichend Platz für uns, meine Mutter Simone und ihren Freund Henk heraus. Auf der Autobahn fahren sie hinter uns her, auf unserer Rückbank winken die Mädchen.

Endlich kommt die Ausfahrt in Sicht. Über kleine, sich dahinschlängelnde Wege erreichen wir ein Haus, das versteckt hinter einer niedrigen Mauer auf uns gewartet hat. Eine erdige Feuchtigkeit dringt aus dem Haus, als wir die Türen öffnen. Vorsichtig treten wir in das Leben einer Familie, die wir nie kennenlernen werden. Wir betrachten die Schränke, die mit ramponierten Gesellschaftsspielen vollgestopft sind, und die Wände, an denen sich die künstlerischen Inspirationen langer Sommerferien präsentieren. Über meinem Bett hängt ein Bild vom Haus, wie es nach einem Erdbeben ausgesehen haben muss.

Wir lassen Simone und Henk mit zwei wutschnaubenden Kindern unter der Überdachung der Terrasse zurück, steigen ins Auto und machen uns auf zu einem Termin auf einem Weingut mit niederländischen Besitzern. Während Aad fährt, blicke ich über die unendliche Ebene mit ihren graugrünen Weinbergen, die im leichten Nieselregen mit dem Horizont verschmelzen. Ich merke, wie sich ein dumpfer Widerstand in mir regt, sich eine Warum-Frage aufdrängt, die ich ärgerlich beiseiteschiebe. Dann beginnt das Land leicht abzufallen, und noch ein Stückchen weiter rufen Baumgruppen und Natursteinmauern tatsächlich die Assoziationen hervor, die man in Frankreich erwartet. Die Sonne bricht durch und wirft ihr Licht auf ein Feld mit dunkler Erde, auf dem eine große Gruppe Gänse im Matsch wartet, ihr weißes Gefieder voller dunkler Flecken. Ich stelle mir vor, wie einer nach der anderen Tag für Tag mit einer Hochdruckspritze püriertes, fettes Futter verabreicht wird.

Wir stellen das Auto vor einer kleinen Gebäudegruppe aus dunklem Naturstein ab, ein stämmiger, zufrieden dreinblickender Franzose kommt auf uns zu. Er ist hier angestellt und gut versorgt in einem großen, geschmackvoll umgebauten Haus mit einem BMW vor der Tür zurückgelassen worden. Der Besitzer schaut nur ab und zu vorbei und nimmt dann mit dem kleineren Apartment über dem Weinkeller vorlieb.

Der Mann führt uns mit angemessenem Stolz durch den blitzsauberen *cave*, den Weinkeller, in dem mit mathematischer Präzision glänzende Edelstahl-Weinfässer aufgestellt sind. Ich sehe beeindruckende Maschinen, deren Funktion ich nicht kenne, stelle mir den intensiven Landbau vor, der all dem hier vorangegangen sein muss, denke an das Wort »Investitionsobjekt«. Ich fühle die große Distanz zwischen mir und allem, was ich hier sehe – ganz anders als Aad. So wie überall ist er auch hier sofort in seinem Element und läuft begeistert hinter dem Angestellten her, beklopft die Weinfässer und kommentiert das Gesehene mit dem Habitus eines Kenners. Dann bekommen wir beide ein großes, frisch poliertes Weinglas in die Hand gedrückt, das schnell hintereinander mit Weinproben aus den Fässern X, Y und Z gefüllt wird. Es sind noch sehr junge Weine, die noch nicht assembliert sind, also noch nicht im richtigen Verhältnis gemischt wurden. Meine wichtigste Aufgabe bei all dem ist es, einen neutralen, aber interessierten Gesichtsausdruck zur Schau zu stellen, während harte Tannine meine Mundwinkel nach unten zwingen und ein hoher Säuregrad meine Lippen zu einem dünnen Strich verzieht. Erleichtert spucke ich die letzten Reste des Gebräus in den Eimer und folge den Männern in den Weinkeller, in dem lange Reihen makelloser Fässer in einem geharkten Bett aus feinem Kies liegen – es sind die älteren Weine. Jetzt schmecke ich Nuancen, die mir bekannt vorkommen, die ich einordnen kann. Ich rieche Kirschen, Himbeeren, so etwas wie Leder – wenn das möglich ist. Ich schmecke: voll, konzentriert, aber auch fruchtig, etwas Prickelndes, was auch immer das sein mag. Ich sage wenig, denn ich verstehe von diesen Weinen trotzdem noch nicht genug.

Am nächsten Tag treffen wir uns mit einem netten älteren Niederländer, der schon jahrelang als einflussreicher Weinhändler in Bordeaux ansässig ist. Auf der Suche nach der richtigen Adresse fahren wir über endlose, gerade Straßen mit farblosen Flachbauten aus dem vorigen Jahrhundert. Uns fällt auf, dass das majestätische Zentrum von Bordeaux ziemlich klein ist.

Unser Gesprächspartner lädt uns zu einem Essen ins Clubhaus eines Tennisvereins ein. Ich muss an die nach nassen Handtüchern riechende Kantine des Clubs denken, in dem ich als Kind Tennis spielte, finde mich dann aber in einem großen, hellen Raum mit langen Gardinen, lachsfarbener Tischwäsche und einer unendlichen, funkelnden Aneinanderreihung von in Gruppen aufgestellten Weingläsern wieder. Ich schiebe eine der schweren Gardinen ein wenig zur Seite und schaue nach draußen – tatsächlich, Tennisplätze. Über jeder Bahn prangt ein reich verziertes Schild mit dem Namen eines großen Weinhauses darauf.

Ein Kellner zieht meinen schweren Stuhl nach hinten, während ich mich im Restaurant umschaue. An den meisten Tischen sitzen ältere Damen und Herren, es herrscht das gedämpfte Rauschen von ruhigen Unterhaltungen. Ein altes Ehepaar sitzt sich wortlos gegenüber, die Frau kerzengerade. Ein weiches, dekoratives Lächeln hat sich wie ein niederschwebendes Blatt auf ihr Gesicht gelegt.

Der erste Wein wird eingeschenkt. Aad erkennt das Château und beginnt eine begeisterte Unterhaltung, die gespickt ist mit Jahreszahlen und Namen. Ich höre gedankenverloren zu, etwas in mir sträubt sich gegen das Speichern dieser Art von Information, mir fehlt der Ehrgeiz, dagegenzuhalten, mit besseren Karten aufzutrumpfen. Ich horche erst auf, als das Gespräch eine allgemeinere Wendung nimmt: Es ist so, wie ich bereits vermutet hatte, selbst die zweitklassigen Weingüter sind inzwischen in den Händen großer Investoren. Kleinere Neueinsteiger können eventuell noch einen Platz im Anbaugebiet Entre deux Mers erwerben, aber es ist schwierig, einen guten Markt für diese Weine zu finden. Ich schaue mich im Saal um und fühle, dass ich hier mit an Sicherheit grenzender Wahrscheinlichkeit nicht sein will.

Auf dem Rückweg sitzt Simone neben mir im Auto. Etwas außerhalb von Bordeaux lässt sie ihren Blick durch das Fenster über die endlosen Weinfelder schweifen, gedankenverloren. Dann dreht sie sich zu mir um. »Hohe Wiesen«, sagt sie, »hohe Wiesen sind es. Mehr nicht.«

Einmal in der Woche besuche ich jetzt Ike. Den Kontakt hat mir die »Alliance Française« vermittelt. Ike ist eine schlanke Dame mit glattem blonden Haar und aufrechtem Gang. Sie hat etwas Internationales, etwas Zeitloses, ohne große Schwierigkeiten kann man sie sich in einem luxuriösen Apartment in Paris, Mailand oder Barcelona vorstellen, allerdings eher in den Fünfzigerjahren als im Hier und Jetzt. In Wirklichkeit wohnt Ike nicht so weit von mir entfernt in einem klassisch eingerichteten Haus in Heemstede. Sie ist älter als ich. Wir führen andere Leben, aber schon bald entsteht eine gegenseitige Sympathie, sodass ich mich auf die Stunden mit ihr freue, die wir mit sorgfältig vorbereitetem Tee und Plätzchen beschließen, zu denen wir französische Chansons hören. Wir wiederholen die französische Grammatik, sie bringt mir die richtigen Redewendungen bei und korrigiert meine Konjugation. Die Stunden in dem ruhigen Zimmer mit seinem weichen Licht geben mir mehr als das: Ich beginne, die französische Sprache zu lieben.

Fiene hat sich von einem mürrischen Baby, das mit sieben Monaten zum ersten Mal lächelte, zu einem immer noch bestimmten, aber auch lieben, fröhlichen und anhänglichen Kind entwickelt.

Ich habe mehr Zeit für sie als damals für Marijn, und ich genieße es, sie morgens zu mir ins Bett zu nehmen und über ihren weichen Rücken zu streicheln. Sie wird wohl ein schlaues Mädchen werden – »sept, huit, neuf, dix!«, zählt sie fröhlich auf Französisch, da sie es auf Niederländisch bereits kann. Marijn geht mit vier in die Montessori-Grundschule am Rande von Heemstede, ein schönes, niedriges Gebäude mit viel Holz, das in den Zwanzigerjahren gebaut worden sein muss. Marijns Klasse ist ein großer, achteckiger Raum mit hohen Flügeltüren an drei Seiten, die auf einen ruhigen, von Bäumen umgebenen Spielplatz führen. Außer dem Gezwitscher der Kinderstimmen ist kein einziges anderes Geräusch zu hören, die Stadt scheint weit weg zu sein, und das Sonnenlicht fällt tief in den Klassenraum hinein.

An den Wänden stehen Regale voll rätselhafter Kästen mit Perlen, Holzklötzen und Papier. Ein kleines Mädchen mit braunen Zöpfen rollt eine Matte auf dem Boden aus, auf der sie Holzbuchstaben in einer scheinbar logischen Reihenfolge auslegt. Andere Kinder ziehen sich Malschürzen an oder arbeiten mit Montessori-Material, ordnen Reihen und Platten aus miteinander verbundenen Perlen (»Goldenes Material«, wird Marijn schon bald stolz sagen) auf einem Brett an. Marijn sitzt ruhig neben mir auf einem Stuhl und beobachtet alles genau. Unter dem Tisch hält sie meine Hand fest, dann beugt sie sich plötzlich vor und küsst sie schnell.

Neue Flaschen Wein stehen auf der Arbeitsplatte in der Küche. Nach dem traditionellen Weinbaugebiet Bordeaux hat Xavier uns jetzt mit dem Languedoc-Roussillon vertraut gemacht. Diese Region war schon immer für Massenproduktion bekannt. Aber seit einigen Jahren verwirklichen sich dort junge unkonventionelle Winzer. »Das Languedoc ist die Neue Welt Frankreichs«, lese ich in einem Weinjournal. Ich schaue auf die Karte, betrachte das langgezogene Stück Küste zwischen Montpellier und Perpignan und bemerke, wie das helle Grün an der Küste landeinwärts dunkler wird. Berge, denke ich. Ich sehe Sandstrände, Flüsse und eine lange blaue Linie, den Canal du Midi.

An diesem Abend öffnen wir ein paar der Flaschen: Rotwein von den Weingütern *La Rectorie* und *Sarda Malet*, einen Weißwein von *Mas de Daumas Gassac*. Nach der vollmundigen Noblesse der Bordeaux-Weine kommt es mir vor, als würde sich alles öffnen. Ich schmecke Früchte, Weite, Kräuter und Gewürze, die ich nicht benennen kann, aber vor allem Charakter. Drei Flaschen Wein, drei vollkommen unterschiedliche Persönlichkeiten. Meine Neugier wächst.

Wir gehen wieder auf Reise. Diesmal sind Rex und Anneke als Babysitter mit von der Partie, und Rex ist begeistert von dem Abseits-der-ausgetretenen-Pfade-Charakter unseres Projekts. »Ein großartiger Plan, raus aus dem Büro, mit den Kindern in der Natur leben, mit den Händen arbeiten ...« Unsere Abenteuerlust wird allerdings ein wenig gedämpft, als wir auf die Autobahn fahren und uns in die Reihe der Familienautos voll quengelnder Kinder und Heckscheiben mit bunten Stickern einreihen. Es fehlt nur noch, dass wir einen Wohnwagen hinter dem Auto herziehen. Ich betrachte die saubere Landschaft mit dem kerzengeraden Mais auf den Feldern, den zu ordentlichen Rollen gepressten Heuballen, den touristischen Hinweisschildern am Wegesrand und fühle, dass das raue Abenteuer, das wir uns vorgestellt hatten, noch nicht in Reichweite ist.

Es ist schon fast Abend, als die sanft abfallenden, frischgrünen Hügel langsam in eine immer trockenere Landschaft übergehen. Ich bemerke zufrieden den ersten Olivenbaum, die Felsen im Hintergrund und dann das erträumte Ziel der Reise, einen glänzenden Streifen am Horizont – das Mittelmeer. Ich habe das Gefühl, dass wir angekommen sind.

Über »Moerland«, eine niederländische Ferienhausvermittlung in Frankreich, haben wir ein großes, ockergelbes Haus auf einem Hügel in der Nähe von Saint-Chinian gemietet. Von der vorderen Terrasse aus hat man eine weite Aussicht über ein Tal mit hohen Felsen, die dicht mit dunklen Sträuchern bewachsen sind. Es ist eindrucksvoll still.

Ich stelle mir vor, dass das Haus einem niederländischen Chirurgen und seiner Frau gehört. Das große Sofa stand vor noch nicht allzu langer Zeit in ihrem Haus in den Niederlanden, auch die Küche von Ikea haben sie in Kartons von dort mitgebracht. Sie kommen mit Freunden ihres Alters hierher, trinken an dem großen Holztisch vor dem Haus ein paar Schnäpschen und Wein, den sie bei einem Produzenten aus der Region gekauft haben. Dazu essen sie selbstgemachte Tapenade, südfranzösische Olivenpaste.

Und jetzt sind wir hier.

Morgens, wenn alle noch im Bett liegen, setze ich mich draußen an den Tisch. Ich blicke über das große, stille Tal, wo vor mir, aber weit weg, die Dächer einiger Häuser aufleuchten, ich sehe die hohen Felswände, eine einzelne Zypresse. Es ist vollkommen windstill, und egal wie lange ich schaue, bewegt sich nichts. Ich starre in das Tal, und das Tal schaut zurück, wortlos, mit einer Ausdauer, die beinahe unhöflich wirkt. Leicht irritiert stehe ich auf, kehre der Aussicht den Rücken zu und gehe die Treppe hinauf, zurück ins Haus.

Als Erstes treffen wir einen niederländischen Weinimporteur, der ein Weingut im Roussillon besitzt. Wir hatten den sympathischen, selbstsicheren 50-Jährigen in Bundfaltenhose mit hellblauem Hemd bereits in den Niederlanden getroffen. Seine riesige Architektenvilla steht in einem deutlichen Kontrast zu seinem Weingut in Südfrankreich, das er zusammen mit einigen Freunden gekauft hat – ein raues Fleckchen Erde auf einem verdorrten Ausläufer der Pyrenäen. Ein Wohngebäude gibt es dort nicht, nur eine Betonterrasse mit einer von Weinranken überwucherten Pergola. Ich blicke auf den langen Tisch mit den Metallstühlen und kann es mir plötzlich vorstellen: Es muss schön sein, dort zu sitzen und über das Land zu schauen.

Begeistert führt uns unser Gastgeber durch die durstigen Weinberge, deren Untergrund ausschließlich aus losen Felsstücken zu bestehen scheint, sodass jeder Schritt wohlüberlegt sein will, ganz so, als würde man ein Flussbett mit vielen glatten Steinen überqueren. Während ich mich mühsam vorwärtsarbeite, wird mir klar, dass ich auf jeden Fall einen Weinberg besitzen möchte, in dem man sich normal bewegen kann.

Schwankend kommen wir am Auto an. Der Besitzer des Weinguts fährt voraus, als wir uns zu dem grauen, langgestreckten Dorf am Fuß des Berges aufmachen. Das Roussillon ist noch immer eine der ärmsten Regionen Frankreichs und auch eine der am wenigsten französischen. Während auf der Westseite der Pyrenäen die Basken ihre Zugehörigkeit zu Frankreich infrage stellen, sind es hier im Osten die Katalanen. Wir haben inzwischen – ungeachtet der vielen Haarnadelkurven und einladenden Abgründe – mehrere Autos überholt, deren gesamte Heckscheibe mit großen, gelb-rot gestreiften Flaggen Kataloniens bedeckt ist. In einem gut gemeinten Versuch der Integration hat unser Gastgeber ebendiesen Farben auch in seinem Auto einen Platz eingeräumt, allerdings verkehrssicher auf der Hutablage. Wir fahren am Café an der Hauptstraße vorbei, in dem drei dunkelhäutige Männer unter einer ausgeblichenen Flagge, die am Sonnenschirm über ihren Köpfen befestigt ist, düster über einer Flasche Pastis brüten – ihr entschlossener Groll macht sie einander zu Verbündeten.

Als wir im Weinkeller unseres Gastgebers stehen, schaue ich zur Hauptstraße hinüber. Eine Gruppe Kinder kommt vorbei, ein blasser Junge fällt mir auf, er hat eine kleine katalanische Flagge an seinem Rucksack befestigt. Ich kann mir unsere blonden Mädchen kaum zwischen diesen Kindern vorstellen.

Eine Freundin unseres Gastgebers, eine ziemlich hysterische, zu dünne Blondine, ist Immobilienmaklerin. Marlène ist nicht auf Weingüter spezialisiert, aber angesichts des französischen Systems, das keinem Makler Exklusivität garantiert, gibt es doch einiges, was sie uns zeigen kann. »Schwierig, schwierig« sei das, was wir da suchen: ein freistehendes Haus inmitten dazugehöriger Weinberge. Praktisch das gesamte Roussillon komme nicht infrage, aber auch im Languedoc seien die meisten Weingüter einfache Häuser mitten im Dorf, unten der Weinkeller und einige Zimmer auf der ersten Etage, während die Weinberge in der weiteren Umgebung verstreut liegen.

Abgesehen von den praktischen Vorbehalten ist das nicht das, wovon man als Ausländer träumt, wenn man an ein Weingut denkt. Das andere Extrem sind riesige Weingüter, schlossähnliche Gebäude, die von dutzenden, manchmal hunderten Hektar umgeben sind.

In der zweiten Hälfte des 19. Jahrhunderts hatte sich die Reblaus Phylloxera in Frankreich ausgebreitet, ein aggressiver Schädling, der das Wurzelsystem der Weinstöcke schädigt, sodass die Pflanze innerhalb eines Erntejahres abstirbt. Es gibt immer noch kein Mittel gegen die Laus, weshalb auch heute noch jedes Weingut in Frankreich verpflichtet ist, seinen Wein auf resistente amerikanische Unterlagsreben zu pfropfen. Die Epidemie breitete sich von Nordfrankreich aus und wanderte dann langsam Richtung Süden. Während die Weingüter im Burgund und um die Stadt Bordeaux herum bereits vernichtet waren, konnte das Languedoc noch eine Zeit lang produzieren. So wurden einfache Bauern über Nacht reich und ließen sich, oft mit einer guten Portion zu viel an gutem Geschmack, imposante Schlösser im Stil der Neugotik und der Neorenaissance errichten. Noch immer findet man überall entlang der Küste diese Bauten, inzwischen sind sie die Zentren großer, industriell geführter Weingüter.

Wer in kleinerem Maßstab einen qualitativ hochwertigen Wein herstellen möchte, muss auf die ärmeren Böden im Hinterland zurückgreifen, die in den *coteaux*, den Hügeln, liegen, in denen früher Kleinstbauern ihr Dasein fristeten, und die lebten nun einmal nicht in charmanten Schlösschen.

Wir verlassen das Roussillon und erreichen Narbonne, wo in bescheidener Nachahmung von Hollywood Buchstaben an einem Berghang stehen: der Name Narbonne und Werbung für das Unternehmen »Carrefour de l'Europe«. Im Altertum, als Narbonne ein Knotenpunkt an der Römerstraße *Via Domitia* war, mochte Größenwahn dem Ort vielleicht angemessen gewesen sein. Inzwischen bewegt man sich über eine lange Hauptverkehrsstraße, die auf beiden Seiten von deprimierenden Metallschuppen gesäumt wird, in denen sich die Niederlassungen derselben Baumärkte, Sportartikelhersteller und Einkaufsketten befinden, die es überall in Frankreich gibt. Auf einem brachliegenden Gelände wurden aus alten Paletten Tische gezimmert. Darauf ist eine unglaubliche Menge spanischer Töpferarbeiten drapiert – die monotone Zurschaustellung der hohen, kegelförmig zulaufenden Vasen weckt eine unerwartete Erinnerung an Amphoren aus dem Altertum.

Unsere Maklerin, Marlène, kommt jetzt richtig in Fahrt. Links und rechts überholt sie Autos, und jedes dieser Manöver wird vom begeisterten Geklingel und Gefunkel ihrer vielen goldenen Armbänder begleitet.

»Narbonne, c'est une jolie ville, quoi?«, bemerkt sie. Das *»Quoi«* ist von ihrem starken Dialekt geprägt, wodurch es zu einer Art *»Queng«* wird – ich muss an eine Ente denken. Verwundert beobachten wir die Aneinanderreihung von Metallschuppen am Straßenrand. »Es gibt bestimmt ein schönes historisches Zentrum!«, beruhigen wir uns. *»C'est pratique, quoi – tous les commerces sur place!«*, hören wir sie sagen, wobei sie allen Ernstes auf die Schuppen deutet. Noch ein paar dieser Geschäfte ziehen an uns vorbei, dann biegt Marlène an der ersten Ampel ab. Ein langer gerader Weg führt schnurstracks ins Hinterland, und nach wenigen Metern folgt auf das Einkaufsparadies ein Nichts, eine Reihe dürrer Hügel, auf denen wenige niedrige dunkelgrüne Sträucher wachsen. Würden jetzt ein paar Tumbleweeds ins Bild rollen oder ein einsamer Cowboy am Horizont erscheinen, wäre der Vergleich mit einem Western perfekt – hier endet die Welt.

Völlig unerwartet tauchen auf einmal wieder Weinberge auf. Marlène biegt ab und wählt einen schmalen Weg, der in den schummrigen Pinienwald führt. Gerade als sich meine Augen an die Dunkelheit gewöhnt haben, verlassen wir den Wald wieder.

Vor uns liegt ein abgeschlossenes Tal, das vollständig mit Wein bepflanzt ist, und darin steht ein großes weißes Haus. Marlène bringt ihren Citroën zum Stehen, wobei sie über den Kies schlittert, während ein älterer Mann im blütenweißen Poloshirt auf uns zukommt, bei dem es sich eindeutig nicht um einen Winzer handelt. Es ist ein Herr auf seinem Anwesen in der Nähe der Stadt, ein Anwesen mit einer Erwerbsquelle – und mit viel Personal. Und seine Frau hat auch ein Hobby: Hinter dem Haus sind großzügige, gut gepflegte Außenboxen zu sehen, drei frisch gestriegelte rostbraune Pferde nähern sich neugierig dem Zaun. Und da ist sie auch schon, die Hausherrin, genau wie ich es erwartet hatte: etwas jünger als er, streng aufgestecktes Haar, sehr elegant in ihrem enganliegenden Blazer. *»Vraiment très agréable, cet endroit«*, bemerkt sie, während sie uns zu den Weinbergen geleitet. Wir laufen ein Stück durch die Reihen, die am Pinienwald enden, gehen dann hinunter in den Weinkeller, der genauso makellos daherkommt wie seine Besitzer. Und dann das Haus: große Terrassen aus glänzendem Stein, ein imposantes Treppenhaus im runden Turm. Ich vermute, dass die Villa in den Sechzigerjahren gebaut wurde, die großen Zimmer sind perfekt gepflegt, man könnte sofort seine eigenen Möbel hineinstellen. Aad und ich schauen uns an: Unsere Möbel, *hier*? Das ist eindeutig das Leben eines anderen Paars. Als wir nach draußen gehen, fallen uns zwei große Wassertanks auf einem Anhänger auf. »Wozu werden die gebraucht?«, fragt Aad wie nebenbei. »Ähm, hier gibt es kein Wasser. Es wird wöchentlich gebracht.«

Erleichtert verlassen wir das Grundstück – es ist erfreulich, wenn einen keine Zweifel plagen.

4

Laartje wird geboren – mit ihrer hellbraunen Haut und den wilden dunklen Haaren sieht sie aus wie eine kleine Peruanerin. Sie ist jetzt fünf Wochen alt und liegt im Flugzeug wie eine dicke zufriedene Katze auf meinem Schoß. Nach unserer Ankunft in Frankreich mieten wir ein apfelgrünes Auto mit Kindersitz. Wir fahren Richtung Narbonne und biegen zu einem kleinen Badeort ab, der sich langsam von der Touristensaison erholt. Erschöpfte Geschäftsleute stapeln Betten auf einen Anhänger, wacklige Ständer mit Ansichtskarten werden erleichtert hereingeholt. Abends laufen wir über den dunklen Boulevard. Ein tiefstehender Mond spiegelt sich im schwarzen Wasser, der Sand ist noch warm, aber es ist menschenleer. Wir setzen uns auf eine Bank und blicken auf das Meer, ich stille Laartje, rieche an ihren wilden Haaren, halte ihr warmes Füßchen in meiner Hand. Aad ist mir nahe, unsere Verbundenheit spürbar.

Wir treffen uns mit Thierry, einem Makler der Behörde, die für den Verkauf von landwirtschaftlichen Betrieben zuständig ist. In unserem Apfelauto fahren wir hinter ihm her, verlassen den Badeort und folgen einem schmalen, von Pinien gesäumten Weg, der uns schon bald in eine offene, flache Landschaft führt, die teilweise unter einer dünnen Schicht Wasser liegt. Eine große Gruppe weißer Vögel watet schlecht gelaunt durchs Wasser, wobei sich die Tiere aus dem Weg gehen wie gelangweilte Menschen in einer vollen Einkaufsstraße.

Auf einer Anhöhe mit Blick über ein langgestrecktes Feld mit ordentlich aufgebundenen Weinreben steht ein großes Haus mit dunkelgrünen Fensterläden, wir befinden uns auf dem Weingut *Rivière le Bas*. Nachdem wir unser Auto abgestellt haben, laufen wir zum Haus hinauf, der Wind führt einen Hauch salzige Luft mit sich. Oben an der Böschung neben dem Haus steht eine Gruppe Arbeiter an einem langen Sortiertisch, auf dem hellgelbe Weintrauben langsam vorbeigleiten. Eine elegante Frau mit hochgesteckten Haaren und einer weißen Schürze nimmt ab und zu eine Rispe vom Tisch und wirft sie mit einer gelangweilten, leicht verärgerten Bewegung in einen Plastikeimer, der neben ihr steht. Das muss die Besitzerin von *Rivière le Bas* sein, die offensichtlich gerne so schnell wie möglich von ihrer Aufgabe entbunden werden würde. Ihr Mann nähert sich der Gruppe, ein älterer Herr in geschmackvoller Freizeitkleidung, der einen Schlauch hinter sich herzieht. Als er uns sieht, legt er den Schlauch zur Seite, wäscht sich die Hände an einem kleinen Kran, um anschließend ein joviales Lächeln auf seinem Gesicht zu platzieren, das nur schlecht zu der müden Enttäuschung passt, die sich in seinen Augen spiegelt. *Mon dieu*, ein viel zu junges Paar mit einem Baby in diesem albernen Tragesack? Und ich muss meine Arbeit unterbrechen?, scheint er zu denken. Aber er ist ein höflicher Mann, gute Umgangsformen sind Teil seiner Persönlichkeit. Und so begleitet er uns freundlich zum Eingang des Weinkellers, betont noch einmal, dass wir uns gerne überall umschauen dürfen, und macht sich dann aus dem Staub.

»Alors, ça c'est une cave bien équipée«, bemerkt Thierry zufrieden, und wir betrachten die vielen großen Geräte aus glänzendem Edelstahl, die riesige glänzende Presse, die vor sich hin brummt, die durchsichtigen Faltenschläuche, die den Traubensaft durch eine dunkelrote Pumpe in hohe, blitzsaubere Tanks leiten. Das Wort »funktional« drängt sich mir auf.

Wir gehen nach draußen und laufen an dem zweistöckigen Gebäude mit den halbgeschlossenen Fensterläden entlang, einem Bau aus der Mitte des 19. Jahrhunderts, wie ich vermute. Wir gehen eine kleine Freitreppe hinauf, öffnen die schweren Holztüren und blicken in eine dunkle Halle mit grau-schwarz gefliestem Boden. Es ist kühl im Haus, aber die Luft ist abgestanden und hängt voller vergessener Gerüche – hier ist wohl schon lange niemand mehr gewesen. Im Erdgeschoss bewegen wir uns von einem schummrigen Raum zum nächsten. Vier Räume von vier mal vier Metern folgen aufeinander, und wir fragen uns, wie man hier gewohnt hat, denn in diesen Durchgangszimmern gibt es nirgends einen direkten Weg nach draußen. Der Grundriss der ersten Etage ist identisch, in mir steigt eine unendliche Traurigkeit auf, es ist das Nichts.

»Ist doch wunderbar, so nah am Meer zu leben!«, muntern wir uns gegenseitig auf. Ich bewundere die Böden mit den alten Zementfliesen, in jedem Zimmer findet sich ein anderes Motiv. Thierry betont noch einmal, welche hohe Qualität die Ausstattung des Weinkellers habe. Wir treten ans Fenster, um uns die Lage der Weingärten anzuschauen. »Warum sind hier eigentlich überall Fliegengitter vor den Fenstern?«, frage ich und »Warum wohnt hier niemand?«.

Draußen vor dem Weinkeller stellen wir auch dem Besitzer diese Fragen. »Tja, wir wollten hier hinziehen«, sagt er, »aber irgendwie ist nie was draus geworden.«

»Und die Vorbesitzer?«

»Die haben auch nie hier gewohnt.« Wir laufen noch ein wenig mit Thierry durch die Weingärten mit den soliden verzinkten Pfählen und dem wenig inspirierenden, sandigen Untergrund – dann verabschieden wir uns.

Mittags, nachdem Laartje getrunken und geschlafen hat und wieder zufrieden im Tragesack döst, schlägt Aad vor, noch einmal kurz an den Weingärten entlangzufahren, die wir an diesem Morgen besichtigt haben. Auf einem Hügel, der noch ein

Stück näher an der Küste liegt, fällt uns ein weiteres Weingut auf. »Vielleicht sollten wir uns kurz mit den Leuten dort unterhalten«, sagt Aad, während er den Leihwagen bereits dorthin lenkt. Am Ende einer Zufahrtsstraße steht ein imposantes Gebäude mit Art-déco-Ornamenten und einer weißen Stuckfassade, auf die hohe Palmen lange, geometrische Schatten werfen. Als wir das Auto abstellen, eilt ein kleiner, schon etwas älterer Mann auf uns zu. Wir erzählen ihm, dass wir am Weingut seines Nachbarn interessiert seien. Daraufhin lädt er uns sofort ein hereinzukommen. Wir werden in einen Raum mit hohen Fenstern und einer großen Terrasse geführt, von der aus man über das sumpfige Gelände blickt und in der Ferne das Glitzern des Meeres erkennt. Aus einer dunklen Ecke nähert sich eine alte, vom Untertanengeist gebeugte Frau. Sie fragt uns, ob wir etwas trinken möchten, und verlässt dann geräuschlos das Zimmer, um wenig später mit Gläsern und einer Flasche des hauseigenen Weißweines zurückzukehren.

»Es muss schön sein, im Sommer auf dieser wunderbaren Terrasse zu sitzen«, eröffnet Aad höflich das Gespräch. »Draußen sitzen?«, antwortet der Mann erstaunt. »Wozu?«

Mein Blick fällt auf ein altes Foto an der Wand, auf dem Menschen bei der Weinlese zu sehen sind. Eine Gruppe Pflücker, unter der Last der Trauben gebeugt. Sie tragen große Strohhüte mit engmaschigen Netzen daran, die sie unter dem Kinn zusammengebunden haben, sodass ihre Köpfe aussehen wie große Ballons. Der Mann folgt meinem Blick. *»Ah oui«*, sagt er, *»les vendanges d'antan. Les mousquites.«* Ich blicke ihn an, verstehe nicht. »Als ich jung war, wurde hier noch nicht gegen die Mücken gespritzt«, erzählt er, »überall gab es Malaria, ein Neffe meines Vaters ist daran gestorben.«

Allmählich setzt sich das Puzzle zusammen: Das Gebiet, in dem wir uns befinden, wo wir eventuell sogar ein Haus kaufen wollen, wurde früher *pays de fièvre*, Fieberland, genannt.

Ein feuchtes, sumpfiges Gebiet, auf dem höchstens ein paar arme Landarbeiter lebten. Noch am Ende des 19. Jahrhunderts lag die Lebenserwartung bei kaum 20 Jahren, während sie im übrigen Frankreich beinahe doppelt so hoch war. Erst in den Fünfzigerjahren wurde allmählich damit begonnen, die Mücken zu bekämpfen. 1960 fiel der Blick der Regierung auf die rund 200 Kilometer Sandstrand des Languedoc. In einer großangelegten Aktion wurden sieben Badeorte aus dem Boden gestampft, darunter Cap d'Agde und La Grande Motte, wo 18 Prozent der Unterkünfte für französische Arbeiter bereitstanden. Nun musste man das Problem mit den Mücken endlich in den Griff bekommen.

Ganz gelöst ist es immer noch nicht. Unser Gastgeber erzählt uns vom West-Nil-Virus, das zurzeit umgehe und dem bereits mehrere Pferde in der Camargue zum Opfer gefallen seien. »Man weiß nie, ob so was auch auf den Menschen übertragen werden kann«, meint er. Dann jammert er über die Umweltpolitiker, die Pestizide verboten hätten, und über die Resistenz bestimmter Mückenarten. »Aber gut, warum muss man auch unbedingt draußen sitzen«, sagt er schließlich.

Wir schauen uns an, denken an die Fliegengitter auf *Rivière le Bas* und haben uns bereits entschieden.

Thierry hat es eilig: Ein Weingut können wir uns noch anschauen, da er rechtzeitig zum Abendessen zurück sein will. Nach dem Besuch eines traurigen landwirtschaftlichen Ensembles bei Nîmes machen wir uns noch einmal auf den Weg und nehmen die Abfahrt ins Zentrum der Stadt Béziers. Ein Zentrum können wir allerdings nicht entdecken, lediglich ein Casino und mehrere Supermärkte. *Tous les commerces sur place …*, denke ich seufzend.

Wir fahren weiter, vorbei an den vielen Einkaufsketten, über einen großen Kreisverkehr und dann, von einem Hügel aus, sehen wir es: eine weite, offene Landschaft, viel grüner als bei Narbonne. Weingärten gehen über in sanft abfallende, mit Pinien bestandene Hügel. In der Ferne erblicken wir oben auf einer Anhöhe ein sandfarbenes Dorf, dunkle Berge im Hintergrund: Murviel-lès-Béziers. Wir folgen der Straße und erreichen die Siedlung. Ich sehe alte Häuser mit runden Türen, einen Platz mit Platanen, dann fahren wir am Friedhof vorbei und verlassen den Ort auf der anderen Seite. »Hier muss es doch irgendwo sein«, sagt Thierry. Er schaut suchend auf die zerknitterte Karte, die auf seinem Schoß liegt, hält kurz am Straßenrand, dann wendet er und fährt in die entgegengesetzte Richtung weiter.

»Ah voilà!«, sagt er zufrieden, als er einen kleinen Weg bemerkt, der auf den Hügel hinaufführt. Wir folgen dem Pfad und sehen schließlich ein ausgeblichenes braunes Schild am Beginn eines Sandweges: *Domaine de Brunet*. Das aufgeklebte B von *Brunet* hat sich gelöst und hängt traurig herab. Am Anfang einer Reihe dunkler Bäume steht ein einbetonierter Stab, an den ein Brett genagelt wurde. Der darauf gemalte Text fordert dazu auf, sich durch Hupen bemerkbar zu machen. Die kräftige Ausführung der Buchstaben lässt darauf schließen, dass hier jemand sehr wütend war. Thierry hupt zweimal vorsichtig – ein Riss in der Stille. Kurz schaut er über die Schulter, als gebiete ihm sein Instinkt, sich den Fluchtweg einzuprägen.

Vor uns im Schatten hockt ein niedriges Haus, das sich hinter einer unordentlichen Anpflanzung und einem riesigen, weitverzweigten Baum versteckt. Die Fensterläden auf der oberen Etage sind geschlossen, ein paar Plastikstühle stehen neben einem gemauerten Grill mit einer Überdachung aus Beton. Dann höre ich, wie sich eine Tür öffnet – eine Frau, vielleicht 50 Jahre alt, mit kurzgeschnittenem schwarzem Haar kommt auf uns zu. *»Ah, bonjour! Bienvenue!«*, begrüßt sie uns mit einer Herzlichkeit, die im Kontrast zu dem harten Ausdruck in ihren Augen steht. Sie wirft einen flüchtigen Blick auf mich und Aad und beginnt dann, Thierry mit großer Gestik und unverkennbarer Erfahrung zu erläutern, wie großartig und einzigartig gerade dieses Weingut sei. *»Un petit coin du paradis, monsieur!«*, sagt sie beinahe vorwurfsvoll. Wir folgen der Frau durch einen unordentlichen Weingarten, in dem ein paar dünne Pfirsichbäume stehen. *»Ah, et ça!«*, sagt sie, wobei sie mir in die Augen blickt: »Man kann hier selber Marmelade machen. *Le bonheur, non*?!«

»Oui, oui, bien sûr«, nicke ich ängstlich und drücke Laartje an mich.

Sie geht vor uns her zum Haus, das einen dunklen, traurigen Eindruck macht, der größte Teil scheint unbewohnt zu sein. Wir laufen eine Böschung aus Kies und groben Steinen hinunter bis zu einer großen, schweren Holztür, die die Frau wie auf dem Höhepunkt einer Zaubervorstellung für uns aufschiebt: *»Et voilà … la cave!«*

Wir blicken in einen dunklen Raum mit einem brüchigen Betonboden und zwei großen Holzfässern auf Natursteinsockeln. An der anderen Wand stehen ein paar hohe orange Glasfaser-Fässer, die mit Schlamm besprenkelt sind. Die Presse ist ein rostiger, dunkelrot gestrichener Apparat, der eine größere Wirkung entfalten würde, wenn man Geranien hineinpflanzen und ihn in der Mitte eines Kreisverkehrs aufstellen würde. Ich gehe durch den langgestreckten Raum, betrachte die hohen Wände aus geschichtetem Naturstein, die Decke mit den dicken Holzbalken und stelle erstaunt fest, dass ich mich hier wohler fühle als in den sterilen Hangars voll Edelstahl, die wir heute Morgen gesehen haben. Das Gefühl stellt sich ein, dass wir uns mit diesem Weingut aus der Masse hervorheben könnten – es ist eine Herausforderung.

Als wir hinausgehen, weht ein weicher, warmer Wind, Vögel

singen, es riecht nach Thymian und Rosmarin. »Das ist wirklich ein wunderbarer Ort«, sagen Aad und ich, während wir über die Hügel vor uns blicken.

Für *Brunet* wird ein Preis verlangt, für den man in Bordeaux ein vollständig restauriertes Schloss kaufen könnte. Die Eigentümerin, Madame Ros, ist nicht bereit zu verhandeln. Wenn ich an die Traurigkeit in ihrem leeren Haus denke, weiß ich nicht, ob ich das wirklich bedaure. Das Weingut wird schließlich an einen jungen amerikanischen Internetmillionär verkauft. Wir suchen weiter, sehen viele trostlose Weingüter mit vielen depressiven Landwirten. Diese Region ist fast menschenleer, aber die meisten Weingüter liegen direkt an der Hauptverkehrsstraße.

»Beschreibt noch mal genau, was ihr sucht!«, sagt Thierry ein paar Monate später. Aad denkt nach: »Nun ja, ein Haus inmitten von Weinfeldern, ein altes Haus – nicht zu klein und nicht zu groß, nicht an der Straße, nicht zu abgelegen. Eine gute Lage. Im Prinzip so etwas wie *Brunet*.«

»Brunet?!«, Thierry muss lachen, »das ist doch gerade wieder auf dem Markt!«

Aad stürzt sich in die schwierigen Verhandlungen mit Madame Ros, der Eigentümerin, während ein Team der Universität von Bordeaux tiefe Löcher auf den Weinfeldern gräbt, um die Qualität des Bodens zu untersuchen. Sie loben die gute Drainage, die Tatsache, dass trotz des trockenen Klimas genügend Feuchtigkeit im Boden ist. Die Lage des Weinguts ist außerordentlich gut, das Haus und der Weinkeller liegen in ihrem eigenen Tal – gut geschützt vor dem harten Nordwind, aber offen zum Süden hin. Das Wort »Mikroklima« fällt, das Team vergleicht die Lage mit der von *Mas de Daumas Gassac*.

»Diesen Boden habe ich nur einmal geschmeckt«, sagt der

begeisterte Wissenschaftler, während er mit der Zungenspitze eine Handvoll Erde berührt, »... *Pétrus.*«

Château Pétrus, einer der teuersten Weine der Welt – vielleicht ist diese Aussage für uns das Zünglein an der Waage.

Wenn wir daheim in Haarlem von unseren Nachbarn eingeladen werden, meine ich zu spüren, dass neben all den Aufmunterungen und der Begeisterung, die uns entgegenschlägt, noch etwas anderes mitschwingt, seit entschieden ist, dass wir tatsächlich weggehen. Bisher waren die Gespräche über die Enge in den Niederlanden und den Ruf der Ferne eine Art gemeinsames Gesellschaftsspiel, an dem jeder mit Begeisterung teilnahm.

Wir hatten unseren Weintraum, andere träumten davon, nach Nordspanien, Italien oder Neuseeland zu ziehen. Jetzt erst wird mir bewusst, wie hoch der rein spekulative Charakter all dieser Diskussionen tatsächlich war – es ging gar nicht darum, es auch wirklich zu tun. Auf eine kaum spürbare Art bin ich jetzt so etwas wie eine Verräterin, die das gute Leben, das wir alle führen, infrage stellt.

An dem Wochenende vor unserer Abreise mieten wir einen Raum in einem Restaurant in Haarlem. In dem Industriegebäude aus den Zwanzigerjahren hängt afrikanische Kunst an den Wänden, ein paar spiegelnde Diskokugeln und ein riesiger Mond aus gelbem Karton zieren die Decke. Holztische und Caféhausstühle stehen um eine Bühne, auf der drei Musiker Blues spielen – die Klänge des Saxophons und der E-Gitarre hallen in dem hohen Raum wider. Draußen habe ich eine große Hüpfburg aufstellen lassen, in der Marijn mit ihren Freunden herumtobt, während Fiene auf einem der Fahrräder sitzt, die ich von der Krippe geliehen habe. Im Anhänger fährt eine Freundin mit. Ich gehe wieder hinein, wo Rex mit Michiel spricht und Simone und Tante Carla auf Laartje aufpassen. Alte Kollegen bestellen noch ein Bier an der Bar – ich sehe Freundinnen miteinander lachen, nehme das Gemurmel in mich auf, denke darüber nach, was für nette Leute hier versammelt sind.

Ich beobachte das alles, doch ein Gedanke, der alles andere verdrängt, ängstigt mich: Sie alle bleiben hier, und wir werden bald nicht mehr da sein.

5

»Ich werde den Augenblick nie vergessen, als ich euch zum ersten Mal gesehen habe«, erzählt Bruno, der einzige Angestellte auf dem Weingut, den Mädchen wieder und wieder. Marijn will ihn unterbrechen, sagen, dass sie die Geschichte schon kennt, doch dann ergibt sie sich in ihr Schicksal und lässt ihn gewähren. »Ich war also gerade damit beschäftigt, in dem Lager im Haus Kartons zu falten«, fährt Bruno fort. »Als ich einen Lastwagen näher kommen hörte, stand ich auf und guckte aus diesem winzigen Fenster vorne. Von dort sehe ich alles genau: den großen weißen Umzugswagen und euch in eurem Auto direkt dahinter. Sobald die Ladeklappe aufging, seid ihr draufgeklettert. Zwei so kleine Mädchen. Und so blond. Ihr habt ununterbrochen gekichert und miteinander getuschelt.«

Ich weiß nicht, wo ich mich in diesem viel beachteten Augenblick aufgehalten habe. Jedenfalls lerne ich Bruno erst einige Tage später kennen, als ich mit Aad vom Weingut ins Tal fahre und hoch oben auf dem sandfarbenen Sitz des neuen Land Rovers sitze wie irgendeine niederländische Touristin, die einen Ausflug macht. Auf halber Strecke den schmalen Weg hinunter hält Aad an, als ein kräftig gebauter Mann im Norwegerpulli aus dem Weinfeld kommt und auf uns zuläuft. Er hält eine Zange in der Hand und stopft sich im Gehen ein langes Stück Schnur in die Tasche seiner militärgrünen Arbeitshose. Während Aad ihm durch das Fenster hindurch die Hand schüttelt, betrachte ich ihn neugierig. Das also ist Bruno, der als Vollzeitkraft für uns arbeiten wird, ein kräftiger, gedrungener Mann mit fleischigen

Schultern, einem runden Gesicht und Pausbacken, dem man erst von Nahem ansieht, wie jung er noch sein muss. Seine Haare sind so füllig wie sein Körper, sie sind kurz geschnitten und stehen ihm vom Kopf ab wie die Borsten auf meiner besten Bürste aus echten Wildschweinborsten. Aus kleinen dunklen Augen schaut mich Bruno neugierig an, der modisch ausrasierte Bart ist ein unerwartetes Zeichen seiner Eitelkeit.

Aad und ich sitzen an dem runden Tisch vor dem Haus, als Aad das Telefon wütend auf den Tisch knallt und einen dicken Strich durch eine weitere der vielen Nummer zieht, die er inzwischen angerufen hat. »Das können wir vergessen«, sagt er und schlägt seinen Terminkalender zu, »ich hab schon im Winter mit all diesen Bauunternehmern gesprochen, und jetzt hat keiner von ihnen Zeit, mit dem Umbau anzufangen.«

Ich schaue mich zu dem Haus hinter uns um. All die düsteren Zimmer von Madame Ros stehen leer. Wir bewohnen nach wie vor nur die Herberge. Der gepflegte Raum mit seinen geraden Linien hat nichts von der düsteren Schwere des übrigen Hauses. Auch wenn der eine oder andere Urlaubsgast in diesem Raum genächtigt hat, keine Spur seiner Anwesenheit hat sich an den glatten Wänden, an den glänzenden rosa Fliesen auf dem Boden festsetzen können.

Gemeinsam mit Bruno hat Aad die Betten nach oben getragen. Zwei stehen auf der Südseite, dort schlafen Fiene und Marijn, unser großes Bett und ein Kinderreisebett befinden sich im hinteren Zimmer – alles passt gerade so hinein. Ein wackliger Kleiderständer auf Rollen hält sich mühsam zwischen dem Bett und der Wand aufrecht. Ich gehe mit den Mädchen im Lager über dem Weinkeller auf Kleiderjagd, lasse sie auf den aufgestapelten Kartons herumklettern. Ich bringe alle Kartons zum Vorschein, auf die ich beim Einpacken »Herberge« geschrieben habe. Damals glaubte ich, mit dem Inhalt für die grundlegenden Anforderungen an das Leben auf dem Weingut gerüstet zu sein. Jetzt, in dieser kahlen, hellen Umgebung, bekommt jedes dieser Dinge plötzlich eine neue Bedeutung. Das Brotmesser, die Teekanne, die Puppen der Mädchen, natürlich brauche ich das alles. Aber in jedem Karton bleiben auch Dinge zurück, auf die ich doch verzichten kann, anders als ich dachte. Wozu noch ein Schälchen? Warum diese Lampe? Als ich wieder einmal mit einem halbvollen Karton zurück ins Lager gehe, blicke ich fassungslos an dieser Wand aus Kartons hinauf, die mich anstarrt. Gehören all diese Sachen wirklich uns?

Aad und ich frühstücken lange am runden Tisch, gehen mit den Kindern an den Strand, zu den Dörfern in der Umgebung, das Leben ist ein einziger Urlaub. Manchmal laufen wir durch die Weinfelder rund um das Haus. Überall sind Rebstöcke, eine große Parzelle hinter einer Steinmauer, kleine Felder gesäumt von Sträuchern, ein Hügel, eine Reihe Olivenbäume.

Es ist ein beinahe surrealer Gedanke, dass vieles davon wahrscheinlich uns gehört, auch wenn ich keine Ahnung habe, was genau.

Xavier van Okhuysen hat uns Siebe vorgestellt, einen jungen Niederländer, der in Bordeaux ausgebildet wurde und inzwischen ein Weingut im Languedoc leitet. Sofort waren wir uns darüber einig, dass er die richtige Person ist, um uns mit Rat und Tat zur Seite zu stehen.

Ich traf Siebe zum ersten Mal in einem Restaurant an der Rozengracht – ein hochgewachsener, dünner junger Mann mit einem ernsten Gesichtsausdruck, um dessen Augen sich aber fröhliche Fältchen bildeten, wenn er lachte. Sofort wusste ich, dass ich ihn mochte. Der weitere Kontakt mit Siebe lief über Aad – ich war zu sehr damit beschäftigt, schwanger zu sein, ein Baby zu bekommen und es zu versorgen.

Noch vor unserer Ankunft in Frankreich kümmert sich Siebe um den Einkauf des Materials, das wir für den Weinkeller und auf den Feldern benötigen. Aad und ich sind uns einig, dass es keinen Sinn macht, mit einem durchschnittlichen Wein auf den Markt zu kommen und die Qualität dann allmählich zu verbessern. Wir wollen es sofort richtig machen – der erste Eindruck zählt. Schnell stellt sich heraus, dass unsere Entscheidung teuer ist. Geräte aus glänzendem Edelstahl werden Stück für Stück in den Keller transportiert, jedes hat den Preis eines Mittelklassewagens.

»*Brunet* ist natürlich kein akzeptabler Name«, sagt Aad an diesem Wochenende. Brunet, Braun, muss der Name einer Familie gewesen sein, die hier irgendwann einmal gelebt hat. Als Markenname ist er wenig inspirierend, schlimmer noch, wir sind nicht die Einzigen in der Gegend, die so heißen. Ein Weingut ein paar Dörfer weiter trägt denselben Namen. Für Madame Ros war das bedeutungslos, da sie ihren Wein vor allem an Großabnehmer oder an die Campingplätze entlang der Küste verkaufte. Wir aber wollen mit unserem Weingut ernst genommen werden.

Aad schreibt auf, was ihm einfällt: *Mas Bleu* (wegen der blauen Fensterläden), *Domaine du Frêne* (der große Baum vor dem Haus ist eine Esche, *frêne*). Ich will einen Namen, der mit der Geschichte des Weingutes zu tun hat, verbringe nicht wenig Zeit in den staubigen Archiven des Gemeindehauses – und finde nichts.

»Gut«, versucht es Aad schließlich, »worum geht es? Was ist uns wichtig?«

»Wichtig?«, frage ich, »was das Wichtigste ist?« Darüber muss ich nicht lange nachdenken. »Die Mädchen natürlich«, sage ich.

»Die Mädchen«, überlegt Aad, »drei Mädchen. Hatte Madame

Ros nicht erzählt, dass ihr Vorbesitzer auch drei Töchter hatte?« Da hat er recht.

Später in dieser Woche, als ich vom Bäcker komme, halte ich ein Schwätzchen mit den alten Männern, die auf der Bank vor der Post sitzen. Wir reden über unser Weingut, ich erkundige mich nach den drei Töchtern des früheren Besitzers. »Ja, die kenne ich«, sagt einer der Männer, »die Mittlere wohnt noch immer im Dorf.« Der älteste der Männer hört nachdenklich zu. »Aber davor«, sagt er plötzlich, »*dans les années quarante*, da wohnten wirklich hübsche Damen auf dem Weingut. Es waren auch drei.«

Drei Mal drei Mädchen. Ich erzähle Aad davon. »*Filles, femmes, dames* …« Er überlegt, probiert den Namen in Gedanken aus und sagt schließlich: »*Mas des Dames.*«

Jetzt muss nur noch ein Logo für unser Weingut her. Wir sind uns einig, dass es eine einfache, grafische Form sein sollte, keine Zeichnung von Häuschen oder Landschaften.

»So etwas wie das Exlibris, das man in alten Büchern oft auf der Titelseite findet«, sage ich und denke dabei an ein dunkles, grafisches und doch florales Symbol. Ich nehme einen Bleistift zur Hand, denke an die Mädchen und zeichne drei in einem Kreis angeordnete Herzen durchzogen von fließenden Weinranken. Ich koloriere das Bild mit Zeichentusche, hier und da lasse ich ein wenig Weiß stehen. Es ist schlicht und zugleich natürlich. So einfach kann es nicht sein, denken wir und reden noch über 20 andere Entwürfe. Meine Zeichnung nimmt Aad mit in sein Büro, um sie dort am Computer zu bearbeiten. Doch zu unserer Überraschung wird sie dadurch nicht besser. Und somit ist es eine beschlossene Sache – diese erste Zeichnung, die wie von selbst aufs Papier floss, wird unser Logo.

Kurze Zeit nach unserer Ankunft fährt ein roter Volvo aufs Grundstück – es sind Rex und Anneke. Wie die ersten Besucher nach einer Geburt bewegen sie sich vorsichtig, beinahe auf Zehenspitzen auf das Haus zu. »Wir hatten schon Angst, dass es das Haus an der Hauptstraße ist!«, sagt Rex. Mit sichtbarer Erleichterung schaut er zu der großen Esche hinauf, zu der mit Lichtflecken übersäten Fassade und zu den Weingärten hinüber. Alles ist gut, seine Tochter hat nicht den falschen Jungen mit nach Hause gebracht, das Zeugnis ist gut. Ein kurzer Blick in den Kofferraum lässt den eigentlichen Zweck ihres Besuches deutlich werden: ein brandneuer feuerwehrroter Overall, zwei Paar Arbeitshandschuhe mit lederverstärkten Fingern und eine Jute-Tasche, aus der verschiedene Werkzeuge hervorschauen.

Zunächst stürzen sich Aad und Rex auf eine große hölzerne Spielburg, die wir in Einzelteilen aus den Niederlanden mitgebracht haben. Sie ist schnell aufgebaut, und noch während wir letzte Hand ans Dach legen, sitzen die Mädchen bereits auf der Schaukel, und ihre kleinen Füße streifen das hohe Gras. Dann ist es vollbracht: Vor unserem Haus steht eine Holzkonstruktion, wie sie in beinahe allen niederländischen Häusern zu finden ist, in denen kleine Kinder leben. Ein kleines Stück dieses rauen Landes gehört plötzlich uns. Nun stürzt Rex sich auf die wichtigeren Aufgaben. Als wir vom Supermarkt zurückkommen, steht er mit einer großen Kettensäge auf einer Leiter, die er gegen eine der Zypressen gelehnt hat. Zu seinen Füßen breitet sich ein Meer aus abgesägten Ästen aus. Anneke arbeitet im Garten, den wachsenden Berg Unkraut fährt sie nach und nach in der neuen Schubkarre weg. Jeden Tag fühlen wir uns auf diesem Flecken Erde etwas mehr zu Hause.

»Wie viel Mal schlafen noch, Mama?«, fragt Marijn heute Abend. Die Unruhe in ihrer Stimme hat in der letzten Zeit immer mehr zugenommen. Von den drei Wochen, die wir inzwischen hier wohnen, fallen zwei mit den französischen Frühjahrsferien zusammen, jetzt nähern sich die Tage dem Ereignis, das unerbittlich bevorsteht: ihrem ersten Schultag in Frankreich.

»Sollen wir es uns schon mal anschauen?«, frage ich, als wir am Mittag des nächsten Tages durch das Dorf fahren. Die Schule liegt außerhalb des alten Dorfzentrums auf einem flachen Stück Land. In einem Beet steht ein kleiner Olivenbaum aus der Gärtnerei. Eine kleine, romantische, von alten Platanen überschattete Dorfschule ist dieser rechtwinklige Flachbau nicht gerade, der in den Sechzigerjahren entstanden sein muss. Wir gehen zum Schulhof, der von hohen verzinkten Zäunen umgeben ist. Durch das Gitter blicken wir auf eine asphaltierte Fläche, auf der fünf kleine Bäume wachsen, die in 30 Jahren vielleicht einmal Schatten spenden werden. Dann schauen wir uns auch den kleineren Schulhof der Vorschule an, und ich suche eifrig nach etwas, über das ich eine wohlwollende Bemerkung machen könnte. Immerhin gibt es hier mehr Bäume, und dort drüben: »Schaut mal, was für hübsche Bänke!« Im Schatten der Maulbeerbäume, die bereits ausgeschlagen haben, stehen kleine hölzerne Bänke auf gusseisernen Gestellen – Bänke, die genau zu der schönen, alten Dorfschule aus meiner Phantasie gepasst hätten.

Vier Tage später fahren Aad und ich mit zwei aufgeregten Mädchen im Auto zur Schule, Marijn und Fiene. Als wir den neuen dunkelblauen Land Rover zwischen die kleinen, alten Peugeots auf den Parkplatz stellen, wird mir klar: Das birgt Zündstoff.

Wir sind früh dran, am Schulzaun stehen kleine Gruppen von Frauen, man unterhält sich miteinander. Ich sehe glänzende Trainingshosen, verfilzte Westen, und es fällt mir auf, dass viele Frauen rauchen. Alle scheinen uns zu beobachten, bleiben aber gleichzeitig auf Abstand. Aads joviales *»Bonjour!«*

wird erst nach kurzem Zögern beantwortet, danach bleibt es still. Alle diese Menschen kennen sich, wir sind die Außenseiter. Vielleicht sogar Eindringlinge. Ich muss an meine Hauptschule denken.

Als die Klingel ertönt, betreten wir mit zwei Kindern die Schule, die sich fest an uns klammern. Wir gehen in einen geräumigen Saal mit einem großen runden Fenster und einer Lichtkuppel. Zwei Metallpfeiler sind in einem fröhlichen Rosa gestrichen – es beruhigt mich, dass ein Architekt sich doch ein wenig für die Schule hat erwärmen können.

»Ah, les enfants hollandais!« Eine etwas ältere Frau mit einer schwarzen Kurzhaarfrisur kommt händereibend auf uns zu, wie der Wolf, der gleich eine leckere Mahlzeit verschlingen wird – frische blonde Kinder. Marijn und Fiene verstecken sich erschrocken hinter meinem Rücken. Ich fühle mit ihnen. Die Frau ist fast genauso groß wie ich, nur viel breiter, sie hat dunkle Augen, die uns direkt anblicken. Das ist keine sanftmütige Grundschullehrerin, sondern die sadistische Trainerin einer russischen Turnmannschaft aus den Siebzigerjahren. Gib mir deine Kinder mit, und du wirst sie nie wiedersehen. Das Aussehen tut nichts zur Sache, sie ist bestimmt eine nette Frau!, beruhige ich mich selbst.

Glücklicherweise kommt Nathalie dazu, die zukünftige Lehrerin von Fiene. Ich habe bereits mit Nathalie gesprochen – sie ist ungefähr so alt wie ich, hat halblanges, kastanienbraunes Haar, ein freundliches Gesicht, offensichtlich eine intelligente Frau. Erleichtert gebe ich ihr die Hand. »Der Unterricht beginnt«, sagt sie, »sollen wir die Kinder mitnehmen?«

»Mitnehmen?!«, sage ich erschrocken, »Aber das hier ist alles völlig neu für sie. Sie sprechen kein Französisch. Kann ich am ersten Tag dabeibleiben?«

Nathalie scheint kurz zu zögern, aber die Turntrainerin ist

schneller: »*Ah mais non! Hors de question!* Die Kinder müssen sich integrieren! Das wird nichts, wenn die Mutter dabei bleibt!«

Ich versuche noch kurz zu verhandeln, betone, wie wichtig auch ich ihre Grundsätze finde, sage, dass es nur um den ersten Tag gehe. Aber es ist ein ungleicher Kampf, den ich endgültig aufgebe, als ich Marijn unruhig vom einem zum anderen blicken sehe. »Nun gut Mädels, das wird also euer erster Vormittag in der Schule«, sage ich schließlich, »ein paar Stündchen spielen, und dann holen wir euch auch schon wieder ab und essen zusammen was Leckeres!«

Mit einem Anflug von Panik in den Augen schauen die Mädchen mich an. Jede Faser in ihrem Körper scheint darauf eingestellt, diesen Augenblick zur Flucht zu nutzen. Aber ich bin es, ihre Mutter, die ihnen sagt, dass sie bleiben müssen, dass alles gut wird. Also gehen sie, diese beiden Mädchen von kaum vier und sechs Jahren. In ihrer Angst wirken sie noch kleiner, als sie es sowieso sind.

Als wir wieder nach draußen gehen, nimmt Aad mich in die Arme, redet beruhigend auf mich ein. Aber alles wird von einem Bild in den Hintergrund gedrängt, das mir den Atem verschlägt: Ich sehe Marijn, wie sie, beschienen von einem Streifen Licht, in der holländischen Montessori-Schule auf dem Boden sitzt. Ich fühle, wie Tränen in mir aufsteigen, wenn ich an ihre Freunde denke, die Perlen, mit denen sie gespielt hat: ihr sogenanntes Goldenes Material. Was haben wir nur getan?

Drei ewige Stunden später stehen wir noch immer vor dem Zaun, dann öffnet sich die Tür. Die Mütter strömen ins Gebäude, warten vor den Türen der Klassen. Fiene kommt als Erste heraus. Sie lacht, aber ich sehe eine unerwartete Müdigkeit in ihren

Augen. Und da ist auch Marijn, sie ist ein anderes Mädchen als heute Morgen noch. Ich sehe, dass sie geweint hat, lange geweint, die Tränen sind getrocknet, haben eine blasse Spur auf ihren Wangen hinterlassen. Ein paar Wimpern kleben aneinander. *»Tout c'est très bien passé!«*, versichert uns die Lehrerin ein wenig zu laut.

»Wie war es in der Schule, Mädels?«, fragen Aad und ich im Auto. Mehr als ein ausweichendes »ganz gut« bekommen wir nicht zu hören. Erst Stunden später gesellen sich Fiene und Marijn zu mir, während ich Laartje wickle. »Sie haben Fiene geholt, damit ich aufhöre zu weinen«, sagt Marijn. Ich schaue sie an, blicke in dieses sanfte, runde Gesicht, betrachte ihre blauen Augen mit den langen Wimpern. Es ist ungewohnt, auf einmal so viel Traurigkeit darin zu sehen. Ich ziehe sie an mich, streichle ihre blonden Haare und frage: »Warum musstest du denn so weinen, Süße?« Sie zögert einen Moment lang, schaut sich suchend nach Fiene um, dann sagt sie: »Die Lehrerin war nicht nett zu mir.«

»Nein«, sagt Fiene, »gar nicht nett. Marijn musste auf einen Tisch.«

»Auf einen Tisch?«, frage ich. Es dauert eine Zeit, bis ich die ganze Geschichte erfahre, bis ich verstehe, wie pädagogisches Feingefühl im Süden Frankreichs aussieht, wie zumindest diese Lehrerin ein ängstliches Kind, das ihre Sprache nicht spricht, meint behandeln zu müssen.

Gleich nachdem alle Kinder in der Klasse waren, stellte sie einen Stuhl auf einen Tisch und setzte Marijn darauf. Dann rief sie alle Kinder herbei, damit sie sich in einem Kreis um den Stuhl setzten. »Ich war wirklich schrecklich hoch oben«, sagt Marijn, »und alle haben mich angestarrt.«

Doch die Panik schlug erst zu, als die Lehrerin begann, in

schnellem Französisch Fragen auf Marijn abzufeuern. »Sie wollte alle möglichen Dinge wissen, Mama«, sagt Marijn, »aber ich habe nichts verstanden. Ich hatte Angst, dass sie wütend wird. Aber ich konnte nicht aufhören zu weinen.« Schließlich hob die Lehrerin Marijn von dem Tisch herunter und holte in einem Akt unerwarteter Humanität Fiene dazu. »Ich habe meine Arme um Marijn gelegt«, sagt Fiene, »da hat sie nicht mehr geweint.«

Fiene hat keine Probleme damit, am nächsten Tag wieder in die Schule zu gehen: »In der Puppenecke gibt es eine Badewanne, einen Wickeltisch und einen Kinderstuhl.«

Marijns Reaktion sagt viel darüber aus, was für eine Frau sie einmal werden wird: Natürlich hat sie Angst, aber dann ist da diese schicksalsergebene Entschlossenheit, die bewirkt, dass sie sich doch ihren Rucksack umhängt und an Fienes Hand zum Auto geht. Im Rückspiegel sehe ich einen harten Zug um Marijns Mund. »Was sein muss, muss sein«, murmelt sie. Diese Vernunft und der Gedanke, dass sie nur durchhält, um lieb zu sein, dass sie es nur für mich tut, führen dazu, dass ich mich noch elender fühle.

»Wenn das nicht funktioniert, will ich zurück in die Niederlande«, sage ich zu Aad.

Nach einigen Gesprächen mit der Lehrerin wird Marijn nicht mehr auf Tische gesetzt, sondern kann in aller Stille ihren Platz in der Klasse einnehmen. Eines Tages parke ich mein Auto nach Unterrichtsbeginn ein Stück von der Schule entfernt. Ich gehe unbemerkt zum Schulhof, wo ich Fiene und Marijn sehe, wie sie im Schatten der Bäume umhergehen, drei andere Kinder folgen ihnen. Schließlich setzen sie sich auf eine kleine Bank und stecken tuschelnd ihre Köpfe zusammen. Marijn scheint immer noch so auf andere Kinder zu wirken wie schon in den Niederlanden. Etwas an ihr ist so ruhig, so sanft, dass Freunde sich ganz selbstverständlich an ihr wärmen wollen. In den Niederlanden waren es zwei Jungen, Jochem und Cos, die immer wieder zu ihr kamen. Hier, auf dieser Bank, setzt sich ein französischer Junge dicht neben sie, während ein Mädchen Marijns Haar löst und beginnt, es neu zu flechten. Marijn nimmt es mit der zufriedenen Gelassenheit einer großen Katze hin. Vielleicht ist es auch etwas anderes, sie beurteilt diese Aufmerksamkeit nicht, sucht sie nicht, sondern nimmt sie mit einer Natürlichkeit an, die wunderbar anzusehen ist.

Fiene rennt währenddessen über den Schulhof. *»Joue avec moi!«*, ruft sie zwei Mädchen gebieterisch zu, die diesem Wunsch sofort und beinahe erschrocken nachkommen. Schnell hat Fiene einige sinnvolle Kommandos aufgeschnappt wie *»À moi, non!«* und *»Ici!«*. Ansonsten ergibt das, was sie sagt, absolut keinen Sinn. Wild drauflos gibt sie Sätze aus ihrem Französischbuch zum Besten. *»Père Noël! Père Noël!!!«*, ruft sie Anfang Juni ein paar entsetzten Kindern zu. *»Le chat est sur la table!«* Ein kleines Mädchen nickt irritiert, wahrscheinlich in der Annahme, dass Niederländer sein und geistige Unzurechnungsfähigkeit so ungefähr dasselbe sind.

Marijn bringt jeden Tag ihre fertigen Aufgaben aus der Schule mit nach Hause, weiße A4-Blätter mit französischen Vokabeln, die sie in ihrer regelmäßigen Handschrift auf eine punktierte Linie übertragen hat. Die dazugehörige Zeichnung hat sie sorgfältig ausgemalt. Sie weiß, was *une pomme* ist, *une pelouse* oder *une piscine*. *Un chat, un chameau, un cartable*. Aber solange sie diese Worte noch nicht zu sinnvollen Sätzen zusammensetzen kann, zieht sie es vor zu schweigen. Erst Wochen später wird mir bewusst, dass niemand im Dorf je ihre Stimme gehört hat.

An einem Sonntagvormittag gehe ich mit Marijn zum Bäcker im Ort. Es ist ruhig im Geschäft, außer uns stehen dort nur zwei ältere Damen mit geblümten Kittelschürzen über ihren feinen Kleidern. »Ach, guck mal«, höre ich die eine flüsternd zur anderen sagen, während sie einen versteckten Blick auf Marijn werfen. »Das ist dieses behinderte Mädchen.«

6

Auf den Weinfeldern sind inzwischen winzige Rispen zu sehen, die Trauben sehen aus wie Erbsen. Im Schatten des Mandelbaums vor dem Weinkeller unterhalten sich Siebe und Bruno. Neben ihnen, hinter dem Traktor, steht ein großer, gelber Apparat, aus dem Schläuche herausragen, die auch zu einem Staubsauger gehören könnten. Die Maschine ist nagelneu, die Aufkleber darauf noch unbeschädigt. Man könnte einfach ein Tuch darüber werfen und sie so, wie sie ist, zurück in den Ausstellungsraum des Geschäfts stellen, wo wir sie gekauft haben.

Ich gehe zu den beiden Männern hinüber. Siebe grüßt mich gedankenverloren und spricht dann weiter über den Einsatz von Pflanzenschutzmitteln und Hektoliter pro Hektar. Ich schaue mir die weißen Kanister an, die auf dem Boden stehen und mit etlichen Darstellungen von Totenköpfen und nach Luft schnappenden Fischen beklebt sind. Dann knie ich mich hin, um einen der Hinweise hinten auf den Kanistern zu lesen: *»très nocif pour le milieu aquatique«*. Sofort muss ich an den kleinen Fluss weiter unten im Tal denken, an die Schwärme winziger Fische, die darin schwimmen. »Muss man wirklich so viel davon einsetzen?«, frage ich, woraufhin mich sogar Bruno verstört anschaut. Plötzlich sehe ich mich selber hier stehen, diese dumme Kuh aus der Stadt in ihrem hippen Röckchen. Was weiß ich schon über Pflanzenschutzmittel? Und so gehe ich zurück ins Haus – vielleicht ist Laartje ja schon wach.

Das Weingut ist wie eine Insel. Wir befinden uns alleine in einem Meer aus grünen Feldern, die fast alle uns gehören, sodass dort nie jemand hinkommt. Nur selten erkenne ich, wie in der Ferne ein Bauer auf einem alten Traktor zu uns herüberschaut. Dann folge ich seinem Blick, sehe unsere neuen Geräte im Sonnenlicht vor dem Weinkeller blinken und frage mich, was er wohl über uns denken mag. Redet er heute Mittag im »Café de la Paix« über uns, schüttelt er seinen Kopf über die reichen Ausländer, die aus reinem Spieltrieb ein Weingut gekauft haben? Oder ist es ihm egal? Eigentlich spüre ich keine Feindseligkeit.

Als wir mit dem Auto aus dem Dorf zurückkehren und zum Weingut hinauffahren, kommen wir an einem Mann auf einem großen alten Bagger vorbei. Er fordert uns auf anzuhalten, während er geschickt über ein rostiges Trittbrett aus der hohen Kabine klettert. Der Mann ist schon etwas älter, ich blicke in dunkle, amüsierte Augen in einem tief gefurchten Gesicht. »André Lotard«, stellt er sich vor, »ich bin Ihr Nachbar. Ich wohne auf *Les Carratiers*.«

Das Gut, das ich bereits kenne und das wie ein kleines verlassenes Dorf wirkt, liegt ein paar Kilometer weiter unterhalb in der Nähe der dunklen Berge. Der Begriff »Nachbar« gewinnt hier also eine ganz neue Bedeutung. »Wenn Sie irgendwann mal Hilfe brauchen sollten«, sagt André und zeigt auf den Bagger, *»on a tout le matériel!«*

Vor der Schule spricht mich eine Frau mit lockigem, hellbraunem Haar an, deren Tochter Claire in Marijns Klasse geht. »Ich habe Schuhe, die meinen Kindern nicht mehr passen«, sagt sie, »vielleicht können Sie sie gebrauchen?« Ich betrachte ihr rosa T-Shirt mit den aufgestickten Bären und die orange geblümten Sandalen ihres Kindes – unwahrscheinlich, dass sie Sachen hat, die ich haben möchte. Aber was soll's, seit wir hier wohnen, haben nur wenige Menschen Kontakt zu mir aufgenommen.

An diesem Nachmittag parke ich mein Auto am Rand des Dorfes. Murviel ist eines dieser südfranzösischen Dörfer, die in einer Bauweise errichtet sind, die man *circulade* nennt: Schmale Sträßchen, die in konzentrischen Kreisen um eine Mitte herum angeordnet sind, in der sich oft ein auf einem Berg gelegenes Schloss und eine Kirche befinden. Das Wort »historisch« hat hier eine völlig andere Bedeutung als in den Niederlanden. Bereits die Römer hielten Murviel für alt. Sie nannten das *castrum*, das Militärlager, das sie hier errichteten, *muri vetuli, vieux murs*, denn die Spuren der Bebauung an diesem Ort reichen bis in die Eisenzeit zurück. Das heutige Dorf wurde um das Jahr 1000 errichtet, und noch immer findet man in vielen Gebäuden Spuren aus dieser Zeit, große Ornamente aus Naturstein, sogar einen alten Ziegenstall, den man mit seinem viereckigen Grundriss eher in Bethlehem erwarten würde. Bis zum Ende des 19. Jahrhunderts lag der letzte Häuserring noch innerhalb der Mauern aus unbehauenen Steinen. Erst mit dem Aufkommen des Weinbaus wurden auch Häuser an die Außenseite der Mauer angebaut, die schließlich niedergerissen wurde, um das Material für neue Bauten verwenden zu können.

In der breiten Straße vor dem Tabakgeschäft hängt eine dichte, träge Wärme, während es zwischen den eng aneinandergebauten Häusern der *circulade* kühl bleibt. An den Häusern, die an der halbrunden, sanft nach unten führenden Straße mit dem alten Steinpflaster stehen, wurden über Generationen hinweg immer wieder Veränderungen vorgenommen. An jahrhundertealten Fassaden hat man geschmacklose kleine Balkone mit Metallgeländern geklebt, unter einem gemeißelten Bogen aus hellem Naturstein prangt eine Plastiktür aus dem Baumarkt. Die Inschrift »1750«, die darüber angebracht ist, wird dennoch gehegt und gepflegt.

Marijns Klassenkameradin Claire wohnt in einem mit trostlosem Zementbeton verputzten Haus. Hinter einer dicken braunen Tür mit großen Holznägeln führt eine steile Treppe aus gelbgemusterten Marmorplatten in die erste Etage. In einer dunklen Ecke, auf einer Couchgarnitur aus geblümtem Velours, liegen ein jüngerer Brüder von Claire und eine Schwester und schauen sich Zeichentrickfilme an. Er ist laut, dieser Fernseher, und aus dem Augenwinkel sehe ich, wie ein unscharfes Kaninchen hinter einer Katze herrennt.

Ich werde in der Küche empfangen, in der es nur ein Fenster gibt. Mitten im Raum steht ein Tisch mit einer Plastiktischdecke, darum herum Stühle, von denen die Resopalbeschichtung absplittert. Unter dem Stuckkamin steht ein kleiner Gasherd, darauf eine orange Pfanne mit einem durchsichtigen Deckel, in der ein Stück Fleisch vor sich hin brutzelt. Ich schaue mich um, alles in diesem Raum scheint schon ewig hier zu sein. Es ist eine Einrichtung, wie man sie auf den griechischen Inseln manchmal zwischen den wehenden Plastikstreifen eines Fliegenvorhangs hindurch erblickt.

»Vous voulez un café?«, fragt Claires Mutter. Als ich ja sage, nimmt sie eine Kanne mit altem Kaffee von der Maschine und gießt ihn in eine Tasse, die sie in die Mikrowelle stellt. Selber trinkt sie nichts.

»Wie wunderbar kühl es hier im Haus ist!«, sage ich. Sie nickt.

»Wohnen Sie schon lange hier?«

»15 Jahre.«

»Gefällt es Ihnen im Dorf?«

»Oui.«

Ich stelle noch ein paar Fragen über ihre Kinder, den Beruf ihres Mannes. Sie schaut mich wohlwollend an, lacht freundlich, während ein kurzes Ja oder Nein ein erneutes Schweigen ankündigt. Harte Arbeit, denke ich.

Ich erzähle ein wenig von uns, von Marijn, die noch immer

nicht spricht, sage, dass ich froh bin, dass die anderen Kinder sie trotzdem akzeptieren. »*Oui.*« Claires Mutter nickt. Ich bin erleichtert, als sie schließlich die Tasche mit den Schuhen holt: gute Wanderschuhe in Fienes Größe, ein Paar ziemlich hässliche grüne Plastiksandalen, Slipper, die so weit heruntergelaufen sind, dass man sie sofort wegwerfen kann. Ich bedanke mich herzlich und bringe am nächsten Tag einen Apfelkuchen vom Bäcker vorbei. Von da an fällt die Begrüßung am Schulzaun ein wenig länger aus.

Aad ist schon seit einigen Tagen nicht mehr in Frankreich – vor dem Umzug hatte er seinen Leitungsposten in den Niederlanden gekündigt, inzwischen hat er jedoch auf freiberuflicher Basis wieder ein großes Projekt für seine frühere Abteilung angenommen. In den kommenden Wochen wird er daher nur an den Wochenenden bei uns sein. Es ist sinnvoll, dass er zurückgeht, denke ich, wenn die Kinder abends im Bett liegen und ich unten das Geschirr spüle, all die neuen Gerätschaften haben uns sehr viel Geld gekostet, und auf diese Weise können wir zumindest ein paar finanzielle Rücklagen aufbauen. Aber ich erinnere mich auch an unser Abschiedsfest, das Gefühl der Zusammengehörigkeit bei unserer Abreise. Es fühlt sich seltsam an, alleine hier zu sein, während Aad in unser altes Leben zurückkehrt.

Gerade habe ich mir die Hände abgetrocknet, als das Telefon klingelt. Es ist Aad. Er ruft aus den Niederlanden an. »He, Grüße von Nicole und Thijs. Wir essen gerade was Leckeres. Wie geht's dir da drüben?«

Ich will gerade antworten, als ich draußen ein knackendes Geräusch höre. »Entschuldige, ich kann gerade nicht sprechen, ich rufe dich später zurück …«, sage ich und lege das Telefon beiseite. Ich lausche mit angehaltenem Atem. Da, da ist es wieder. Ich knipse das Licht aus, drücke mich gegen die Wand und warte, ob sich etwas bewegt. Angenommen, jemand schleicht ums Haus? Angenommen, jemand will ins Haus, was mache ich dann? Die alten Fenster schließen schlecht, es ist leicht, sie aufzudrücken. Ich warte noch ein wenig, dann renne ich nach draußen und schließe die Fensterläden mit einem lauten Knall. Noch lange starre ich oben aus dem Fenster, bevor ich auch dort alles verschließe.

Die Nacht ist hier so viel schwärzer als in der Stadt.

Am nächsten Morgen um zehn parkt Bruno den alten Traktor von Renault mit einer schwungvollen Bewegung auf dem Kies. Es hat nicht lange gedauert, bis er sich an das neue verlockende Ritual gewöhnt hatte. Beim ersten Mal hatte ihn die Einladung, mit uns einen Kaffee zu trinken, noch überrascht, beim zweiten Mal schon weniger, danach kam er jeden Morgen zum Haus, so als wäre es nie anders gewesen. Für mich als Niederländerin ist das nichts Besonderes, jeder in unserem Viertel bietet der Putzfrau oder dem Handwerker einen Kaffee an. Und ganz bestimmt ist das in Paris nicht anders, aber wir sind hier auf dem Land.

»Les patrons d'ici te traitent comme de la merde«, sagt Bruno auf seine charmante Art, während er nacheinander vier Stück Würfelzucker in seine Tasse fallen lässt. *»Un idiot, un petit con«*, sei er für Madame Ros gewesen. In der brennenden Sonne musste er die Weinstöcke mit der Heckenschere schneiden, stundenlang Steine schleppen. Nie gab es ein freundliches Wort. Nur geschlagen wurde er glücklicherweise nicht. »Onkel Toms Hütte« und »Das kleine Mädchen mit den Schwefelhölzern« kommen mir in den Sinn. Gott sei Dank, jetzt ist Bruno hier bei uns, bei den netten Niederländern.

Die dunklen Augen in seinem dicken runden Kopf leuchten auf, als er meinem Bericht über den vergangenen Abend lauscht. »Sie hatten also Angst?«, fragt er mit kaum verborgener Begeisterung. »Sie denken, die Fenster sind nicht sicher? *Hm, mieux vérifier tout ça.*«

Schwerfällig erhebt er sich und rüttelt ein wenig an den verwitterten Holzrahmen, erst von innen, dann geht er nach draußen und drückt dagegen. Das hohe Fenster an der Vorderseite gibt fast sofort nach. *»Oh, là, là!«*, sagt er, *»C'est tout pourri.* Jeder kann hier einfach so rein. Sehr gefährlich. Unglaublich, dass Adrien Sie so alleine lässt.«

Kurz habe ich ein ungutes Gefühl. Muss ich diese Kritik an Aad akzeptieren? Aber gleichzeitig bin ich froh, dass ich Unterstützung habe. Also speichere ich Brunos Privatnummer im Haustelefon. »Zögern Sie nicht, mich bei der geringsten Gefahr anzurufen«, sagt er, »ich bin in fünf Minuten hier – mit meiner Flinte.«

Zweimal in der Woche bringe ich Laartje zu einem Babysitter ins Dorf und fahre nach Pézenas, zu einem Französischkurs. Von meinem Auto aus betrachte ich neidisch die gut besuchten Straßencafés in der kleinen Stadt, die 40 Minuten von unserem Weingut entfernt liegt. Ich sehe all die sympathischen Menschen, die dort sitzen und sich angeregt unterhalten – warum gibt es das in Murviel nicht? Die schmalen mittelalterlichen Sträßchen sind denen in unserem Dorf sehr ähnlich, aber hier sieht man keine Fensterrahmen aus Kunststoff und hässliches Flickwerk, hier wurde alles sorgfältig restauriert – hinter den hölzernen Türen stehen keine auseinandergeschraubten Mopeds oder alte Traktoren, sondern kleine Restaurants und Kunstgalerien.

Ich stelle mein Auto auf dem zentralen Platz ab und gehe auf ein Gebäude aus dem 18. Jahrhundert zu. Über eine herrschaftliche, mit Reliefs geschmückte Treppe aus Naturstein begebe ich mich auf eine Galerie auf der ersten Etage. Dort öffne ich eine Tür und betrete einen kahlen Raum mit einer Systemdecke und Wänden in einem unbestimmten beigen Farbton, in dem einige dunkelhäutige Männer in sich zusammengesunken an kleinen Tischen sitzen. Einer von ihnen trägt einen weißen Kaftan. Scheu und ausweichend erwidern sie meinen Gruß. Die einzige Frau im Raum ist sehr dick und verbirgt sich unter einem schwarzen Kopftuch.

Ich setze mich an einen Tisch am Fenster und warte dort, bis die Lehrerin hereinkommt. Schließlich betritt sie den Raum, kräftig gebaut, jung und blond, ihre hellen Arme im weißen T-Shirt sind rot vom Sonnenbrand. Die dunkelhäutigen Männer erheben sich einer nach dem anderen und folgen der Frau zögernd in ihr Büro, wobei sie sich offensichtlich alles andere als wohl in ihrer Haut fühlen. In dem Büro nehmen sie ihre Aufgaben für heute in Empfang. Niemand spricht. Schließlich bin ich an der Reihe. Die Lehrerin wählt aus einer dicken Mappe ein vorgedrucktes Blatt mit Schreibübungen aus: *Il faut que je … (aller). S'il te plaît … raissonnable (être)*. Ah, heute geht es um den Konjunktiv. Ich gehe zurück an meinen Tisch, fülle alles aus, gebe es der Lehrerin zur Korrektur, die alle Antworten mit einem roten Stift abhakt. Dann bekomme ich ein Blatt mit neuen Übungen. So sieht er aus, der kostenlose Französischunterricht für Ausländer.

Am Abend – die Kinder liegen schon im Bett – zwinge ich mich so wie jeden Tag dazu, alle Nachrichten im Fernsehen anzusehen. Es wird schnell gesprochen, und ich fühle mich wieder wie das Kind, das voller Ehrfurcht mit seinem Vater die Nachrichten schaut. Jedes Wort, das ich nicht verstehe, führt mir meine Unzulänglichkeit vor Augen. Gleichzeitig gibt mir eine Hoffnung Halt: Wenn ich erst einmal fehlerfrei Französisch spreche …

Aus den Erbsen im Weingarten sind inzwischen richtige Trauben geworden. Bruno hat ein großes Metallgestell hinter den Traktor gehängt, mit dem er nun langsam zwischen den Reihen hindurchfährt. »Er pflügt, oder?«, frage ich Siebe. *»Labourer«*, erläutert Bruno später – wieder eine neue Vokabel gelernt.

Mein Beitrag zu all den Aktivitäten ist vor allem administrativer Art. Während draußen die Sonne scheint, sitze ich einsam neben einem großen Stapel Kartons im Wohnzimmer von Madame Ros. Auf zwei Stühlen liegt eine Zimmertür, die wir irgendwo im Haus aus den Angeln gehoben haben – mein Schreibtisch.

Weder Aad noch ich hatten länger darüber nachgedacht, dass der Besitz eines Betriebes in Frankreich zur Erledigung einer schockierenden Menge an Papierkram verpflichtet. Eine Zeit lang hatte ich auch in den Niederlanden selbstständig gearbeitet, ich hatte ein Beratungsbüro für Kommunikationstrategien. Das war ein Witz gegen das hier, die vielen Behörden, die sich melden und nach Unternehmenskennziffern, der Grundfläche und den Sozialdaten der Arbeitnehmer fragen. Als für das Weingut eine Siret-Nummer angefordert wird, rufe ich eine Behörde an, die mich an eine andere Behörde verweist, die wiederum betont, nichts tun zu können, solange wir keine TVA-Nummer vorlegen, die wir allerdings auch noch nicht erhalten haben. Ich sitze lange Vormittage, manchmal ganze Tage am Telefon, wobei ich schmerzhaft an die Grenzen meiner Französischkenntnisse stoße. Täglich kommen neue Rechnungen herein, ein unordentlicher Berg, der allmählich den ganzen Tisch bedeckt. Immer mehr Schecks müssen ausgestellt werden, daher fange ich an, in ordentlicher Handschrift das Kassenbuch zu führen, das Simone mir geschenkt hat.

Ich gebe mein Letztes, um den ständig weiterkochenden Bürokratiebrei zurückzudrängen, aber ich fühle, wie Niedergeschlagenheit von mir Besitz ergreift – wie dumm, dass ich nicht vorher daran gedacht habe, dass irgendjemand auch diese Arbeit erledigen muss.

Eines Morgens lehnt sich Aad kopfschüttelnd gegen den Türpfosten. »Was für eine Arbeit«, sagt er und fährt fort: »Tja, ich kann nicht gut mit Zahlen umgehen, ich bin eher kreativ.«

Dann dreht er sich um und will in die Sonne hinausgehen. Es ist die Bemerkung, die das Fass zum Überlaufen bringt: »Aha, der Herr ist also kreativ!«, explodiere ich. »Und ich gebe den beschränkten Buchhalter? Das ist nicht dein Ernst! Ich hab das hier auch noch nie gemacht.«

Die Diskussion geht den ganzen Tag so weiter und wird aus praktischen Gründen nicht zu Ende geführt. Aad muss gleich nach dem Wochenende wieder zurück in die Niederlande. Natürlich werde ich mich weiter um den Papierkram kümmern. Ich versuche, den unschönen Gedanken zu verdrängen, dass die Würfel schon gefallen sind.

Es wird Sommer, Aad ist viel zu Hause. Wir fahren an den Strand, entdecken ein kleines Restaurant an einem wilden Fluss und gehen dort jeden Abend mit den Kindern essen.

Genau aus diesem Grund wollten wir doch hier leben, denke ich.

Als die letzten Trauben ihre grüne Farbe verloren und sich blasslila gefärbt haben, stellt uns Siebe Mia vor, eine kleine, stämmige Frau Anfang 30 mit kurzem Haar und einer burschikosen, breitbeinigen Art zu laufen. Wie ein Anfänger unter den Schauspielern in einem schlechten Western führt sie alle Tätigkeiten sehr nachdrücklich aus: Stühle schiebt sie mit einem heftigen Ruck nach hinten, die Flasche Bier stellt sie hart auf den Tisch zurück. Sie soll Siebe als Assistentin zur Hand gehen, eine ernste Angelegenheit, mit der nicht zu spaßen ist.

Ihre wichtigste Aufgabe besteht darin, den Weinkeller für die Ernte vorzubereiten. Gemeinsam mit Bruno schiebt sie Leitern hin und her, klettert in Fässer und verschwindet hinter großen Wolken Wasserdampfs. Ich bekomme Lust, meine Arbeitskleidung anzuziehen und auch auf diese Leitern zu klettern, Schläuche zu schleppen, endlich körperlich zu arbeiten. Aber da ist Laartje, die sich mit ihren molligen Armen fest an mich klammert und mich ganz sicher nicht mehr loslassen will. Manchmal stelle ich sie hinter einen hölzernen Laufwagen, hinter dem sie ihre ersten Schritte machen kann. Die Räder fahren sich knirschend im tiefen Kies fest, der rund um das Haus liegt. Das wütende Baby wirft sich schreiend auf den Boden. Ich klemme sie mir unter den einen Arm, die Karre unter den anderen, und gehe zu dem Sandweg, der an den Weinfeldern entlangführt. Kurz funktioniert es, genau drei Schritte weit, dann landen Kind und Wagen in der Böschung des ausgefahrenen Wegs. Laartje ist so überrascht, dass sie noch nicht einmal dazu kommt zu weinen, und ich gehe schicksalsergeben zurück zu der kleinen Terrasse neben dem Haus. Noch nie habe ich ein solch großes Stück Land besessen, aber meine Welt beschränkt sich auf einen Streifen ausgeblichener rosa und beiger Fliesen von sechs mal zwei Metern.

Bereits Ende Mai hatte Siebe mir aufgetragen, das Team für die Ernte zusammenzustellen. »Ich will acht Pflücker, zwei Träger, zwei Mann am Sortiertisch ... Vielleicht kannst du im Dorf rumfragen? Aber ich warne dich, das wird nicht einfach.«

Ich frage Bruno in der Annahme, dass er sicher eine Anzahl arbeitsloser Cousins und Nachbarn im Angebot hat, doch er schaut mich nur kopfschüttelnd an: »Glauben Sie wirklich, dass es hier jemanden gibt, der arbeiten möchte? Sie wissen doch inzwischen, wie die Franzosen sind. Schmarotzer sind sie, die reißen sich kein Bein aus.«

Als ich mich genervt abwende, wechselt er das Thema. »Aber wissen Sie denn nicht, dass niemand mehr von Hand erntet? Früher, ja, früher war das anders. Damals kamen die Spanier und die Zigeuner. Ende August lagerten sie schon überall am Weg. Man musste sie nur ansprechen, und schon legten sie los – und zwar gerne. Es war ein Fest, der wichtigste Monat im Jahr. Aber inzwischen hat jeder eine Erntemaschine. Wer hat noch Lust, mit der Hand zu pflücken? Es ist nun einmal so, wie es ist – *c'est comme ça.*« Mit diesen Worten geht Bruno nach draußen, klettert auf seinen Traktor und zuckelt davon. Ich schaue ihm nach und frage mich, ob es das ist, was das Leben auf dem Land bewirkt, dass 25-jährige Jungen wie alte, verbrauchte Männer reden.

Glücklicherweise bin ich Niederländerin. Ich steige in mein Auto und fahre zum Tabakladen, wo ich die Zeitung »Midi Libre« aus dem Regal nehme.

Hinter dem Tresen sitzt ein schweigsamer, bleicher Mann, der mich inzwischen schon dutzende Male hat hereinkommen sehen. Trotzdem behandelt er mich noch immer wie eine Touristin. Und ich selber bin auch noch nicht so versiert, was die herzlichen Einzeiler angeht. *Bonjour* und *au revoir*, so viel zum Thema Integration.

Zu Hause breite ich die Zeitung auf dem Gartentisch aus und suche den Anzeigenteil. Auf ein Schmierblatt schreibe ich in großen Buchstaben »Helfer für Weinlese gesucht« und einen kurzen Text mit dem Namen des Dorfs und unserer Telefonnummer. Zwei Tage später steht meine Annonce in der Zeitung. »Das funktioniert schon gar nicht«, sagt Bruno, wobei er sich mit einem überheblichen Lachen gegen den Türpfosten fallen lässt. »Niemand macht das so.« Kopfschüttelnd fügt er hinzu: »Nun ja, Sie sind ja auch Ausländerin.«

An diesem Samstag ist Aad wieder bei uns. Er hat Kaffee gekocht und Milch aufgeschäumt. Wir sitzen draußen am großen Tisch und lesen die dicken Wochenendausgaben des »NRC Handelsblad« und der »Volkskrant«, die er aus den Niederlanden mitgebracht hat. Zwischen den Zeitungen liegt das Telefon, und als es klingelt, reicht Aad es mir seufzend: »Wieder ein Erntehelfer ...«

In nur zwei Tagen nehme ich mehr als 60 Anrufe entgegen: »Mann, 25, Student, keine Erfahrung«, »Frau, 22, Studentin, keine Erfahrung«, »Frau, 42, arbeitslos, sechs Mal geerntet!« …

Der Triumph, der sich zunächst einstellt, lässt ein wenig nach, als ich, fast drei Monate später, die potenziellen Helfer zurückrufe. »*Ah non*, ich habe inzwischen Arbeit gefunden« oder »Nein, ich habe schon meinem Onkel versprochen, bei ihm zu pflücken.« Ganz offensichtlich hatte ich die Anzeige zu früh geschaltet. Und dann gibt es da noch ein Problem, das mich ein wenig beunruhigt: Ein großer Teil der Leute scheint gar nicht zu wissen, wovon ich rede. »Weinlese? Wieso? Nein, ich habe nicht angerufen.« Regelmäßig höre ich auch einen Piepton und die Stimme einer freundlichen Dame, die erklärt: *»Ce numéro n'est pas attribué.«* Es dauert eine Weile, bis mir aufgeht, dass ich etliche Telefonnummern falsch notiert habe.

Quatre-vingt-dix-huit – soixante-douze – quatre-vingt-seize, bei meinem Versuch, die nette, spontane *patronne*, Arbeitgeberin, zu mimen, hatte ich doch glatt vergessen, dass ich diese Rolle noch nicht völlig beherrsche – eine ziemlich ernüchternde Entdeckung.

Glücklicherweise brauche ich nur zwölf Leute, die ich schließlich auch finde: zum Beispiel Michel, 39 Jahre, Sozialarbeiter, Stéphanie, 19 Jahre, Pädagogikstudentin, Jean-Denis, 45 Jahre, pensionierter Berufssoldat, Frédéric, 26 Jahre, Philosophiestudent. Eine interessante Gesellschaft, wie mir scheint, allerdings habe ich keine Ahnung, was diese Leute bei der Weinlese leisten können.

»Oh, übrigens, die Mannschaft ist komplett«, sage ich an diesem Nachmittag wie nebenbei zu Brunos Rücken.

7

Die Schulferien nähern sich ihrem Ende. Ich habe eingekauft und stehe mit den Mädchen an der Kasse im Supermarkt.

»Bonjour!«, sagt ein kleiner Junge aus Marijns Klasse.

»Bonjour!«, antwortet Marijn.

Nach zwei Monaten Ferien hat sie für einen Moment vergessen, dass sie in der Schule noch immer nicht spricht. Und zufällig trifft sie gerade auf den größten Schauspieler in der Klasse, der jetzt mit offenem Mund die Arme hochreißt und in den vollen Laden schreit: *»Elle parle! ELLE PARLE!!«* Sie spricht!

»Ah oui, elle parle!«, höre ich die Frauen hinter mir zueinander sagen. Kurz danach weiß es das ganze Dorf. Doch es gibt erneut einen Rückfall, als die Schule wieder anfängt. Die Lehrerin, die die guten Nachrichten auch schon gehört hat, setzt Marijn vor die Tafel, wo sie ein Gedicht vortragen soll. Ein paar Wochen lang hüllt sich Marijn daraufhin erneut in Schweigen, bis die Lehrerin mir nach langem Drängen schließlich erlaubt, mit in die Klasse zu kommen. Ganz klein sitze ich neben Marijn auf einem Stuhl und halte unter dem Tisch ihre Hand. *»Le petit mouton«*, sagt sie, »Das kleine Schaf«, die erste Zeile eines Gedichts, das wir zu Hause vorbereitet haben. Dann spricht sie weiter, ganz ruhig und in einem wunderbaren Französisch. Das Mädchen, das neben ihr sitzt, hebt gerührt den Blick, ich sehe Tränen in ihren Augen.

Wahrscheinlich hat sie Marijns Stimme noch nie gehört.

Mia betritt die Herberge. Sie begrüßt mich brummelnd und läuft gedankenverloren an mir vorbei in die Küche, wo sie eine

Rolle Tiefkühlbeutel aus der Schublade zieht. Und ich weiß auch, wofür sie die Beutel benötigt: Auf jeden Beutel wird sie den Namen einer Parzelle des Weingutes schreiben und ihn vor Ort mit Weintrauben befüllen. Als sie anderthalb Stunden später zurückkommt, geht Siebe ihr entgegen. Er nimmt jeweils eine Traube aus einem der Beutel, steckt sie sich behutsam in den Mund, nickt nachdenklich und in sich selbst gekehrt oder schüttelt leicht den Kopf.

Dann legen sie die Trauben auf die Anrichte, um den Inhalt anschließend Beutel für Beutel in meiner blauen Küchenmaschine zu zerkleinern. Den Saft gießen sie in eines meiner alten französischen Schälchen, ein mintgrünes Exemplar mit einem feinen Goldrand. Schließlich entnehmen sie einem länglichen Plastikdöschen einen kleinen Apparat aus Aluminium, vom dem ich jetzt endlich auch weiß, wie er heißt: *réfractomètre*. Die eine Seite des kleinen Rohres, durch das man hindurchschauen kann, läuft schief zu und ist mit einem Kunststoffplättchen verschlossen. Der Traubensaft wird auf dieses Plättchen geträufelt, ein ebenfalls aus durchsichtigem Kunststoff bestehendes zweites Plättchen darüber geklappt und die Vorrichtung dann auf einen hellen Lichtpunkt gerichtet. Ein unbewölkter Himmel reicht völlig aus. Im Visier verfärbt sich die Unterkante des Bildes blau, der Rest bleibt weiß. Auf einer Skala kann man jetzt ablesen, wo genau sich der Übergang zwischen Blau und Weiß befindet und so den Zuckergehalt der Traube und damit den zu erwartenden Anteil Alkohol bestimmen. Diese Methode liefert einen der wichtigsten Indikatoren für die Bestimmung des Reifegrads der Trauben.

»Hey, diese Aufgabe könnte ich doch hervorragend übernehmen!«, sage ich, als Siebe Mia ein paar Tage später wieder in die Weinberge schicken will. Ich trage Laartje in einem robusten Tragesack und bin daran gewöhnt, lange mit ihr herumzulaufen.

Siebe schaut mich verärgert an. »Nein, das geht nicht«, sagt er, während er mich kraftlos auffordert, am Tisch Platz zu nehmen. »Hör zu, es handelt sich um Analysen, denen eine exakte Systematik zugrunde liegt. Du kannst nicht einfach 100 Trauben pro Parzelle pflücken, du musst wissen, welche man auswählt. Manchmal nimmt man eine von oben, dann wieder eine von unten, und man muss verschiedene Reihen wählen.«

»Prima«, sage ich, »dann wähle ich also mehrere Reihen pro Parzelle aus und achte darauf, dass ich die Trauben nicht auf derselben Höhe pflücke.« Ich will aufstehen, da Siebe aber sitzen bleibt, sinke ich auf meinen Stuhl zurück. Er seufzt: »Nein Lidewij, ich kann dir das nicht übertragen. Wir haben angefangen, nach Mias Systematik zu arbeiten. Die Zahlen wären nicht mehr kohärent, wenn ich jetzt plötzlich jemand anderen die Stichproben nehmen lassen würde. Das geht nicht.«

Als ich die beiden in ein intensives Gespräch vertieft nach draußen gehen sehe, fühle ich mich wie ein ungerecht behandeltes, abgewiesenes Kind, das in einer Ecke des Schulhofs mit einem Stock in der Erde herumstochert, während die anderen hinter dem Ball herlaufen. Zum ersten Mal wünsche ich mir, irgendwo anders zu sein. Mit Wehmut denke ich zurück an die Werbeagentur, an die Versammlungsräume mit ihrer strengen Architektur, den blauen Schein der PowerPoint-Präsentationen, die Menschen, die wohlwollend zu mir aufschauten und sich Notizen machten, während ich sprach. Lang ist's her. Das war noch die Lidewij, die wusste, was zu tun war.

Ich gehe zu Aad. Er ist heute Morgen angekommen und sitzt mit ausgestreckten Beinen auf der Terrasse. Auf seinem Schoß liegt ein wenig inspirierendes Buch über Önologie, Weinherstellung, eine Neuauflage aus den Siebzigerjahren. Auf dem Umschlag macht sich ein älterer Mann mit Hut und Doppelkinn an einem Weinfass zu schaffen, innen befindet sich ein schlecht gesetzter Text voller unschöner Skizzen und Zahlen, in dem Aad einzelne Stellen unterstrichen hat.

Ich nehme mir einen Stuhl und setze mich zu ihm an den Tisch: »Hey, erzähl, was liest du da?« Leicht genervt schaut er auf. »Pff, darüber habe ich mich mit Siebe unterhalten«, sagt er, »*macération carbonique*, Kohlensäuremaischung.« Ich möchte ihm eine Frage darüber stellen, doch ich blicke nicht mehr in sein Gesicht, sondern auf seinen Scheitel. Er hat sich wieder in sein Buch vertieft.

Niedergeschlagen begebe ich mich in Richtung Büro. Ich bin ein Idiot, denke ich. Alle Entscheidungen wurden getroffen, als ich noch mit dem Baby beschäftigt war. Jetzt darf ich zwar zugucken, habe aber an allen Fronten den Anschluss verpasst. Natürlich bleibt so die Verwaltungsarbeit an mir hängen. Ich lege meine Hand auf die Türklinke des Büros. Durch das Fenster sehe ich die Kartons im Halbdunkeln stehen, den Tisch mit dem Stapel Papier darauf, den leeren Stuhl dahinter, auf den ich mich gleich setzen muss. Einem Impuls folgend drehe ich mich um, laufe über den leise knirschenden Kies zum Hügel hinauf, wo ich mich auf einen großen Stein unter einer Pinie hocke und über das Land schaue, das sich vor mir ausdehnt. Frischgrüne Weinfelder, Bäume in der Ferne, Hügel, die allmählich in eine flachere Landschaft übergehen, weiter hinten die Landesgrenze am Meer.

Auf einmal ängstigt mich diese ruhige, selbstzufriedene Schönheit, ja sie ärgert mich sogar. Das hier hat schon immer existiert, denke ich, und in 100 Jahren wird es auch noch existieren. Ich fühle mich überflüssig.

Ich muss an Siebe und Mia denken, an die Trauben, die ich nicht pflücken darf, an Aad mit seinem Buch, an meine Arbeit in den Niederlanden. Bertus, der Kater, kommt auf mich zu – während er an meinem Rücken entlangstreicht, an meinen Beinen, starre ich die unberührbare, zufriedene Landschaft an.

Es ist nicht richtig, so wie es ist, denke ich, ich habe alles aufgegeben, um hier zu sein. Aber so macht es keinen Sinn. Ich setze mich aufrecht hin und überlege, dass ich einfach nicht genug weiß. Aad hat die Ausstrahlung und die Autorität, um hier ganz selbstverständlich seinen Platz einzunehmen. Er liest schon seit Ewigkeiten Weinbücher. Er ist der Mann, der Besitzer. Ich bin die Mutter mit dem Baby.

Auf einmal sehe ich die Antwort vor mir: Ich muss eine enorme Aufholjagd beginnen – dafür sorgen, dass ich diejenige bin, die alles über Wein weiß. Wie ich das machen soll, weiß ich noch nicht, aber der Gedanke lässt mich nicht mehr los.

Als ich eine Woche später nach Murviel fahre, um Brot zu kaufen, erkenne ich das Dorf kaum wieder. Die träge Atmosphäre der vergangenen Sommermonate ist von einem Tag auf den anderen einer fieberhaften Aktivität gewichen. Wie eine alte rostige Maschine, die man plötzlich wieder eingeschaltet hat, erzittern die alten Sträßchen unter dem Lärm der Traktoren mit ihren klappernden Anhängern, auf denen hoch aufgetürmte Berge Trauben zu sehen sind, von denen ab und zu ein paar auf die Straße fallen. »Viognier« steht hinten auf einem der Anhänger, »Sauvignon« auf einem anderen.

Ich entschließe mich, dem Aufzug zu folgen. Ich fahre hinter einem alten roten Traktor her, auf dem ein dicker Mann sitzt. Sein weißes Hemd hängt ihm aus der Hose und flattert wild im Wind. Mit sichtbarer Begeisterung tritt er aufs Gaspedal, die Traubenfracht springt bei jeder Unebenheit auf der Straße kurz in die Höhe, um in einer fließenden Bewegung wieder zurückzufallen. Am Ende einer Reihe Platanen entdecke ich das Epizentrum der Aktivität: die *cave coopérative*, die Winzergenossenschaft. Alle Tore sind geöffnet, um dem anhaltenden Strom der Traktoren Platz zu bieten, die wie eifrige Bienen ihren Nektar abliefern. Geschickt parken die Fahrer rückwärts ein, die Anhänger werden hochgekippt, und eine beinahe flüssige Ladung dunkelgelber Trauben gleitet in eine große edelstahlgefasste Öffnung. Einige Männer drehen sich um und starren mich an. Widerwillig trete ich aufs Gaspedal, ich gehöre nicht dazu, verstehe viel zu wenig von all dem, um mitmischen zu können.

»Ernten wir jetzt auch bald?«, frage ich Siebe, als er mittags vorbeikommt. »Wir? Ernten?« Er lacht und schaut mich mitleidig an, wie ein dummes Kind, das mal wieder eine nicht besonders schlaue Frage gestellt hat. »Lidewij«, sagt er müde, »wir haben doch völlig andere Qualitätsansprüche als eine Winzergenossenschaft, die zusehen muss, dass sie die Trauben von allen Mitgliedern rechtzeitig hereinbekommt. Deswegen fangen sie auch so früh an. Aber wir, wir können warten, bis der optimale Reifegrad erreicht ist.«

Er nimmt eine Traube aus einem der Beutel, die noch auf der Anrichte liegen. »Hier, schau dir mal den Kern an.« Er steckt eine Traube in den Mund und zeigt mir den Kern, der auf der Spitze seines Zeigefingers liegt: »Siehst du das Ende hier? Es ist noch grün. Eine Traube ist erst dann reif, wenn der Kern ganz braun ist.« Ich nehme auch eine Traube in den Mund und betrachte dann den Kern. Er hat recht, der Kern ist noch grün. »Man kann es auch schmecken«, fährt Siebe fort, »ein reifer Kern schmeckt wie geröstete Mandeln, er hat nicht mehr diesen grünen unreifen Geschmack.

Er nimmt eine neue Traube und öffnet sie. »Schau mal, dieser Kern sitzt noch fest im Fruchtfleisch. Bei einer reifen Traube lässt er sich leicht herauslösen.«

Das sind drei einfache, empirische Kriterien, die mir in den nächsten Tagen den Grund dafür liefern, viel mehr Trauben zu essen als notwendig. Es macht mir Spaß, die Entwicklung der Trauben selber nachzuvollziehen, mit einer einfachen Methode, die auf gesundem Menschenverstand basiert. Als Siebe eine Woche später sagt, dass die Trauben der Rebsorte Grenache Blanc so weit seien, überrascht mich das nicht mehr.

Es ist der 7. September, sieben Uhr morgens. Aad ist oben bei den Mädchen. Die Luft ist noch frisch, das weiche, gelbe Licht ist nicht mehr als eine vorsichtige Andeutung des heißen Tages, der vor uns liegt. Bruno hat die Erntekisten in langen Reihen auf dem Anhänger gestapelt und läuft jetzt unruhig am Eingang des Weingutes auf und ab, wie ein kleiner Junge, der darauf wartet, dass die ersten Kinder zu seinem Fest kommen. Bei jedem Geräusch schreckt er auf: Da, das näher kommende Geräusch eines Autos, das lauter, immer lauter wird, bevor es wieder abebbt, nachdem das Auto am Eingang zum Weingut vorbeigefahren ist. Ich lausche mit ihm, höre das verhaltene Gezwitscher eines vereinzelten Vogels, das Geräusch von Blättern, die zweifelnd im Wind rascheln. Dann hole ich eine volle Kanne Kaffee aus der Herberge und stapele Tassen auf ein Tablett, jetzt bin auch ich für das Fest vorbereitet.

Und dann, auf einmal, ist es da. Ein knirschendes Geräusch am Anfang des Weges, eine Tür, die zugeschlagen wird, der erste Erntehelfer. Es ist Michel, der Sozialarbeiter. Mit geschmeidigen Schritten läuft er die schmale Treppe neben der Esche hinauf und kommt mit ausgestreckter Hand auf mich zu. Unter seinem großen Grinsen trägt er die Uniform eines Touristen auf einem Ausflug: kurze Hose, fröhlich gestreiftes T-Shirt, beiger Hut mit durchgesticktem Rand. Fehlt nur der Fotoapparat um den Hals und das praktische Hüfttäschchen mit den Reisedokumenten. Michel wohnt noch nicht so lange in der Region und hat sich zwei Wochen Urlaub genommen, um dieses Ereignis aus der Nähe erleben zu können: eine echte Weinlese! Als Aad vorschlägt, ihm den Weinkeller zu zeigen, springt er sofort auf und läuft fröhlich hinter ihm her. Einen Notizblock, den vermisse ich auch noch.

Oben an der Treppe ist inzwischen eine ernst dreinblickende Gestalt erschienen, die sich sehr aufrecht hält. Es ist Jean-Denis, der Ex-Soldat. Er trägt Springerstiefel, und eine enge khakifarbene Hose spannt sich um seinen durchtrainierten Hintern. Wie ein aggressiver Hund, der nicht weiß, wohin mit seiner Energie, läuft er um den Tisch herum. Die Ernte ist eine Mission, jede verlorene Minute ist eine Minute zu viel. Als ich ihm eine Tasse Kaffee anbiete, steht Jean-Denis plötzlich still, mechanisch rührt er in seiner Tasse. Ich lausche dem Kling-Kling-Kling von Metall auf Porzellan und merke, dass »sympathisch« nicht das erste Wort ist, das mir zu ihm einfällt. Glücklicherweise ist da auch noch Stéphanie, die Studentin, die ihr langes dunkelblondes Haar mit einem hellblauen Tuch hochgebunden hat. Es folgen Géraldine, eine farblose Frau Anfang 40, und Carole, blond, nett, etwas jünger als ich. Ich rufe sie einen nach dem anderen zu mir, um ihre persönlichen Daten in ein spezielles Formular einzutragen, das ich schnell wieder zuklappe, als ich die komplizieren Rechenmodelle auf der nächsten Seite sehe. Darum kümmere ich mich später.

Siebe betritt mit energischen Schritten die Szene. Ich renne ihm zum Weinkeller hinterher, wo Michel sich zufrieden an ein Fass lehnt und Aad zuhört. *»Hé, toi!«*, ruft Siebe. Michel blickt überrascht auf, stupst sich mit dem Zeigefinger auf die Brust, formt ein geräuschloses *»Moi?«* mit den Lippen. Mit ein paar kleinen, schnellen Schritten ist er neben Siebe, der einen forschenden Blick über Michels gedrungenen Körper gleiten lässt. *»Oké, tu sera porteur.* Du wirst Träger. Probier das mal.« Siebe holt eine Aluminiumkonstruktion mit ledernen Tragegurten. Sie sieht solide aus, auch wenn der Hersteller sich nicht von der menschlichen Anatomie hat inspirieren lassen. Das Gestell scheint vor allem dafür gemacht worden zu sein, an einer Mauer zu hängen, vielleicht noch an einem Zaun.

Siebe streift Michel die Tragegurte über die Arme und zieht

sie zu seinen Schultern hinauf, dann zurrt er ein wenig an den Schnallen. »*Et voilà!*«, sagt er zufrieden. Er nimmt eine Kiste vom Wagen und stellt sie auf die Konstruktion, sodass Michel überrascht nach hinten kippt und zu lachen beginnt. Ein Schatten der Verärgerung zieht über Siebes Gesicht. »*Allez*, alle raus auf die Parzelle!«, sagt er, »wir haben schon viel zu viel Zeit verloren! Hopp! Das geht schneller!« Mit einer Armbewegung jagt er Bruno auf den Traktor, das dumpfe Starten des Motors ist zu hören. So als wären sie Pferde, nichts ist besser als ein ordentlicher Hieb mit der Peitsche.

Aad bleibt im Weinkeller, ich folge den Erntehelfern zu der Parzelle mit der Grenache Blanc oben an der Auffahrt. »Das bringt nichts!«, sagt Siebe, als er sieht, wie ich mir, genau wie alle anderen, einen Eimer und eine Rebschere nehme.

Mit ein paar schnellen Handbewegungen verteilt er die acht Pflücker über vier Reihen, immer zwei pro Reihe, und so bleibe ich alleine zurück. Alle beginnen sofort mit der Arbeit, ich höre das leise plumpsende Geräusch, wenn die Trauben in die Eimer fallen. Langsam arbeiten sich die Pflücker zum nächsten Weinstock vor, während ich immer noch an derselben Stelle stehe und nicht weiß, was ich tun soll.

»Siehst du, dass das nichts bringt, man muss zu zweit arbeiten«, sagt Siebe. Ärger steigt in mir auf, und ich lasse mich am Anfang einer Reihe auf die Knie nieder. Mit einer wütenden Bewegung ernte ich meine ersten Trauben. Es ist eine große Rispe, die dunkelgelben Trauben haben einen samtenen Glanz, aber bei allen anderen Rispen an diesem Rebstock sind die Trauben an der Unterseite verklebt und von einer flaumigen Schicht von hellgrauem Schimmel überzogen. Verzweifelt lasse ich sie in den Eimer fallen, eine Wolke weißen Staubs wirbelt über den Rand. Es ist eines der wichtigsten Worte, die ich während dieser Ernte lernen werde: *la pourriture*, der Schimmel.

Aus den anderen Reihen höre ich die ersten Pflücker rufen: *»Seau, seau!«* »Eimer!« Auch wenn sie noch nie an einer Weinlese teilgenommen haben, scheinen doch alle aus derselben kollektiven, auf die Ahnen zurückgehenden Wissensquelle zu schöpfen. Ohne zu zweifeln, folgen sie denselben Pfaden, auf denen bereits ihre Vorfahren gewandelt sind.

Der Ruf nach einem Eimer spornt Jean-Denis, den zweiten Träger, zu einem athletischen Spurt an. Er dreht sich mit dem Rücken zum Pflücker, der aufstehen muss, um den Eimer in die Kiste von Jean-Denis zu leeren.

Ich bin jetzt beinahe am Ende der Reihe angekommen, habe die ganze Zeit in einer gebeugten Haltung geschuftet und fühle jetzt einen brennenden Schmerz in meinem unteren Rücken. In der Hocke arbeitet es sich besser, auch wenn dabei allerlei mir bisher unbekannte Blutgefäße abgeklemmt werden. Schließlich lasse ich mich vor jedem Rebstock auf die Knie fallen. Sie sind voller Sand, Dellen und kleiner Steinchen, wenn ich wieder aufstehe. Achtlos fege ich mit der Hand darüber, Knie wie beim Murmelspielen, plötzlich bin ich wieder acht Jahre alt. Anderthalb Stunden später stehen zwei Reihen Kisten voller Trauben auf dem vollen Anhänger, 18 Kisten insgesamt. Bruno rollt mit seiner schwankenden Fracht langsam die Böschung hinunter, man kann problemlos nebenhergehen. Erst fährt er zum Haus, wobei er fast gegen die wackeligen Stützböcke des langen Tischs stößt, um dann rückwärts in den ansteigenden Kiesweg zum Lager oberhalb des Weinkellers einzubiegen.

Siebe möchte wenigstens vier Leute am Sortiertisch haben, also nehme ich Stéphanie, Frédéric und ein schweigsames Mädchen, das Céline heißt, aus den Weinfeldern mit. Angespannt läuft Siebe um den langsam rückwärtsfahrenden Anhänger herum. »Okay, das geht effizienter! Los, die erste Kiste runterholen! Und auf die Waage!«

Das Sortieren selbst ist unerwartet einfach. Das Laufband ist ungefähr drei Meter lang, an jeder Seite des Tisches stehen zwei Personen, die die langsam vorbeigleitende Ladung Trauben begutachten. Es ist nicht schwierig, den Unterschied zwischen einer schönen und gesunden Rispe und einer mit weißlichem Schimmel auszumachen, zwischen reifen Rispen und solchen, an denen keine goldgelben, sondern lediglich hellgelbe Trauben hängen. Braune Ohrenkneifer und dunkelbeige Schnecken zeichnen sich als dunkle Flecken auf dem weißen Plastik des Laufbandes ab. Mit einer schnellen Handbewegung holt man sie heraus, wobei man die Ohrenkneifer genau in der Mitte packt, sodass sie mit ihren Zangen hilflos in die Luft kneifen.

Als fast alle Kisten gewogen und aussortiert sind, hören wir das Geräusch des alten Renault-Traktors wieder anschwellen: Bruno kommt mit einer neuen Ladung. Aad leert jede Kiste langsam auf dem Band aus. Wir stehen bereit – den Blick konzentriert auf die träge vorbeiziehende Masse gerichtet, Hände schießen nach vorne, sobald sich eine Unregelmäßigkeit zeigt. Ich stehe am Ende, die letzte Hürde, bevor die Trauben auf die *sauterelle*, ein schräg nach oben laufendes Transportband, fallen. Ein verantwortungsvoller Posten. Ich will nicht einen Fehler zulassen – ein unerwartetes Gefühl der Befriedigung stellt sich bei dieser monotonen und mechanischen Arbeit ein.

Ich freue mich, dass ich Frédéric mit an den Sortiertisch geholt habe. Unser Philosophiestudent ist ein schlanker junger Mann mit wilden schwarzen Locken und einem Dreitagebart, den ich mit seinem schiefen Grinsen und dem unschlagbaren Humor sofort ins Herz geschlossen habe. Nach der ersten Ladung Trauben dreht er ein wenig an einem alten Radio, das er zwischen den Kartons gefunden hat, und stellt einen Sender ein, der einen Strom von französischen und internationalen Evergreens ausspuckt. Mit kulturanthropologischer Präzision kommentiert Frédéric die französische Popkultur der letzten 40 Jahre, eine ganz eigene Welt, die bisher völlig an mir vorbeigegangen ist. Wie habe ich die Siebzigerjahre nur überleben können, ohne zu wissen, dass der Disko-König in Frankreich Claude François hieß? Dass sein Showballett genauso legendär wie das von Penney de Jager in den Niederlanden war? Wie werde ich mich je integrieren können, wenn ich nicht wie jeder andere Franzose auch den Text von »Les Cornichons«, »Die Gurken«, mitsingen kann? Was hilft es schon, Nina Hagen zu kennen, wenn man nie von Rita Mitsouko gehört hat?

Um Viertel vor zwölf renne ich in die Küche, um die Jugendherbergsportion Pastasauce aufzuwärmen, die ich gestern vorbereitet habe. Ich setze Wasser auf und rühre in zwei extra für diese Gelegenheit angeschafften Schalen Vinaigrette für den Salat an. Als die Erntehelfer in Grüppchen von den Weinfeldern zurückkehren, stelle ich gerade die letzten Teller auf den Tisch. Sie setzen sich erstaunt und beginnen herumzualbern: »Sie wollen uns also bei sich am Tisch haben?«, fragt Géraldine. »Und Sie haben für uns alle gekocht?« Sie schaut mich an, als sei ich verrückt, und öffnet lachend eine der Weinflaschen.

Ich beginne an meinem Vorhaben zu zweifeln – ich möchte, dass sie mich sympathisch finden, nicht lächerlich. Aad setzt sich neben mich an den Tisch. »Was macht es schon, wenn das in Frankreich nicht üblich ist«, sagt er, während er sich eine große Portion Pasta auf seinen Teller packt, »hier ist so einiges anders. Wir zum Beispiel.«

»Ich bin gestern nach der Ernte noch kurz in meinen Garten gegangen«, sagt Frédéric, als er am nächsten Morgen auf dem Grundstück erscheint. Wie um seine Großzügigkeit zu unterstreichen, zieht er ein rotkariertes Geschirrtuch von einer Schale, die er mitgebracht hat. »*Et voilà!* Die Zucchini und die

Auberginen waren genau richtig. Ich habe heute Morgen eine leckere Ratatouille für uns gemacht!«

Stéphanie beobachtet lachend meine Reaktion. »Und ich eine große Tarte Tatin!«, sagt sie und präsentiert uns ihren Apfelkuchen. Es ist der Startschuss zu einem kulinarischen Marathon, der die ganze Ernte begleiten wird.

8

Nachdem Siebe zum Teil mit Aads Unterstützung die Trauben für den Weißen und den Rosé verarbeitet hat, ohne dass ich viel davon mitbekommen hätte, ist es jetzt bald so weit für die roten Trauben.

An den ersten Kisten zeigt sich bereits, dass sich das Schimmelfest auch hier fortsetzen wird. Ich lasse Céline ihre Mutter mitbringen, damit sie uns am Sortiertisch unterstützt, und suche auf Siebes Wunsch noch ein paar zusätzliche Leute für die Weinfelder. Und so stößt auch Conchuita zu uns, Rufname Conchy. Sie ist die 50-jährige Oma eines Mädchens aus Fienes Klasse, eine kleine bewegliche Frau mit kurzem blondiertem Haar, die sich mit einem einzigen Wort beschreiben lässt: España! Denn auch wenn Conchuita schon seit beinahe 30 Jahren hier lebt, ist und bleibt sie eine Verbannte. »*España, ma pauvre*, ach! Alles ist besser in Spanien! Die Menschen sind netter! Die Kinder besser erzogen! Es ist so viel schöner dort!«

Und bei all ihrem Gejammer ist Conchuita nicht bewusst, dass sie jemanden vor sich hat, der sich – nachdem er *sehr* lange darüber nachgedacht hat, von allen Ländern auf der Welt ausgerechnet ihr verhasstes Frankreich ausgesucht hat. Und der noch immer fieberhaft nach Argumenten sucht, die diese Wahl rechtfertigen könnten. Sie würde mich ständig irritieren, diese Conchy, wenn ihr jammervoller, sich ewig wiederholender Wortfluss nicht an mir abperlen würde wie Wassertropfen an einer Ente. Kurz geschüttelt, und weg ist er.

Der zweite Neuzugang im Team ist am Tag zuvor auf einem alten Moped auf das Gelände gefahren. »Mama, da ist der Kaninchenmann!«, hatten Marijn und Fiene gerufen.

Er war schon öfter bei uns gewesen, ein unsicherer, kleiner 50-jähriger Junge mit einer Plastikkiste hinten auf seinem Moped, in der er Gras für seine Kaninchen sammelt. Das beste Gras der Region wächst offenbar hinter unserem Weinkeller auf einer großen Fläche mit hohen, wogenden Halmen, die eine unwiderstehliche Anziehungskraft auf ihn ausübt. Bruno zufolge wohnt er nicht weit von uns entfernt zusammen mit seinem Bruder in einer Hütte, die sie aus alten Brettern zusammengezimmert haben. Sie ist so zwischen den Sträuchern versteckt, dass ich noch immer nicht weiß, wo sie genau steht. So wild ist die Gegend, dass so etwas möglich ist. Gestern also fährt er langsam vor dem Weinkeller nach unten, ins Tal, auf der Suche nach Kaninchenfutter. Ich sehe ihn durch das hohe glänzende Gras waten, um dann vornübergebeugt mit gezielten Bewegungen ans Werk zu gehen. Was er tut, sieht sehr systematisch aus, und ich empfinde Sympathie für diese Hingabe. Ich habe eine Idee. Als er, seine Arme voll ordentlich aufgestapeltem Gras, zu seinem Moped zurückgeht, frage ich ihn, ob er Lust hätte, einen Tag bei der Lese zu helfen. Es dauert einen Moment, bis er versteht, dann nickt er heftig und entschieden: *»Ah oui, ah oui! Demain!«*

Ohne weitere Erklärungen einzufordern, steigt er wieder auf sein Moped, um in einer Wolke weißen Staubs davonzufahren, wobei er eine Spur aus grünen Grashalmen auf der Auffahrt zurücklässt.

Bruno starrt mich mit geöffnetem Mund an, als er davon hört: »*Mais quand même, patronne*, der Typ ist nicht normal. So ein Mann kann doch nicht arbeiten.« »So schwierig ist es nun auch wieder nicht, Trauben zu pflücken«, sage ich, »ich denke, das wird er schon hinbekommen. Wir schauen es uns einfach einen Tag lang an.«

Ich höre mich überzeugter an, als ich mich fühle. Als ich an diesem Abend im Bett liege, frage ich mich, ob der Kaninchenmann unangepasst oder geistig behindert ist. Gut, er wohnt in einer Hütte, aber ist er deshalb verrückt? War es schlau, ihn einzustellen, oder ist das ein romantischer Impuls, den ich besser hätte beherrschen müssen? Was werden die anderen Erntehelfer von mir denken? Und Siebe?

Das erste Geräusch, das ich am nächsten Morgen höre, ist der knatternde Auspuff des alten Mopeds. Als ein paar Minuten später immer noch niemand angekommen ist, gehe ich die Treppe hinauf. In einer Ecke, bei den Bäumen, steht der Kaninchenmann mit einer alten Gartenschere in der Hand. »Kommen Sie doch kurz mit zum Haus, ich habe Kaffee gemacht«, schlage ich vor. Er schaut mich erschrocken an: *»Ah non, j'attends ici.«*

Ich fühle, dass ich ihn nicht drängen sollte, und lasse ihn in Ruhe. Die Erntehelfer, die inzwischen angekommen sind, betrachten die ängstliche Gestalt erstaunt, die versucht, mit den Sträuchern zu verschmelzen. Aber sie sagen nichts. »Das ist jemand aus der Nachbarschaft, der uns bei der Ernte helfen wird«, erkläre ich, als die Gruppe sich in Bewegung setzt. Der Kaninchenmann tritt aus seiner Deckung und folgt uns – in zehn Metern Abstand, aber immerhin, er folgt uns.

Als ich eine Stunde später auf dem Weinfeld nachschaue, liegen Carole und Géraldine wie immer vorne. Aber in der Reihe daneben, sehe ich, wie der Kaninchenmann, den ich zusammen mit Géraldines schweigsamem Sohn losgeschickt habe, in äußerster Konzentration Trauben in den Eimer wirft – sein Team liegt nur zwei Rebstöcke zurück.

Um zwölf Uhr, als die Gruppe sich laut redend am langen Tisch versammelt, ist der Kaninchenmann offensichtlich ohne ein Wort verschwunden. Ich frage mich, ob er wohl zurückkommt oder ob ich mich doch in ihm geirrt habe. Aber um halb zwei steht er, so als wäre er nie weg gewesen, am Rand der Parzelle, die wir heute Morgen verlassen haben. An diesem Abend fange ich sein Moped am Eingang des Weinguts ab. »Sie haben hervorragend gearbeitet«, sage ich. »Hätten Sie Lust, auch für den Rest der Ernte bei uns zu bleiben?« Zum ersten Mal sehe ich ein vorsichtiges Lächeln über sein Gesicht ziehen. *»Oui!«* ist alles, was er sagt.

Abends gehe ich in den Weinkeller. Die neuen Neonröhren tauchen die dunklen Flecken im gesprungenen Beton in helles Licht, und ein schwerer Geruch nach gekochten Früchten, nach Brombeermarmelade, hängt in der Luft. Aad hockt vor einem Fass und lässt Traubensaft in einen Messbecher laufen, dann stellt er ein langes Thermometer in die Flüssigkeit, das auch die Dichte des Mosts, des gepressten Safts, misst. Sorgfältig notiert er die Daten in ein Heft voller Weinflecken.

Siebe hat uns aufgetragen, alle Kunststoff-Fässer mit dicken Glasfaser-Matten zu verkleiden, sodass der Weinkeller wie der Brutplatz von dicken, hellgelben Larven mit außerirdischen Proportionen wirkt. Ich lasse mich gegen eines dieser Fässer fallen – die Wärme strahlt durch die dicke, weiche Haut hindurch. Aad legt einen kleinen elektrischen Heizofen, den er aus einem der Zimmer auf der oberen Etage geholt hat, unter eines der Fässer. »Dieses hier friert«, sagt er wie ein aufmerksamer Krankenpfleger, der den Patienten mit einer zusätzlichen Decke versorgt. »Siebe möchte, dass sie alle ungefähr 30 Grad haben.«

»Soll ich schon mal die Temperatur bei den anderen Fässern bestimmen?«, frage ich und nehme mir einen Messbecher. »Nein, nein, ich bin fast fertig, lass mich nur machen«, höre ich Aad sagen.

Ich laufe noch ein wenig durch den Weinkeller und gehe dann zurück ins Haus, um das Geschirr abzuwaschen.

Die allerletzten Kisten mit den allerletzten Trauben werden auf das Grundstück gebracht. Michel und Jean-Denis sind oben auf den Anhänger geklettert, die anderen Helfer, ausgenommen der Kaninchenmann, laufen fröhlich hinterher. *»On le fait quand, la soulengue?«*, fragt Bruno begeistert, während er auf dem Sitz seines Traktors auf und ab wippt.

»Soulengue?«, frage ich. »Das Erntefest!«, sagt er, »wann findet es statt?«

So wenig üblich tägliche Mahlzeiten für die Erntehelfer sind, so normal scheint es zu sein, am Ende der Ernte ein Fest zu feiern, die *Soulengue*, wie dieses Fest in der charmanten Hochkultur des Languedoc genannt wird, von *»se soûler«*, sich besaufen.

Ich schlage vor, gleich in der nächsten Woche zu feiern und bei der Gelegenheit alle auszuzahlen.

Siebe erklärt mir, wie ich den Lohn für die Helfer berechnen muss. Natürlich wird nicht nur der ausgehandelte Betrag mal Anzahl der Stunden berechnet, bestimmte Sozialabgaben kommen dazu, andere müssen abgezogen werden. Die endgültigen Beträge, die ich errechne, scheinen stimmig, doch der Gesamtbetrag ist erschreckend hoch. Zum ersten Mal dringt eine beunruhigende Wahrheit zu mir durch: Uns erwarten nicht nur die hohen Anfangskosten, vielleicht ist das Weinmachen insgesamt ein Fass ohne Boden.

Fiene und Marijn sind ganz aufgeregt, als sie von dem Fest hören, besonders seit sie wissen, dass ich allen Helfern vorgeschlagen habe, auch ihre Partner und Kinder mitzubringen.

Im Lager über dem Weinkeller finde ich unseren Karton mit Girlanden aus gelochtem Plastik mit mexikanischen Fiesta-Motiven. Ich stelle eine Leiter an die Esche und befestige die Girlanden an den unteren Ästen, dann an der Platane und an der hochaufgeschossenen Stechpalme auf der anderen Seite des Gartens. »Ja, Mama, das wird ein schönes Fest!« Fiene klatscht in ihre kleinen Hände und rennt immer wieder um den langen Tisch herum.

»Der Tisch muss noch größer werden!«, sage ich. »Es kommen so viele Leute. Helft ihr mir suchen?« Auf der oberen Etage hebe ich eine alte Tür aus den Angeln. Ich lege sie auf ein paar rostige Ständer, die ich in der Scheune gefunden habe.

»Ein Tischtuch drüber, und man sieht nichts mehr davon!«

Die Mädchen haben sich Schürzen angezogen. Sie stehen auf Schemeln vor dem Herd, um mir zu helfen, Quiches und eine große Lasagne zuzubereiten. Sie schneiden Tomaten für den Salat und rennen mit Tellern und Besteck hin und her. Auf einem niedrigen Tisch neben der Rutsche setzen wir die Wasserbahn zusammen, die aus halben blauen Plastikröhren besteht und in der man kleine Boote treiben lassen kann. Sie stammt aus dem Haarlemer Laden mit dem pädagogisch wertvollen Spielzeug. Das Ding könnte für die französischen Kinder etwas Besonderes sein. Schließlich hole ich auch die Verkleidungskiste nach unten und stelle auch sie neben die Rutsche.

Als Aad am Ende des Tages zurückkommt, sitzen schon die ersten Erntehelfer am Tisch und halten große Limonadengläser mit verdünntem Pastis in den Händen. »Als Aperitif *muss* es Pastis geben!«, hatte Bruno mir deutlich gemacht, und tatsächlich: Die drei Flaschen Ricard sind ziemlich schnell leer.

Als Gastgeberin versuche ich, mit jedem ins Gespräch zu kommen, was sich als nicht einfach herausstellt. Glücklicherweise sind da die Kinder, über die wir sprechen können, die Qualität der diesjährigen Ernte, die Ernte im Allgemeinen, das Wetter. Wie schon so oft erstaunt es mich, in welch begrenztem Rahmen die Gespräche hier immer wieder verlaufen – stellt sich denn niemand die Frage, wo ich herkomme? Wie es sich anfühlt, von einem Tag auf den anderen auf einem Weingut zu leben?

Ich hole die Platten mit dem Aufschnitt aus dem Haus, dicken Scheiben Käse und Wurst. Alle Speisen, die ich selber nicht mag, schieben sich die Leute als Erstes und reichlich auf die Teller.

Marijn und ihr kleiner Freund Guillaume kommen schüchtern an den Tisch. Marijn in einem kitschigen türkischen Kleidchen, das wir in Amsterdam gekauft haben, Guillaume in einer mit Goldfäden durchwirkten Prinzenweste aus dem Secondhandladen. Die Mütter beteuern ununterbrochen, wie süß sie das finden, und sind froh über den neuen Gesprächsstoff.

Als die Stimmung steigt, bringt Stéphanie verlegen ihre Gitarre zum Vorschein. Schüchtern spielt sie ein paar Takte, an denen man das Niveau ihres Spiels ablesen kann, sie spielt verhalten, aber in bester Absicht. Und das spiegelt sich auch in ihrer zarten, unsicheren Stimme wider – sie singt von der Antwort, mein Freund, *»that's blowing in the wind«*, oder in ihrem Fall *»blowieng in se wiend …«*. Ich setze mich dazu, ziehe Fiene auf meinen Schoß und lächle Stéphanie aufmunternd zu, froh über ihren Beitrag zum Fest und voller Bewunderung für ihren Mut. In weiser Voraussicht hat sie die Texte der Lieder, die sie spielen kann, vorher ein paar Mal ausgedruckt. Aad, Frédéric und Michel nehmen sich jeder ein Exemplar und stellen sich hinter sie, die drei tiefen Männerstimmen absorbieren offenbar zuverlässig jede falsche Note. Ich lache Aad zu, und weiß, dass ich ihn liebe. Schief grinst er zurück – ich fühle, dass wir den gleichen Gedanken haben: So kurze Zeit sind wir erst hier, schau, was wir schon erreicht haben.

In der Gewissheit, etwas geschafft zu haben, gehe ich in die obere Etage, um vom Fenster aus ein Foto von dem langen Tisch mit den farbigen Girlanden im Vordergrund zu machen.

Ich rufe, und wie auf ein Kommando drehen sich alle zu mir um und lachen, der eine oder andere reckt die Faust in die Luft.

Zwei Tage später bin ich wieder alleine. Die Kinder sind in der Schule, Aad hat ein neues Projekt in den Niederlanden angenommen und ist mit dem ersten Flugzeug der Woche zurückgeflogen. So laufe ich mit Laartje auf dem Arm über den Kies vor dem Haus. Der lange Tisch ist abgebaut, all die Menschen sind verschwunden, ich höre ihre Stimmen nicht mehr. Alles wirkt jetzt noch stiller als vor der Ernte.

Glücklicherweise ist da noch der Weinkeller. Jetzt, da Aad und Siebe nicht mehr da sind, bin ich dafür zuständig, die Fermentation zu überwachen. Ich schraube Verbindungsstücke auf die Fässer, zapfe Wein in Messbecher, notiere Zahlenreihen in das rotgefleckte Heft und dokumentiere so den Zuckergehalt im Wein, der immer geringer wird, je weiter die Fermentation fortschreitet. Die abnehmenden Zahlen geben mir einen unerwarteten Halt, es ist der Beweis einer Entwicklung – die Dinge bewegen sich auf ein Ziel zu.

Im Weinkeller stehen zwei flache Fässer, in denen der Wein mit den Füßen gestampft wird. Beim ersten Mal war Aad mit touristischer Begeisterung in das Fass geklettert, um den sogenannten Tresterhut aus schwimmenden Traubenschalen mit gezielten Tritten unterzutauchen. Auch ich hatte es einige Male versucht, der Kontakt mit der warmen, beinahe lebenden Substanz hatte etwas Sinnliches. Meine Beine waren dunkelrot, als wären sie mit Blut bespritzt, wie bei einem neugeborenen Baby, und erst unter dem Wasserstrahl kam die weiße Haut wieder zum Vorschein. Sie wirkte jetzt geradezu jungfräulich. Das Ganze ist auch eine klebrige Angelegenheit, und schon bald hatte ich eigentlich keine Lust mehr.

»Kümmerst du dich heute um das Fass, wenn die Kinder im

Bett sind?«, fragt Siebe wie nebenbei, als er an diesem Mittag den Weinkeller kontrolliert. Bruno steht im Hintergrund, wo er ein paar lange Schläuche aufrollt, und sobald Siebe außer Sichtweite ist, kommt er auf mich zu, um einen bösen Blick auf die hellerleuchtete Türöffnung zu werfen, durch die Siebe soeben verschwunden ist.

»Sie haben doch schon den ganzen Tag gearbeitet«, sagt er dann, »gehen Sie ruhig duschen, ich mache das schon.«

»Ah, j'apprécie, Bruno!«, sage ich zufrieden. Ich spüle noch ein paar Messbecher aus, stelle sie zurück auf ihren Platz, trete ins grelle Licht der Sonne hinaus und gehe wieder zurück ins Haus. Ich ziehe mich im Schlafzimmer aus, werfe meine Arbeitskleidung in die Ecke und betrete die kleine Duschkabine. Ein breiter Strahl Sonnenlicht scheint durch das Plastik der Schiebetüren. Ich lasse das warme Wasser über meinen Körper laufen, verfolge einen Wassertropfen, der träge an meiner Schulter, an Bauch und Oberschenkel hinuntergleitet. Ich schließe meine Augen.

Plötzlich zieht sich etwas in meiner Brust zusammen. Etwas sagt mir, dass ich in den Weinkeller gehen muss. Ohne weiter nachzudenken, springe ich aus der Dusche und greife nach einem T-Shirt, das auf dem Boden liegt. Ich renne die Treppe hinunter und nach draußen. Und dabei glaube ich doch nicht an Vorahnungen ..., denke ich, während ich über den Kies zum Weinkeller renne. Ich öffne die Tür mit Schwung und sehe, was geschehen ist:

Bruno baumelt wie eine schlappe Puppe über dem Rand des Fasses. Sein Kopf hängt schief herunter, seine Augen sind so verdreht, dass ich die Pupillen nicht mehr sehen kann, sondern nur noch das Weiße. Ich blicke auf seinen geöffneten Mund, den grauen Schleier auf seinen dicken Wangen und denke: Das ist das Gesicht eines Toten. Ein Arm pendelt noch über dem Rand des Fasses, und ich beobachte, wie Bruno langsam herunterrutscht – gleich wird er durch die Haut aus Traubenschalen, die auf dem Most liegt, nach unten sinken.

Ich schaue mich kurz um: Die kurze Trittleiter, die über dem Fass lag, ist heruntergefallen. Mit zwei Schritten bin ich dort, packe sie, springe auf den kleinen Metallstuhl, der vor dem Fass steht, und stelle die Leiter aufrecht in den Most. Ich zwänge einen Arm unter Brunos Achsel und versuche, auch seinen anderen Arm wieder über den Rand des Fasses zu ziehen. Nur gut, dass der Wein den größten Teil seines Gewichtes trägt. »Okay Bruno«, schreie ich ihm ins Ohr, »stell einen Fuß auf die Leiter!«

Immer wieder brülle ich ihn an, bis ich fühle, wie das Gewicht in meinen Armen ein wenig abnimmt. Im Zeitlupentempo ziehe ich ihn weiter hinauf, jetzt hängt er halb über dem Rand, mit all meiner Kraft wuchte ich ihn schließlich ganz hinüber.

Nun liegt Bruno auf dem nassen Boden. Ein dicker, noch ganz benommener junger Mann, über und über rot vom Traubensaft. Völlig außer Atem knie ich mich neben ihn. Nach etlichen Minuten öffnet er schließlich die Augen. »Es ist also wahr«, sagt er, »wenn du stirbst, läuft das ganze Leben noch einmal vor deinen Augen ab.« Dann verstummt er wieder und schaut mir in die Augen. *»Merci«*, sagt er, »Sie haben mir das Leben gerettet.« Vorsichtig richtet er sich auf. Ich helfe ihm, sich abzuspülen, bleibe neben ihm sitzen, während er sich in der Sonne trocknet.

Eine Viertelstunde später hole ich die Kinder aus der Schule ab und laufe kurz danach mit ihnen hinter dem Einkaufswagen durch den Supermarkt – eine Mutter mit zwei Schulkindern und einem Baby. »Nein Schatz, jetzt nicht, zu Hause bekommst du einen Keks.«

Als die Kinder im Bett sind, nehme ich mir das Handbuch

über Weinherstellung, das auf dem Tisch liegt. Bei der Fermentation wird Kohlendioxid frei, lese ich, ein giftiges Gas, das im schlimmsten Fall tödlich ist. Solange die Weine gären, darf man nie alleine in ein Fass steigen, zur Sicherheit muss immer eine zweite Person anwesend sein. Im »Midi Libre« lese ich von einem Mann, der in ein Fass gefallen und untergegangen ist. Sein Sohn, der ihn retten wollte, ertrank auch, genauso wie der später hinzugekommene Großvater.

Worauf haben wir uns hier nur eingelassen?, denke ich.

9

Ohne Aad, ohne die Erntehelfer, ohne Trauben ist es langweilig auf dem Weingut. Ich sitze stundenlang hinter dem improvisierten Schreibtisch und kämpfe mit dem Papierkram. Laartje hockt wie eine kleine, brummende Zeitbombe auf dem Boden neben mir.

An diesem Morgen höre ich, wie sich von Weitem ein Auto nähert und eine Tür zugeschlagen wird. Kurz darauf biegt eine Frau um die Ecke. Mit einer theatralischen Bewegung wirft sie sich eine Handtasche über die Schulter und geht auf mein Büro zu, wo sie sich selbstbewusst gegen den Türrahmen fallen lässt und ihre Arme verschränkt. Sie ist mit der Sorgfalt eines Transvestiten gekleidet – eine reichliche Dosis Haarlack hält ihr rotbraunes Haar in Form, unter dem kurzen, engen Rock trägt sie eine auffallend gemusterte Strumpfhose und Schuhe mit sehr hohen Absätzen. Ein spöttisches Lächeln spielt um ihren Mund, während sie kopfschüttelnd auf mich herabblickt. *»Tu vois«*, sagt sie, *»ce n'est pas facile, gérer un domaine* – es ist nicht einfach, ein Weingut zu führen.« Verblüfft schaue ich sie an, es dauert ein wenig, bevor es mir dämmert: »Madame Ros!«, sage ich dann. *»Et oui«*, sie lacht, »du hättest mich nicht wiedererkannt, stimmt's?« Mit einer koketten Geste richtet sie ihre steife Frisur, kommt dann auf mich zu und gibt mir zwei Dokumente, die ich mir kurz anschaue und mit einem Seufzer auf den Stapel lege. In aller Ruhe betrachtet sie ihr altes Wohnzimmer, beinahe genüsslich nimmt sie alles in sich auf, bevor sie zurück zur Tür geht. Ein kurzes Zögern, dann dreht sie sich noch einmal zu mir um. »Die Zeiten sind vorbei, als ich mich hier noch kaputtgearbeitet habe«, sagt sie, »jetzt ist es an dir. *Bon courage.*«

Plötzlich fühle ich mich sehr müde.

In eine Ecke des Weinkellers habe ich ein kleines Holzlaufrad gestellt, auf das sich Laartje setzen kann, wenn ich Dichte und Temperatur in den Fässern notiere. Jedes Mal, wenn ich zum Fass 14 hinüberblicke, denke ich an Brunos Gesicht, seine verdrehten Augen. Ich werde schmerzlich daran erinnert, was für ein Laie ich bin.

Noch am selben Nachmittag, als Laartje schläft, google ich daher »*formation, vin,* Béziers«. Ich stoße dabei auf den Ausbildungsgang Weinanbau/Önologie, lese Wörter wie »Pflanzenkunde«, »Weingartenpflege« und »Weinherstellung«. Das ist es, was ich brauche, denke ich und wähle die Nummer der Landwirtschaftlichen Schule. »Sind Sie sich sicher, dass Sie hier richtig sind?«, fragt die Dame, mit der ich spreche, »das ist eine offizielle Berufsausbildung. Zwei Jahre Vollzeit. Unsere Schüler sind vor allem Söhne von Winzern, Leute, die später wirklich ein Weingut leiten werden. Sie dagegen ... kommen Sie eigentlich aus der Europäischen Gemeinschaft?«

»Ich bin Niederländerin«, sage ich und vereinbare noch für dieselbe Woche einen Termin.

Am Freitagabend parke ich mein Auto im Zentrum von Béziers und klingele an einem großen, alten Gebäude. Es ist nicht die Schule selbst, sondern nur die Stelle, die über die Zulassung der Schüler entscheidet. »Welche Ausbildung haben Sie?«, fragt die müde wirkende Dame mir gegenüber. Sie hat dickes, krauses, dunkelbraunes Haar, einen bleichen Teint und wirkt, als sei sie mit den Aktenstapeln um sie herum verwachsen. Als sie meine Antwort hört, schaut sie mich überrascht an. »Aber wenn Sie eine universitäre Ausbildung haben, wollen Sie doch nicht auf eine Landwirtschaftsschule«, sagt sie.

»Warum nicht?«, frage ich, »wir besitzen ein Weingut, und ich möchte lernen, wie man Wein macht.« Einen Moment lang schaut sie mich verzweifelt an, dann reißt sie sich zusammen. »Das ist eine staatliche Ausbildung«, sagt sie, »wenn Sie die Ausbildung nicht beenden, müssen Sie alle entstandenen Kosten zurückerstatten.«

»Wenn ich etwas anfange, bringe ich es auch zu Ende«, sage ich, ohne mir darüber bewusst zu sein, dass ich gerade eine Entscheidung treffe, die mein weiteres Leben wesentlich bestimmen wird. Die Dame schaut mich ein paar Sekunden lang an, und zum ersten Mal lacht sie. *»Bon«*, sagt sie dann, *»vous semblez décidé*, Sie scheinen fest entschlossen zu sein.«

Sie öffnet einen großen grauen Aktenschrank und stellt routiniert Formulare von einem Dutzend Stapel zusammen. »Wenn Sie diese Formulare bitte ausfüllen würden, werden wir uns um Ihren Antrag kümmern«, sagt sie, »die Ausbildung beginnt Mitte Januar.«

Im Weinkeller stagnieren die allmählich abnehmenden Zahlenfolgen, die den Zuckergehalt pro Liter Wein angeben, schon seit einiger Zeit: 997, 995, weniger ist kaum möglich, der Beweis dafür, dass die erste Gärung abgeschlossen ist.

Rex und Anneke kommen uns für eine Woche besuchen. Zusammen mit Rex leert Aad die Fässer, ich sehe die ersten Flecken Rotwein auf dem schneeweißen Plastik der neuen Presse. Ich genieße es, die beiden Männer zusammen arbeiten zu sehen, zufrieden gehe ich in die Küche, um eine kräftige Mahlzeit vorzubereiten. So muss es sein.

Eine Woche später ist alles anders. Eine graue Wolkendecke hat sich vor die Sonne geschoben. Aad, Rex und Anneke sind wieder in den Niederlanden, die Mädchen sind in der Schule, und ich bin alleine mit Laartje in der Herberge. Der einzige Erwachsene, mit dem ich noch rede, ist Bruno. Jeden Morgen um zehn Uhr gieße ich ihm Kaffee in dieselben hellgrünen Becher, aus denen einst Miriam und Annemiek, meine beiden Freundinnen aus Haarlem, getrunken haben, und höre mir seine Geschichten über das Wetter, die Weingärten und den Hund des Nachbarn an.

Heute kommt zum ersten Mal jemand anderes die Treppe hinunter, es ist Monsieur Samper, der Architekt, der den Umbau des Hauses leiten soll. Er ist Mitte 50, tut aber alles dafür, jünger zu wirken in seiner schwarzen Lederjacke und dem tiefergelegten Alfa Romeo, der sich beinahe auf den Steinen in der Auffahrt festfährt. Mit einem kleinen kichernden Lachen, das keine besondere Funktion zu erfüllen scheint, setzt er sich an den Tisch vor dem Haus. Er holt ein paar Papiere aus seiner Tasche, breitet sie aus und beginnt zu reden.

Zum ersten Mal bin ich mit Monsieur Samper alleine, und erst jetzt fällt mir auf, dass er einen noch stärkeren Akzent hat als der durchschnittliche Winzer vor Ort. Die eine Hälfte seiner Worte scheint auf -ing oder -ang zu enden, die andere Hälfte bleibt wie ein sanft brodelnder Wortbrei irgendwo in seinem Mund hängen. Wie eine ältere Dame mit Hörproblemen beuge ich mich zu ihm vor, in der unbegründeten Erwartung, dass die Worte aus der Nähe doch noch ihre Bedeutung preisgeben. Immer wieder höre ich mich sagen: *»Pardon? Excusez-moi?«*

Seufzend und mit einem leichten Kopfschütteln wiederholt er den Satz, jetzt etwas langsamer. Ich beobachte seine wachsende Verärgerung – sie versteht aber auch wirklich nichts – und kann es kaum ertragen, die ein wenig beschränkte Ausländerin zu geben. 15 verzweifelt schwierige Minuten später habe ich es endlich verstanden: Alle Aufträge sind erteilt, die Arbeiten können in Kürze beginnen. »Schön«, sage ich, »wann genau?«

»Das sehen Sie dann schon«, antwortet er und verschwindet, ein roter Blitz auf der Auffahrt.

Aad ist in dieser Woche früher nach Hause gekommen. Schon am Freitagmorgen sitzt er bei uns am Tisch. Es ist Ende Oktober, aber noch immer warm genug, um draußen frühstücken zu können.

In der Stille, in der man nur die Kinder schnattern hört, taucht weit entfernt ein tiefes, ungewöhnliches Geräusch auf. »Was ist das, Mama?« Marijn hat es auch vernommen: ein anschwellendes Gebrumm, das langsam in unsere Richtung kommt. Aad stellt seinen Kaffee auf den Tisch und läuft zögernd die Treppe hinauf, während ich die Mädchen zurückhalte, die auch aufspringen wollen: »Ihr esst erst eure Brote, sonst kommen wir zu spät in die Schule.«

Das Geräusch nähert sich immer schneller, und als Aad zurückkehrt, steht ihm die Verwunderung ins Gesicht geschrieben. Ein riesiger gelber Bagger voll rostiger Beulen folgt ihm auf dem Fuß. Und ohne anzuhalten, fährt die Maschine direkt auf unser Haus zu. »Zur Seite«, gebietet der Fahrer der Familie am Frühstückstisch. Ich ziehe Laartje im Kinderstuhl hinter die schützenden Bäume, schiebe ein paar Stühle zur Seite und bringe das Frühstücksservice in Sicherheit. Laut knirscht der Kies, als sich der Bagger am Frühstückstisch vorbeischiebt. Dann steigt der Fahrer aus, öffnet die großen grünen Türen zum Haus und fährt geradewegs hinein.

»Hm, okay Mädels ... Ich bringe euch jetzt erst mal in die Schule«, sage ich.

Als ich 20 Minuten später mit Laartje auf dem Arm zurückkomme, werde ich mit kriegsähnlichen Zuständen konfrontiert.

Aus den offen stehenden grünen Türen wehen mir weiße Staubwolken entgegen, große Haufen Steine von unbestimmter Herkunft und Schutt liegen vor dem Eingang. Ich höre ein donnerndes Geräusch: Etwas schlägt auf den Boden auf. »Nun ja, immerhin haben sie angefangen!«, sagt Aad.

Der Fahrer des Baggers ist ein älterer Marokkaner, der keine Lust zu haben scheint, sich mit uns zu unterhalten. Wir fragen uns, welchen Anweisungen er folgt, doch noch bevor wir dahinterkommen, ist es zwölf Uhr und ein dunkelhäutiger junger Mann in einem weißen Peugeot fährt vor. Der ältere Mann steigt bei ihm ein, und weg sind die beiden. Uns lassen sie zurück, und wir verbringen den Rest der Woche mit einem abgestellten Bagger.

Aad ist wieder unterwegs. Das Haus wird jetzt regelmäßig von Arbeitern bevölkert, deren Kommen und Gehen genauso wenig vorhersehbar ist wie das Wetter in diesem Herbst. Manchmal sehe ich tagelang niemanden, dann fährt plötzlich ein kleiner rostig-weißer Bus vor, aus dem ein Haufen staubiger Männer springt. Und es regnet – der Boden rund um das Haus verwandelt sich langsam in ein hellgelbes Meer aus klebrigem Schlamm. Zum ersten Mal realisiere ich, was es bedeutet, keine einzige befestigte Zufahrt zu haben. Das schwere Material der Bauarbeiter hat auch das letzte Steinchen auf dem Kiesweg tief in den Boden gedrückt. Die kleine Treppe, die zum Haus führt, ist so glatt, dass ich mich kaum mit Laartje nach unten traue. Der Nieselregen hält tage- und wochenlang an. Ich werde verrückt, weil ich nicht nach draußen kann, und gehe dann doch mit Laartje in den Supermarkt – wo soll man auch hin mit einem Baby, wenn man keine Freundinnen hat? Ich rufe Aad auf der Arbeit an. »Ach, das wird schon wieder trocken«, sagt er, »das ist gut für den Wein.« Er hat ja recht, ich sollte nicht jammern.

An diesem Vormittag sitze ich mit Laartje am Tisch. Ich reiche ihr bunte Holzringe, die sie über einen Ständer schiebt oder lachend auf den Boden schmeißt – zum 30. Mal hebe ich sie auf. Hinter den dünnen Gipswänden ertönt das schwere Dröhnen der großangelegten Abbrucharbeiten – Zeit für eine Kaffeepause. Mit einem Tablett voller Tassen gehe ich auf die auflodernden Staubwolken zu, die aus der Türöffnung quellen, und rufe die Männer. Es ist eine neue Truppe, die ich noch nie zuvor gesehen habe. Erstaunt stellen sie ihre Vorschlaghämmer ab, klopfen sich die weiße Schicht von Gesicht und Kleidern, und einer der Männer zeigt auf seine große blaue Thermoskanne. *»On a tout ce qu'il faut«*, sagt er – die niederländische Untergrenze an Höflichkeit sieht er offensichtlich als unerwünschte Störung an.

Aber so wie ich da stehe mit meinem dampfenden Kaffee können sie nicht anders. Vorsichtig nimmt der Älteste von ihnen, ein kleiner dunkelhäutiger Mann mit einem großen Schnurrbart, eine Tasse vom Tablett. Misstrauisch sucht er sich einen Keks aus, den er erst nach kurzem Zögern in den Mund steckt – vielleicht aus Angst davor, vergiftet zu werden oder aus Loyalität gegenüber seiner Frau, die genau jetzt sicher bessere Kekse für ihn backt. Alle Männer sind von nordafrikanischer Abstammung, und allein meine Anwesenheit scheint sie maßlos zu verunsichern. Ein Gespräch liegt außerhalb der denkbaren Möglichkeiten. Ich warte, bis die Tassen leer sind, sammele sie schnell wieder ein und ziehe mich zurück in die Herberge.

Während ich darauf warte, dass der Schlamm rund ums Haus ein wenig trocknet, habe ich Zeit, mir höchst interessante Fragen wie diese zu stellen: »Warum liegt überall im Haus Staub, obwohl die Abbrucharbeiten im Raum nebenan stattfinden? Ich zeichne mit Laartje Gesichter in den Staub, der sich auf dem Tisch und den Fensterbänken abgesetzt hat. Erst dann wische ich ihn weg. »Nicht weinen, Schatz«, sage ich, »morgen ist hier eine hübsche neue Schicht!«

Die Weihnachtstage nähern sich – zum ersten Mal seit unserem Umzug werde ich in die Niederlande zurückkehren. Und sofort wird mir klar, warum ich nicht schon eher ins Flugzeug gestiegen bin: Genau wie ein Alkoholiker, der es gerade geschafft hat, trocken zu werden, habe ich unglaubliche Angst, mein altes Leben wieder zu schmecken. Angenommen, es gefällt mir? Glücklicherweise ist das Wetter in den Niederlanden ziemlich schlecht, und wir stehen ausreichend lange im Stau. Wie eine Trophäe reiche ich überall die bunten Bilder von der Ernte herum. »Wie schön ihr es dort habt!«, rufen alle. »Ja, nicht wahr«, sagen Aad und ich. Mit dem weiten Abstand zu Staub und Lärm ist das Haus plötzlich kein Problem mehr, sondern eine Herausforderung. Nur noch kurz durchhalten, und es wird wunderschön werden.

Meine Mutter Simone hat uns herrliche Betten hergerichtet, Pantoffeln und Morgenmantel liegen bereit, alles ist sauber und weich. Es kommt mir vor, als würde ich das alles zum ersten Mal sehen. Also bleibe ich schrecklich lange im Bad und geselle mich dann wie neugeboren zu den anderen an den Tisch, auf dem in den großen Kerzenständern von Henk sicher 30 kleine Kerzen brennen.

Am nächsten Tag besuchen wir Rex und Anneke. Wunderbar, so ein Haus, in dem alles an seinem Platz ist, wo die Dinge sich nicht ständig verändern: der Tisch mit den Karaffen, die immer mit schottischem Whisky gefüllt sind, der antike Schrank mit der Stereoanlage, die dort schon 20 Jahre steht, direkt daneben die Kassettensammlung und die Filmkomödie »The Singing Detective«. Wir essen Raclette aus kleinen Pfännchen, Michiel und Aad machen um die Wette dumme Witze und Slapsticks zu den Weihnachtsgeschenken von Tante Carla (Was man alles mit einem Rückenkratzer aus Bambus anfangen kann!).

Erstaunlich, wie fröhlich und einfach die Dinge sein können. Noch ein paar Tage bleiben mir, ich besuche Miriam und Annemiek. »Wie geht es dir wirklich?«, fragen sie, »du bist ziemlich alleine dort, oder?«

»Ich mache mir ein wenig Sorgen«, sagt Simone, als sie mich zum Flughafen Schiphol zurückfährt. Ich gehe unbekümmert darüber hinweg und spaziere mit den drei Mädchen durch den Zoll. Aad bleibt noch ein wenig in den Niederlanden.

Auf dem Flugplatz in Toulouse setze ich die Mädchen in den blauen Volvo, und wir durchqueren die weite Landschaft von Faugères, ich singe Lieder mit ihnen, alles ist gut.

Erst im Dorf, als ich über den schmalen Weg nach oben fahre, merke ich auf einmal, wie sich ein schwarzer Schatten auf mich legt: Die Häuser sind grau, die Menschen auf der Straße verschlossen. Niemand grüßt mich, niemand kennt mich, warum bin ich eigentlich hier? Ich fahre am Friedhof vorbei, verlasse das Dorf, die Mädchen streiten sich auf der Rückbank, der Druck, der auf mir lastet, wird schwerer, auch meine Atmung ist jetzt eindeutig zu schnell. Ich sollte anhalten.

Aber dann fahre ich doch den Weg hinauf, durch die großen Pfützen auf der Auffahrt, der Platz vor dem Haus ist eine einzige Schlammfläche. Ich ziehe Laartje aus dem Auto, hänge mir eine Tasche über die Schulter und gehe vorsichtig um die Pfützen herum zur Eingangstür. Innen ist es schrecklich kalt, über allem liegt eine dünne Schicht aus feinem Staub, die schlammigen Füße der Mädchen hinterlassen Spuren auf den hellen Fliesen.

Als die Mädchen in der Schule sind, putze ich das ganze Haus. Die Bauarbeiter setzen die Abbrucharbeiten fort, und so ist der Staub am Abend wieder zurück. Und dann beginnt es zu frieren. Die kleinen elektrischen Öfen in der Herberge reichen nicht aus, um die Kälte zu verjagen, die Mädchen weinen, wenn sie sich abends ausziehen müssen. Am nächsten Morgen reißen die Arbeiter alle Mauern des Badezimmers ein.

»Stellt euch vor«, erzählt Aad später, als wir mit Freunden zusammensitzen, »da komme ich über diesen dunklen Weg, und in der Ferne sehe ich einen leuchtenden Punkt. Hey, da stand doch mal eine Mauer, denke ich. Was glaubt ihr, was ich sehe, als ich mich weiter nähere: Da sitzt Lidewij, wunderbar ausgeleuchtet auf einer kahlen Fläche auf dem Klo.«

Später fand ich die Geschichte auch lustig, aber in dem Moment war das genau der Tropfen, der das Fass zum Überlaufen brachte. »Ich will hier weg«, sagte ich.

In der Nähe von Murviel strömt nun unter einer hohen eisernen Brücke ein wilder Fluss, nichts erinnert mehr an das ruhige Badewasser des vergangenen Sommers. Den Strand aus grobem Kies gibt es nicht mehr, die hohen Felsen, von denen aus die Jugendlichen ins Wasser sprangen, sind fast völlig unter den aufgestauten Wassermassen verschwunden. Die schäumenden Fluten schleifen abgebrochene Äste mit sich, ein großer Baumstamm schießt durch die Stromschnellen und schlägt dann gegen einen Felsen.

Das Haus, dessen Schlüssel wir von der Ferienhausvermittlung »Moerland« bekommen haben, liegt nicht weit vom Fluss entfernt unter einer großen Gruppe dunkler Pinien. Hier werden wir also leben, solange unser Haus auf dem Weingut nicht bewohnbar ist. Der Boden federt unter meinen Schritten, es riecht nach feuchter Erde, auf dem Holz für den offenen Kamin liegt eine dünne Schicht graugrünen Mooses. Das Gebäude muss aus den Siebzigerjahren sein, die Außenwände sind mit knubbeligem weißen Putz überzogen, dunkelbraun gebeiztes Holz bestimmt den Ton. Die kahlen Beete sind mit feucht glänzenden Bahnschwellen eingefasst.

»Kommt Mädels, wir schauen uns mal drinnen um!« Ich öffne

dunkelrot gestrichene Metall-Fensterläden und eine Tür mit gelbem Strukturglas. Muffige Kälte schlägt uns entgegen – es ist dunkel und feucht wie in einer Grotte. »Es steht natürlich schon eine ganze Zeit leer«, sagt Aad, während er schnell das nächstgelegene Fenster öffnet. Im einfallenden grauen Licht werden die Umrisse eines großen offenen Kamins aus gemauertem Backstein sichtbar. »Ah! Jetzt mache ich erst mal ein schönes Feuerchen für uns!«, sagt Aad.

Während er nach draußen geht, um Holz zu holen, schaue ich mir mit den Mädchen die Fotos und Bastelarbeiten an, die an den Wänden hängen. In verschiedenen Konstellationen und Lebensphasen zeigen sie uns immer dieselben Menschen: Die junge Frau im Jersey Jumper auf einem der ersten Fotos sitzt als sportliche 60-Jährige auf derselben Terrasse und hält ihren ersten Enkel auf dem Schoß. Und immer ist Sommer.

Aad hantiert am offenen Kamin, ich richte mit den Mädchen eine Spielecke ein, hänge Kleider in die Schränke und meditiere zum Thema »Gemütlichkeit«. Alle elektrischen Heizungen, die ich im Haus finden kann, stelle ich auf zehn, während Aad den offenen Kamin aufgibt. »Der zieht nie«, sagt er. Er redet über die Luftzufuhr, über Konstruktionsfehler. Wir rufen »Moerland« an, doch die Mitarbeiter können uns auch nicht helfen.

Glücklicherweise gibt es neben der Brücke ein Restaurant, das für seinen offenen Kamin berühmt ist, der den ganzen Winter über brennt: »Auberge de Réals«. Mit seinen Tischen aus grobem Holz, dem in Bahnschwellen eingefassten Kamin und den gerahmten Fotos vom Bauernleben vergangener Tage ist dieser Ort wirklich einladend wie eine Herberge. Vor kaum 100 Jahren lebten die Menschen noch mit ihrem Vieh unter einem Dach. Ich stelle mir den dampfenden warmen Körper einer Kuh neben dem Tisch vor, und plötzlich kann ich mich mit dieser Vorstellung anfreunden.

Als wir zurückkommen, haben die Öfen endlich die schlimmste Kälte aus dem Haus verjagt. Wir gehen sehr früh ins Bett, ich decke die Mädchen mit einer besonders warmen Decke zu und kuschele mich dicht an Aad. Alles wird gut, denke ich.

Stattdessen wird es Montag. Aad bricht in die Niederlande auf. Wieder bleibe ich mit den Mädchen alleine zurück, dieses Mal in dem kleinen Haus, das durch den Pinienwald in ein permanentes Halbdunkel gehüllt wird. Vormittags bringe ich Laartje zum Babysitter, ich muss auf das Weingut, um die Verwaltung zu erledigen. Inzwischen laufen fünf Marokkaner durch das Haus. Zwei von ihnen sind damit beschäftigt, mit einem Bohrhammer eine große Öffnung in die Nordwand zu schlagen, die bereits recht groß ist, als ich hereinkomme. Während ich mich mühsam durch den Stapel Papiere wühle, geht das Dröhnen unvermindert weiter. Die kleinen Staubkörnchen auf dem Schreibtisch zittern im Rhythmus mit, ich habe das Gefühl, dass für meinem Kopf dasselbe gilt. Die Temperatur in dem Raum, in dem ich arbeite, muss um den Gefrierpunkt liegen, auf einem Glas Wasser in der Ecke hat sich eine dünne Eisschicht gebildet.

Seufzend werfe ich meine Unterlagen in einen Karton, ich werde in unserem Häuschen weiterarbeiten. Als ich an den Flügeltüren vorbeigehe, hat das Dröhnen gerade aufgehört, also werfe ich einen Blick hinein – ein völlig neuer Raum ist entstanden. Dank der großen Öffnung in der hinteren Wand ist alles in Licht getaucht. Die Männer betrachten zufrieden ihre Arbeit. Einer von ihnen schenkt sich aus einer Thermoskanne Kaffee in einen Plastikbecher ein und lächelt mir zu. Ich beantworte sein Lächeln und fühle, wie meine Mundwinkel wie ein Gummiband, das man loslässt, in ihre alte Position zurückschnellen. Etwas stimmt hier nicht. Ich schaue mir die Öffnung genauer an – sie ist ziemlich groß, sicher zweieinhalb Meter breit und beinahe genauso hoch. Aber was trägt jetzt die Decke?

Ich trete durch die Öffnung nach draußen und betrachte die Wand über dem Loch. Vor meinen Augen bildet sich ein kleiner Riss, der sich quälend langsam nach oben erweitert. Kurz beobachte ich die langsame Aufwärtsbewegung mit einer distanzierten Neugier, dann erst dringt zu meinem Gehirn durch, was ich hier sehe.

»Il faut des ... Il faut des ... des trucs!!«, rufe ich den Männern zu. Sie blicken mich verwundert an. Ich ringe um Worte. Was in Gottes Namen ist das Wort für Stahlträger? Hektisch stelle ich pantomimisch Stahlträger dar, die ich unter die Öffnung stelle. Die Männer lachen. Ich werde wütend. *»Pas rire!«*, rufe ich. *»Venez!«* und sogar *»Merde!«*

Die Kommandos scheinen ihren Zweck zu erfüllen. Der älteste der Männer tritt zögernd durch die Öffnung nach draußen, blickt in die Richtung, die ich anzeige, und sieht, wie der Riss sich behaglich weiter ausdehnt. Er schreckt zusammen, holt ein Handy aus seiner Gesäßtasche, tippt hastig eine Nummer ein und schreit auf Arabisch in das Gerät. Dann rennt er zum Pick-up, um einen Holzbalken zu holen, den er zusammen mit zwei anderen Männern provisorisch in die Öffnung klemmt. Erst eine Viertelstunde später fährt ihr Chef auf das Grundstück, vier rote Stahlträger liegen auf der Rückbank.

»Voilà les étais«, sagt er.

10

»Mama, Mama, es hat geschneit!«, rufen die Mädchen. Es ist noch dämmrig, aber im fahlen Morgenlicht sieht die Landschaft aus wie auf einem Foto aus dem Wintersportkatalog. Auf einmal wirkt alles heller rund um das Haus – auf den dunklen Pinien liegt eine frische weiße Schicht, die die schwere Düsternis des Ortes allmählich verscheucht. Ich fühle, wie die Leichtigkeit auch von mir Besitz ergreift. »Kommt Mädels, wir ziehen uns an!«, sage ich, »wer will einen Schneemann bauen?« Draußen sehe ich ihre roten Wangen, ihre zerzausten Haare und habe das schmerzliche Gefühl, dass mir etwas entgleitet.

»Was machen Sie denn hier?«, fragt die Lehrerin, als ich mit den Mädchen in Murviel ankomme. »Sie sehen doch, dass Schnee liegt.« »Aber das ist doch nur eine ganz dünne Schicht!«, bemerke ich vorsichtig. Sie schnalzt missbilligend mit der Zunge. »Schnee ist gefährlich. Das weiß doch jeder. Alles macht zu.« Ich nicke, drehe mich um und setze die Mädchen wieder ins Auto. Im Schritttempo fahre ich durch die weiße Landschaft zurück zu dem dunklen Häuschen.

Die Öfen leisten inzwischen Schwerstarbeit, aber es reicht nicht. Als ich am nächsten Morgen im noch ungeheizten Badezimmer den Wasserhahn öffnen will, stellt sich heraus, dass alle Leitungen eingefroren sind. Ein paar Tage lang waschen wir uns am Durchlauferhitzer in der Küche. Unsere Bewegungen werden langsamer, schließlich sitzen wir nur noch unter unseren Federbetten auf dem Sofa und warten darauf, dass der Tag zu Ende geht.

Ich bin froh, dass ich aus den Niederlanden einen Stapel Videos mitgenommen habe, tue so, als ob unsere Situation in Murviel lustig und gemütlich sei. An diesem Morgen zwinge ich mich, nach draußen zu gehen. Ich laufe ein wenig durch den Garten, hebe die Abdeckung vom Schwimmbad hoch, bin neugierig, wie dick das Eis inzwischen ist. Im fahlen Licht schaue ich in die weit aufgesperrten Augen einer grau-weißen Katze. Weißer Speichel läuft aus ihrem verkrampften Maul, verschmilzt mit den Blasen im Eis.

Es beginnt zu tauen. Der Schnee rund ums Haus verwandelt sich in einen gelbbraunen Schlammtümpel, und aus den Bergen hinter dem Garten strömen Bäche gurgelnden Wassers. Alles ist von Feuchtigkeit durchzogen. Als ich morgens aufwache, erstreckt sich eine große Pfütze eiskalten Wassers über die Fliesen neben meinem Bett. Ich krieche zurück unter die Decke, bleibe mit geschlossenen Augen liegen, fühle, wie die schwere Dunkelheit des Hauses versucht, sich in meinem Kopf festzusetzen.

Vielleicht sieht so eine Depression aus, denke ich erstaunlich distanziert.

An diesem Wochenende ist Aad wieder bei uns, aber es scheint, als könnten wir nicht zueinander durchdringen. Für ihn ist er beinahe surreal, dieser Besuch in dem kalten Haus. Er kehrt bald wieder zurück nach Amsterdam, in sein komfortables geheiztes Büro, und trifft sich abends mit Freunden zum Essen in der Stadt. Für mich ist die Dunkelheit inzwischen mein Leben. Wir fühlen uns hilflos, jeder auf seine Weise. Ich wünschte, dass ich das hier nicht alleine durchstehen müsste, habe Angst vor dem Abstand, der zwischen uns wächst. Aad möchte mir helfen, aber weiß nicht wie. »Was für einen Sinn hat es, darüber zu reden, wenn es doch keine Lösung gibt?«, fragt er, verzweifelt. Er ist allein in Amsterdam, ich bin alleine hier – zum ersten Mal denke ich, dass wir uns eigentlich aneinander festklammern sollten.

Eines Tages steht Simone vor der Tür. »Es ist ziemlich dunkel hier, Liebling«, sagt sie, während sie sich nach irgendwelchen Fensterläden umschaut, die sie noch öffnen könnte. Sie wischt das Wasser in der Küche auf, bringt sie dann auf Vordermann, macht all die Dinge, für die ich schon seit ein paar Wochen keine Energie mehr habe.

Zusammen fahren wir zu »Moerland«. »Warum sind Sie nicht eher gekommen?«, werde ich gefragt, »wir hatten Ihnen doch gesagt, dass es kein gutes Haus für den Winter ist.« Ich lache nur.

Wir erhalten den Schlüssel für ein Ferienhaus, das noch weiter im Hinterland liegt. Es ist neu, trocken, die Zimmer sind um einen sonnigen, windfreien Innenhof herum angeordnet, dessen gelbe Wände sich schon allein wegen der Farbe warm anfühlen. »Wunderbar«, sagt Simone. Sie hilft mir, den inzwischen ziemlich angewachsenen Hausrat in Kartons zu verpacken. Die feuchten Kleider riechen genauso wie der Pullover, den ich mal einen ganzen Winter lang auf dem Boot hatte liegen lassen.

An diesem Wochenende kommt Aad in ein warmes, aufgeräumtes Haus, und die schwarze Wolke treibt langsam aus meinem Kopf. Wir feiern Fienes fünften Geburtstag.

Unsicher stehe ich am nächsten Morgen vor dem Kleiderschrank – was soll ich anziehen? Es ist kein Vorstellungsgespräch, kein Essen, kein Tag in der Stadt, kein Sport. Ich muss etwas Passendes für meinen ersten Tag an einer Landwirtschaftlichen Schule zusammenklauben. Ich entscheide mich für die einfache Variante – eine Jeans ist immer gut, dazu ein schwarzes T-Shirt mit rundem Ausschnitt, von dem nur ein Insider ahnt, dass es sich um eine teure Marke handelt. Vielleicht passen am besten Wanderschuhe dazu, doch schließlich entscheide ich mich für ein Paar Stiefel mit halbhohen Absätzen.

Die Schule fängt schon um Viertel vor acht an, aber Marijn und Fiene sind daran gewöhnt, in aller Ruhe aufzustehen und zu frühstücken. Jetzt scheuche ich sie schon um sieben Uhr morgens ins Auto, mit einem Stück Brot auf der Hand. Laartje wehrt sich wütend, als ich sie in ihrem Kindersitz festschnalle – ich fühle mich elend, als ich sie eilig der Babysitterin in die Arme drücke. Marijn und Fiene lassen sich gleichmütig in die kahle Aula zur vorschulischen Betreuung treiben, wo sie mit einem Stapel Malvorlagen die nächste Stunde überbrücken müssen. Und weg ist die gestresste Mutter, die ein wenig zu schnell fährt, um rechtzeitig zu ihrer ersten Stunde zu erscheinen.

Eine halbe Stunde später biege ich mit meinem Volvo mit niederländischem Kennzeichen auf den Parkplatz der Schule ein. Sie besteht aus einer kleinen Gruppe von Gebäuden am Rand von Béziers und grenzt an eine Ausfallstraße und an ein paar schlecht gepflegte Weinfelder. Eine Treppe mit zerbrochenen Fliesen führt zum Hauptgebäude hinauf, einer wenig anregenden Kreation aus den Achtzigerjahren, die in einer seltsamen Kombination aus Hellrosa und Backsteinrot gestrichen wurde. Etwas weiter hinten steht ein zweites Gebäude, das genau wie das erste kein Obergeschoss hat, ich vermute, dass es Platz für drei oder vier Klassenräume bietet. Irgendwo links sehe ich eine große Betonfläche und ein Stück eines Metallschuppens sowie ein paar große, nebeneinander geparkte Traktoren.

Vor allem aber wird meine Aufmerksamkeit von der Gruppe junger Leute vor dem Eingang gefesselt. Die meisten von ihnen sind wahrscheinlich nicht älter als 25 Jahre, tragen helle

Jeans, Pullover mit Jacquard-Motiven und T-Shirts mit Werbung für landwirtschaftliche Produkte, einzelne auch eine Trainingshose oder -jacke.

Als sie mein deplatziertes Auto registrieren, verstummen alle Gespräche, Köpfe drehen sich in meine Richtung. Man stößt sich gegenseitig an und schaut andächtig zu, wie ich aus dem Wagen steige, meine Tasche nehme und auf sie zugehe. Ich murmele einen undeutlichen Gruß, und die Gruppe macht mir Platz. Ich steige die Treppe zum Eingang hinauf und betrete eine gelb-beige geflieste Halle, in der ein paar durchgesessene Bürostühle mit Chromgestellen stehen. An dem Schwarzen Brett aus kaputtem Kork hängen weiße Blätter mit der Einteilung der Klassen. Der Form halber studiere ich sie interessiert – es gibt nur drei Klassen, und die Namen der Schüler sagen mir nichts. Ich zähle die Anzahl männlicher Schüler pro Gruppe und stelle fest, dass sie deutlich in der Mehrheit sind.

Noch immer fühle ich Blicke auf mich gerichtet. Also gehe ich zu einem Poster hinüber, auf dem ein muskulöser junger Mann mit entschlossenem Blick über ein Kornfeld schaut. Der Fotograf hat ihn von unten her aufgenommen. Eine glänzende Sonne strahlt über dem Feld, Leni Riefenstahl, aber in bunt und digital. Im Hintergrund steht ein älterer Mann, breitbeinig, die Arme verschränkt. Entschlossen und stolz guckt er zu dem jungen Mann hinüber. »Die Zukunft gestalten wir zusammen!«, lautet die Überschrift. Propaganda für eine Kolchose? Nein, Landwirtschaftspolitik der französischen Regierung.

In einem letzten Versuch, mich abzulenken, richte ich meinen Blick auf ein Poster mit einem anderen gesund aussehenden jungen Mann im Blaumann, der ein ängstliches Lämmchen im Würgegriff hält. »Das Lamm, meine Leidenschaft!«, steht darüber. Ich gebe mich geschlagen, drehe mich um und stelle mich den forschenden Blicken.

Zehn quälende Minuten später entsteht Bewegung am Eingang. Der Unterricht scheint zu beginnen, und ich folge der Gruppe vorbei an einer kleinen schiefen Palme zu dem anderen Gebäude.

Jeder Unterrichtsraum hat eine Tür, die in den Garten führt. Ich folge der Gruppe in ein Klassenzimmer, das genauso aussieht wie fast überall auf der Welt: Resopaltische in Hufeisenform und leere Wände in einem unbestimmten Hellbeige. An der Wand hängt ein Poster, das die *»Stades phénologiques de la vigne«* zeigt, eine Serie schematischer Zeichnungen von der zögerlichen Knospe zur wollüstigen Traube. Ich wähle einen hinteren Platz und lasse meinen Blick über die Mitschüler schweifen. Die meisten sind offenbar stille, zurückhaltende Söhne von Winzern, die gelassen abwarten, was kommen wird. Einer der jungen Männer ist größer als die anderen, hält sich aufrecht, schaut selbstbewusst in die Runde und unterhält sich mit seinen Nachbarn. Maurice, wie er sich später vorstellt, lebt mit seinen Eltern auf einem großen Weingut in Saint Chinian. Und dann ist da Christophe, ein junger Mann aus dem wallonischen Teil Belgiens mit einem zufriedenen und amüsierten Lächeln. Er will Kiwis züchten. Glücklicherweise gibt es auch ein paar Frauen in der Klasse. Eine junge Frau mit dickem, hochgestecktem Haar stellt sich als Géraldine vor. Zufrieden betrachte ich den großen, silbernen Ring an ihrem Finger und ihren nicht allzu agrarisch anmutenden schwarzen Pullover. Sie will in den Gemüseanbau. Ich lächle sie an, sie lächelt zurück – wer weiß …

Eine sympathische, aber müde wirkende Frau mit dunklen Locken steht vor der Tafel.

»Bon, bienvenue au Montflourès«, sagt sie fast entschuldigend. »Ein paar wichtige Dinge vorweg …«, fährt sie fort und beginnt damit, eine riesige Ladung von Unterrichtsabläufen,

Abteilungen und Abkürzungen vor uns auszukippen. Ich schaue erschrocken auf, aber sie fährt ungerührt fort: »Dann gibt es natürlich noch die Behörden, die Sie bei Ihren Vorhaben unterstützen können, ich nenne nur die FDSEA, die CNASEA, die ADASEAH ...« Ich schaue zu meiner Nachbarin hinüber. Findet sie das normal? Scheinbar. Mit leichtem Schrecken konstatiere ich, dass sich ein großer Teil des Wortschwalls auf einem Notizblock wiederfindet, der vor ihr liegt. Sie nickt mir freundlich zu.

Ich starre erneut die Frau an, die vor der Tafel steht und aus deren Mund weiterhin diese eigenartigen Worte sprudeln. Schließlich holt sie einen dicken Stapel Kopien aus ihrer Ledertasche, die sie auf dem Stuhl abgestellt hat, und teilt sie nach links und rechts aus. Gierig reiße ich ihr die Blätter aus den Händen – das werde ich zu Hause in Ruhe durcharbeiten. Alleine. Mit einem Wörterbuch.

Am nächsten Tag komme ich in meine endgültige Klasse, eine kleinere Gruppe, in der sich ausschließlich zukünftige Winzer befinden. »*T'es viti?* Bist du Winzer?«, lautet in den ersten Wochen das Erkennungswort am Kaffeeautomaten.

Vor der Tafel steht jetzt ein Mann in der Uniform des Universitätsdozenten: Cordhose, Mokassins, ordentliches Hemd unter einem Lammwollpullover. Hinter einer runden Metallbrille beobachten zwei dunkelbraune und ziemlich stechende kleine Augen die Klasse. Daniel Domergue!

»Kennst du den denn nicht?«, wird Aad später sagen, »Domergue! *Clos Centeilles*! Aus dem Minervois!« Das ist eine Weinlandschaft im Languedoc. Er wird ein dickes niederländisches Weinbuch aufschlagen, in dem tatsächlich ein großes Foto ebendieses Mannes zu sehen ist, eine Ecke jünger, an einem reich gedeckten Tisch mit Aussicht über eine weite Landschaft und eine alte Kapelle im Hintergrund. »Mittagessen auf dem Weingut *Clos Centeilles*«, steht daneben.

Jetzt läuft eben dieser Daniel Domergue langsam vor der Tafel auf und ab, während er seinen stechenden Blick über die unsicheren jungen Männer, die vor ihm sitzen, und die deplatzierte Erscheinung, die Lidewij heißt, gleiten lässt. »Gut«, sagt er dann, »stellen Sie sich erst einmal vor. Wir fangen hier rechts an.« Einer nach dem anderen murmeln die jungen Männer den Namen des Dorfes, in dem ihre Familien ein Weingut besitzen. Die Anzahl Hektar. Ob sie einer *cave coopérative*, Winzergenossenschaft, angehören oder einen eigenen Weinkeller haben, eine *cave particulière*. Nach den kurzen Antworten der Schüler stellt der Dozent noch weitere Fragen: »Ernten Sie mit der Maschine, mit der Hand, wie werden die Rebstöcke geschnitten?« Alle werden schüchtern beantwortet. Dann bin ich an der Reihe. Obwohl ich erst ein Erntejahr erlebt habe, plappere ich artig über die Techniken, die Siebe auf unserem Weingut angewendet hat: *Vendange en vert, ébourgeonnage, vendange manuelle en cassette, table de tri* ...

Ich verhalte mich genau wie all die Ausländer, die auch gerne ein Weingut besitzen möchten und von denen ich Jahre später Mails bekommen werde. Sie haben noch keinen einzigen Hektar bearbeitet, aber wissen genau, wie man es machen muss. Die Verärgerung, die ich später selber empfinden werde, spiegelt sich in diesem Moment auf dem Gesicht von Domergue wider. »Ah! Wir haben eine reiche Ausländerin unter uns«, wendet er sich an die ganze Klasse, »jemanden, der sich mal eben ein Weingut zugelegt hat. Der denkt, dass das alles ganz einfach ist.«

Dann wendet er sich wieder an mich. »Und die ganze Arbeit erledigt wahrscheinlich das Personal?«, spottet er, ohne mir die Chance auf eine Antwort zu geben. Maurice riecht Lunte und lacht: »Reiche Ausländer haben wir auch im Dorf. Sie kaufen normalerweise die schönen Häuser, aber inzwischen haben sie es wohl auch auf die Weingärten abgesehen. *Quand même*.«

Domergue geht nicht darauf ein, sondern wendet sich an den nächsten schweigsamen, politisch korrekten Winzersohn in der fünften Generation.

Nach der Stunde gehe ich zu ihm. Ich habe ungefähr eine halbe Stunde Zeit gehabt, mir einige sinnvolle französische Sätze bereitzulegen. »Ich würde gerne wissen, warum Sie solch abwertende Dinge über mich sagen«, beginne ich. »Sie kennen mich doch gar nicht.«

Er schaut mich mit einem Blick an, der von Ungehaltenheit in Ärger und dann in Verwunderung übergeht. Aber eine Antwort erhalte ich nicht. »Ja, richtig, ich bin Niederländerin«, fahre ich also fort, »und ja, ich habe keine Erfahrung. Aber ich bin hier, weil ich ein paar Dinge lernen will, was nicht funktionieren kann, wenn Sie so voller Vorurteile sind.«

Kurz schaut er mich an, sprachlos. Dann erscheint der amüsierte Blick des Charmeurs, den ich jetzt in ihm erkenne, und sehr weit im Hintergrund etwas, das ich als ein wenig Respekt interpretiere.

11

Sollten Sie Interesse an einer Lektion in Bescheidenheit oder an innerer Einkehr haben, dann ist das hier das Richtige für Sie. Vergessen Sie die teure Reise ins tibetische Kloster. Vergessen Sie das Meditationshaus in Thailand. Und auch einen indianischen Guru brauchen Sie nicht.

Suchen Sie sich einfach einen Stuhl hinten in einer Klasse, in der etwas unterrichtet wird, von dem Sie keine Ahnung haben – am besten in einer Fremdsprache. Sie werden beobachten, wie all Ihre Selbstverliebtheit, all die scheinbaren Selbstverständlichkeiten dahinschmelzen wie Schnee in der Sonne.

Ich sitze dort, auf diesem Stuhl, mitten in solch einer Klasse. Mit einem beinahe wissenschaftlichen Interesse verfolge ich die langsamen Bewegungen des kräftig gebauten Mannes, der wie ein dicker alter Kater vor der Tafel auf und ab geht, wobei wir die jungen Vögel sind, die er gleich verschlingen wird. Monsieur Baleste ist groß für einen Franzosen, sein dicker Bauch hängt wie eine Teigrolle über seinem Hosenbund. Seine schnelle und monotone Sprechweise wird ab und zu von einem erregten Intermezzo unterbrochen, in das er sich furchtbar hineinsteigern kann, wobei er aggressiv mit den Armen fuchtelt.

Ich weiß, dass es Französisch sein muss, was er da spricht, aber alle Worte enden so nachdrücklich auf -ang oder -eng, dass ich noch nicht einmal eine vage Verwandtschaft mit den ordentlichen, vollständigen Sätzen, wie ich sie in meinem Sprachkurs in den Niederlanden gelernt habe, ausmachen kann. Erst nach mehreren endlosen Unterrichtsstunden knacke ich den Code. Theoretisch müsste ich Monsieur Baleste jetzt folgen können, aber da ist noch der Inhalt seiner Worte. Dieser Mann steht nicht wegen seiner didaktischen Fähigkeiten vor der Klasse, er wurde wegen seiner praktischen Erfahrungen eingeladen, hier zu unterrichten.

»Gut, ich stehe also vor einem Fass mit 2000 Hektolitern Inhalt«, beginnt er. »Die Hektik ist groß, weil wir in zwei Wochen alles auf Flaschen ziehen müssen. Aber die *malo* hat aufgehört. Was also mache ich? Der SO2 ist in Ordnung, die *micro-bulage* abgeschlossen. Da ist noch ein wenig Restzucker, aber nicht mehr als vier, fünf Prozent. Also organisiere ich kurzerhand ein System mit umkehrbarer Wärmeleitung …«

Ein Teil der Winzersöhne nickt zustimmend, ja, Probleme mit der malolaktischen Gärung hatten sie alle schon mal. Meine Kenntnisse in Önologie dagegen beschränken sich darauf, dass ich weiß, dass Wein aus Trauben gemacht wird und, ja, okay, dass sich dabei Traubenzucker in Alkohol umwandelt.

Ich schaue mich um und sehe, dass einige Leute Löcher in die Luft starren oder Figuren auf ihre bislang unbeschriebenen Blöcke zeichnen. Eine Umfrage am Kaffeeautomaten bestätigt meine Annahme: Sie verstehen alle kein Wort.

»Aber sollten wir ihm das nicht sagen?«, frage ich sie, »wenn es so weitergeht, haben wir bald völlig den Anschluss verloren.« Tja, davor haben sie auch Angst. Aber für echte Franzosen, besonders für die weniger gebildeten, ist es keine Option, Autoritäten zu hinterfragen. Sie wollen nicht dumm erscheinen, vor allem gehört es sich einfach nicht. Das kann die Niederländerin übernehmen.

Nach der Pause bin ich als Erste in der Klasse und gehe zur Tafel, wo Baleste langsam und aufmerksam ein Formular durchliest. Fehlt nur, dass er den Buchstaben mit dem Finger folgt. Wie er da so sitzt, ohne sich für seine Rolle auf der Bühne des

Klassenzimmers aufgebläht zu haben, ist er ein netter, müder, älterer Mann, der wohlwollend lächelt, als er sich aufrichtet. *»Ah, Lide, comment allez-vous?«*

»Sehr gut, und wie geht es Ihnen?«

»Sehr gut, danke.«

»Prima.«

Ja, dieses Gespräch beginnt konstruktiv.

Ich erläutere mein Problem. »Sie setzen Grundkenntnisse in der Önologie voraus, die lange nicht jeder in der Klasse besitzt«, sage ich. »Ich kann Ihrem Unterricht nicht folgen, und ich habe festgestellt, dass das auch für andere Schüler in der Klasse gilt.« Baleste lässt sich seufzend in seinen Stuhl zurücksinken, sein Blick kehrt sich nach innen. Er sagt nichts. Vielleicht muss er meine Bemerkung erst verarbeiten? Oder hofft er, dass meine Worte wie eine Seifenblase zur Wand treiben und dort zerplatzen, wenn wir nur lange genug warten? Siehe da, Problem gelöst.

Ich warte noch einen Moment, dann rede ich weiter: »Gibt es vielleicht ein Buch, das Sie mir empfehlen können? Etwas Einfaches, das mir das Grundwissen vermittelt?«

»Nein«, sagt er freundlich, aber unbeholfen, »so eines kenne ich nicht.«

Inzwischen sind die meisten Schüler hereingekommen und haben unter lautem Stuhlgeschiebe Platz genommen. Monsieur Baleste und ich schauen uns noch kurz ratlos an, dann steht er auf und geht zur Tafel. Ich setze mich auf meinen Platz, während er ein Fass mit der Zahl 1000 darauf zeichnet. Dann hält er inne. Er zögert, dreht sich aber dann zur Klasse um und sagt: »Für manche hier ist es vielleicht gut, wenn ich einige Grundbegriffe kurz wiederhole.«

Er wischt die Zeichnung weg und schreibt quer über den weißen Fleck, der zurückbleibt: *la fermentation*, die Gärung.

Natürlich ist durch diese kleine Intervention mein Platz in

der Klasse festgeschrieben. Jetzt bin ich der *souffre douleur*, der Prügelknabe, der die Unwissenheit der gesamten Klasse absorbiert und neutralisiert. Jetzt erinnert Baleste sich plötzlich mitten in einer langen Auslassung an die dumme Niederländerin, er hält kurz inne, schaut mich an, um dann den letzten Teil seines Satzes quälend langsam zu wiederholen: *»Vous suivez, Lide?«* Ich lache freundlich zurück, ja, ja, Lide gibt ihr Bestes.

Dennoch ist es ein verlorenes Spiel. Vielleicht kann dieser Mann eine Praktikantin in einer Winzergenossenschaft hervorragend betreuen. Möglicherweise kann sie ihm wunderbar folgen, wenn sie mit ein paar Schläuchen in der Hand vor einem Fass steht. Aber im Klassenzimmer fehlen diese praktischen Zusammenhänge, und so verfluche ich mich, dass ich nicht besser aufgepasst habe, als Siebe mit der Weinherstellung befasst war.

»Für welche Verbesserungen können wir im *milieu fermentaire* sorgen?«, fragt Baleste aus dem Nichts. Was ist ein *milieu fermentaire*?, denke ich, um dann die Antwort, die er selbst gibt, von der Tafel abzuschreiben. *»Sulfitage. Levurage. Augmentation de la richesse en sucre. Acifidication.«*

Nächste Frage: »Welche alternativen Techniken gibt es, um hochwertige Weine im *Languedoc-Roussillon* herzustellen?«

Antwort: »1) *die Macération préfermentaire*, 2) die *Macération initiale à chaud*, 3) die *Macérations longues*, als da wären: a) die *Macération finale naturelle*, b) *Macération finale à chaud* und *L'emploi de micro-oxygénation*.«

»Ähm, könnten Sie vielleicht etwas mehr über die einzelnen Techniken sagen?«, frage ich vorsichtig. »Dazu kommen wir später«, sagt Baleste, »ich nenne zunächst die allgemeinen Verfahren.« Ich starre auf meinen vollen Schreibblock, auf all diese Wörter ohne Bedeutung. Ich fühle eine Hilflosigkeit, die wie aufsteigendes Wasser langsam meinen Kopf auszufüllen droht.

Mit Laartje auf dem Arm und zwei müden Mädchen, die ich gerade vom Schulhof geholt habe, komme ich am Weingut an. Die Öffnung in der hinteren Fassade wird inzwischen von einem starken T-Träger gestützt. Der verputzte offene Kamin in der Eingangshalle ist inzwischen einer breiten, soliden Betontreppe gewichen. Das sieht ordentlich aus, denke ich, als ich zufrieden nach oben gehe. Aber schon nach vier Schritten fühle ich, dass etwas nicht stimmt. »Hat hier jemand mal einen Zollstock?«, frage ich einen der Männer. Der ältere Marokkaner holt widerwillig ein Rollmaßband aus der Tasche. Er ahnt bereits, was kommt. Und tatsächlich: Ich messe 14 Zentimeter an der ersten Stufe, 18 an der zweiten, 15 an der dritten. Jetzt messe ich auch die Stufen an den beiden Seiten nach. Verdammt, auch hier finde ich eine Abweichung von mehr als zwei Zentimetern. *»J'hallucine!«*, sage ich zu Monsieur Samper, dem Architekten, der gerade mit einem Stapel Papier unter dem Arm das Haus betritt.

»Aber Sie kommen doch in die obere Etage: Was wollen Sie also mehr?«, seufzt er müde, »und die paar Zentimeter Unterschied, *on rattrappe avec le carrelage.*« *Rattrapper*, ausgleichen, ein Wort, das ich in den nächsten Monaten viel zu oft hören muss. »Sie können doch vier Zentimeter nicht mit ein bisschen Zement ausgleichen«, wende ich vorsichtig ein. Dann etwas deutlicher: »Ich möchte, dass Sie es neu machen.«

Ich ärgere mich über meine Nachgiebigkeit. Warum weiß ich nicht genau, ob ich recht habe? Samper zögert kurz. Dann dreht er sich zu den Männern um, und während er halb auf der untersten Stufe kniet, beginnt er eine heftige Diskussion mit ihnen, in der sie sich gegenseitig die Zentimeter um die Ohren hauen. Ich nehme an, dass ich irgendwie doch recht hatte.

Es ist schon dunkel, als ich das kleine Haus betrete. Ich setze Wasser für Pasta auf, schneide zwei große Stücke Brokkoli in kleine Röschen und lege sie in den Dampfgarer darüber. Ein paar Soja-Burger kommen in die Bratpfanne daneben, und *voilà*, die Basis für eine gesunde Mahlzeit ist gelegt. In den zehn Minuten, die das Essen zum Kochen braucht, stecke ich Laartje in die Badewanne und die Mädchen in die Schlafanzüge. Schließlich stelle ich die Teller auf das niedrige Tischchen vor dem Fernseher, schiebe einen annehmbaren französischen Kinderfilm in den DVD-Spieler. »Barbapapa« heißt er, sehr gut, so arbeiten die Mädchen an ihrem Französisch, und ihre Mutter kann derweil kurzweilige Gespräche führen. Außerdem wartet noch ein Stapel Bürokram auf den späteren Abend.

Sieben Stunden Unterricht am Tag sind viel, und ich merke, dass all die alten Fluchtmechanismen noch so lebendig sind wie an meinem 15. Geburtstag. Da braucht nur eine langweilige Person mit einer schlechten Geschichte vor der Klasse zu stehen, und sofort muss ich gegen den physischen Zwang ankämpfen, aufzustehen und wegzulaufen. Ich schaue aus dem Fenster, betrachte dann einen Riss in der Wand, eine Fluse auf dem Pullover des Dozenten, die derben Arbeitsschuhe eines Bauernsohnes, die neben mir unter dem Tisch unruhig hin und her geschoben werden. Ich versuche angestrengt, an meine Yoga-Stunden zu denken. Ich bin hier, denke ich, in diesem Raum. Auch wenn eine Menge Verwaltungsarbeit auf mich wartet, in diesem Moment kann ich sie nicht erledigen. Ich kann nichts tun, ich muss nichts tun – wenn ich sitze, dann sitze ich. Manchmal hilft diese Technik. Kurz.

Ein Teil der Ausbildung macht mir Spaß, vor allem der Unterricht in Weinbau, *viticulture*, bei Domergue, und auch *agronomie*, Agrarwissenschaften, und *pédologie*, Bodenkunde, finde ich sehr interessant.

Es ist auf eine unerwartete Art erfrischend, in Themen einzutauchen, von denen ich vorher rein gar nichts verstanden habe. Alles Wissen, dass man vorher in seinem Leben erworben hat, der Name, den man sich gemacht hat, der Status, nichts spielt noch eine Rolle. Auf einmal ist man wieder ein bescheidener, unwissender Novize, der noch mal von vorne beginnt. Alles ist anders, neu und jung.

Zwei Leben für den Preis von einem, denke ich.

Auf festen Wanderschuhen und in einer dicken Jacke laufe ich durch die kahlen Weinberge. Der Winzersohn neben mir hat die Hände tief in seinen Taschen vergraben. Er redet nicht, schaut stur nach vorn, seine zielgerichteten Schritte sind so lang wie der Abstand zwischen den Rebstöcken. Dann gelingt es mir, eine Minute lang mit ihm zu reden:

»Ça avance bien, la taille chez toi?«

»Ouais, pas mal, et toi?«

»Pas mal.«

»Bon.«

Schweigend gehen wir weiter, alles ist gut, die anderen sprechen auch nicht miteinander. Wir teilen die gleiche Stille, die auch eine Bootsbesatzung erleben kann.

Als wir oben auf dem Hügel ankommen, haben wir plötzlich eine unendlich weite Aussicht. Das helle Winterlicht trägt den Blick weit über das sanft abfallende Meer aus Weinfeldern und dunklen Pinienwäldern. Ich frage mich, ob die Männer noch sehen, wie umwerfend schön es hier ist.

Am Rande der Parzelle steht das Ziel unseres Ausflugs, ein großer Bagger, neben einem Graben, ungefähr drei Meter lang und zwei Meter tief – die Sorte von Gräben, in denen in Filmen Leichen verschwinden. Wir aber drängeln uns am Rand des Grabens und rufen Sätze wie *»ah, bien marqués les horizons«* und *»je dirai plutôt argileux, moi«*. Wir nehmen unsere Notizblöcke zur Hand und gehen systematisch vor: Erst schauen wir uns um, *la situation générale* – wie ist die Parzelle? Groß? Klein? Ist sie von Bäumen oder von den für die Gegend typischen Sträuchern umgeben? Findet sich in der Nähe Wasser? Wächst Schilf? Gibt es Verschiebungen im Boden? Was fällt uns noch auf? Dann die Topographie, das Relief, *plaine, soubergue* oder *coteaux*. Und schließlich die *culture en place* – wie ist das Weinfeld beschaffen? Für mich ist es unmöglich, am kahlen Weinstock abzulesen, um welche Rebsorte es sich handelt. Nachdem sie sich viele Winter lang mit den Rebstöcken beschäftigt haben, sind sich die Jungs um mich herum jedoch sicher: Das ist natürlich eine Grenache. Die Rebstöcke sind ungefähr 50 Jahre alt. Ich zweifele keinen Moment daran, dass sie recht haben.

Dann steigen wir abwechselnd und zu zweit in den Graben, wo sich die Bodenschichten in deutlichen Bahnen und verschiedenen Farben abzeichnen. Die oberste Erdschicht ist nicht mehr als 20 Zentimeter dick und ziemlich dunkel. Humus, denke ich, und *la seule matière organique stable*. Darunter eine Schicht von ungefähr 50 Zentimetern, grau und körnig durchmischt mit unregelmäßig wiederkehrenden Resten aus der obersten Schicht. *»Défonçage«*, sagt der junge Mann neben mir.

Ich stelle mir vor, wie sie in den Fünfzigerjahren das Weinfeld, das hier einmal war, gerodet haben. Die langen Enden des Pflugs wühlten die Erdschichten auf und vermischten sie miteinander, in 100 Jahren wird man es noch immer sehen. Ich kratze mit dem Nagel ein wenig Erde von der Wand vor mir und lege sie auf meine Handfläche. Mit dem Finger zermahle ich sie mit kreisenden Bewegungen. Die Erde fühlt sich weich an, wie Mehl. *»Limoneux«*, sage ich zu dem jungen Mann neben mir.

Ich kratze ein wenig Erde von den heller gefärbten Stellen. Die Erde fühlt sich noch immer recht mehlig an, aber enthält auch kleine scheuernde Stückchen. Wir bestimmen auch die anderen Erdschichten, betrachten dann die Wurzeln eines Rebstocks, der am Rand der Grube steht. Die Wurzeln verlaufen senkrecht nach unten, erst weitverzweigt, dann werden sie immer schmaler. In der untersten, kompakten, gelb-braunen Erdschicht wachsen die Wurzeln lediglich in dünnen Ausläufern horizontal weiter. Das ist ein Phänomen, das wir im Unterricht besprochen haben: Undurchdringliche Erdschichten hindern die Wurzeln daran, weiterzuwachsen. Hier, in diesem Fall ist das kein Problem, die Erde ist tief genug. Aber es gibt Legionen von Winzern, die sich Generation auf Generation gefragt haben, warum die Pflanzen auf einem bestimmten Weinfeld einfach nicht anwachsen wollten. Hätten sie ein paar Gräben ausgehoben, hätten sie es herausgefunden.

Die Umbauarbeiten am Haus gehen mir auf die Nerven. Sowohl Samper, der Architekt, als auch die Bauarbeiter scheinen zu dem Schluss gekommen zu sein, dass ich nicht richtig ticke. Sie behandeln mich mit einer müden Geduld wie das zurückgebliebene Nachbarsmädchen, dem man die Dinge ein wenig l-a-n-g-s-a-m-e-r erklären muss. Natürlich, da ist das Problem mit der Sprache. Ich kenne die französischen Wörter für Hohlwand, Innentür oder Eckfuge nicht. Ich suche ununterbrochen umständlich nach den richtigen Begriffen, drücke mich undeutlich aus – fünf Männer gegen eine stotternde Frau. Das größte Problem aber ist die Inkompatibilität der Geschmäcker.

»Hören Sie«, wiederholt Samper nun schon zum vierten Mal, »die Schrankwände eingerechnet, benötigen wir 25 Türen. Wir sollten sie im Baumarkt besorgen.« Er wird langsam müde, die Wahrheit ist seiner Ansicht nach auf seiner Seite. Warum lässt diese Frau ihn nicht einfach den Bestellschein ausfüllen? Wir drehen uns seit einer Viertelstunde im Kreis. Ich sehe immer noch einen Funken Hoffnung in seinen Augen: Vielleicht gibt sie endlich nach. Eigentlich würde ich den armen Mann gerne von seinem Leiden erlösen und ihn zum Baumarkt ziehen lassen, aber dann denke ich wieder an die Hartfasertüren von Madame Ros und an die schöne Schrankwand in unserem Haus in

Haarlem. »Nein«, sage ich daher, »ich bestehe auf alte Türen in diesem Haus.«

»Aber das ist nicht schön!«, ruft Samper, »und es ist unmöglich. Man bekommt keine passenden Leisten!«

»Die kann doch ein Schreiner anfertigen«, sage ich, »die Mauern sind noch offen, wir können das Maß selber bestimmen.«

Er seufzt. Verzweifelt zieht er seinen Trumpf aus dem Ärmel: »Hören Sie, wir haben keine 25 alten Türen!« »Die finde ich schon«, sage ich schließlich.

An diesem Wochenende ist Aad bei uns. »Haben wir endlich frei? Oder musst du noch die Buchhaltung machen?«, fragt er. Er hat die ganze Woche hart gearbeitet, jetzt ist er zu Hause, er möchte es sich mit seiner Familie gemütlich machen. Es kommt mir so vor, als wüsste ich inzwischen gar nicht mehr, wie das geht. Ich befinde mich in einer Art Überlebensmodus: Ich sitze viel im Auto, gehe spät ins Bett, eigentlich bin ich todmüde, aber ich muss immer weiter und weiter und weiter, um dafür zu sorgen, dass alles fertig wird. Meine letzte Energiereserve spare ich für die Mädchen auf – ich nehme an, dass ich nicht die nette, fröhliche Ehefrau bin, die Aad aus Haarlem kennt.

»Türen«, denke ich inzwischen wie besessen. Auf dem Weingut spricht Samper Aad an: *»Elle n'est pas raisonnable«*, sagt er über die Patientin, während diese danebensteht. »Wir werden die Trennwände in einer Woche fertigstellen, doch wenn sie an ihrer Idee festhält, kommt die Arbeit zum Erliegen.« Aad beruhigt ihn, verspricht, dass alles gut wird. »Aber ich bin schon neugierig, wo du die Türen herbekommen willst«, sagt er, als wir hinterher im Auto sitzen, und lacht.

Das weiß ich auch noch nicht. Auf der Website der Gelben Seiten gibt es die Kategorie »alte Baumaterialien« nicht. Wir sind nicht in der romantischen Provence, sondern im Land der

Aluminium-Schiebetüren und der Fensterrahmen aus PVC. Neue Möbel sind praktisch und leicht zu pflegen. Welcher Verrückte will schon altes Zeug in seinem neuen Haus? Am Montag werde ich bei Abriss-Unternehmen anrufen.

An diesem Sonntag essen wir in einem schlossähnlichen Hotel zu Mittag, das von einem niederländischen Ehepaar geführt wird. Gérard ist ein netter, teddybäriger Mann, der früher Hockey spielte. Er trägt eine helle Bundfaltenhose und ein Polo-Shirt von Ralph Lauren. Ich mag ihn gerne. Seine Frau Caroline ist immer sonnenbankgebräunt, hat toupiertes Haar, trägt Blusen mit Rüschen und viel zu viel Goldschmuck. Sie sind wahrscheinlich genauso alt wie wir, haben Kinder im selben Alter, eigentlich müssten wir Freunde sein, aber irgendwie ist es nie dazu gekommen.

Jetzt sitzen wir zusammen an einem der runden Tische auf der Terrasse, die an die Parkanlage ihres Hotels grenzt. Die Tische sind mit lachsfarbener Wäsche eingedeckt, die schmiedeeisernen Stühle sind mit frivolen kleinen Kissen ausgestattet, und auf den Tischdecken liegen seidene Blütenblätter. Gérard und Aad sprechen über die Engstirnigkeit der örtlichen Bevölkerung, über Menschen, mit denen man nicht reden kann, ihren Mangel an Unternehmergeist, über den Widerstand, auf den Gérard stößt, wenn es um sein Hotel geht. Ich höre zu, bin müde, es fällt nicht auf, dass ich nichts sage. Mit Verwunderung nehme ich ein neues Gefühl an mir wahr, das Gefühl, dass wir unterschiedlichen Lagern angehören. Gérard betreibt ein internationales Hotel, Aad arbeitet in den Niederlanden, sie genießen beide die Sicherheit ihres vertrauten Netzwerks. Bei mir ist das längst nicht mehr so: Ich bin alleine, ich muss mit genau diesen Menschen vor Ort zusammenarbeiten. Ich sitze mit ihnen im Unterricht, sie sind diejenigen, mit denen ich täglich spreche. Zum ersten Mal sehe ich deutlich, dass Aads und meine Welt auseinanderdriften.

Als endlich das Wort an mich gerichtet wird, beginne ich automatisch über das Thema zu sprechen, das mich im Moment am meisten beschäftigt: Türen. »Türen?«, fragt Gérard. »Die Feuerwehr hat mir gerade mitgeteilt, dass ich alle Flügeltüren auf der oberen Etage durch Brandschutztüren ersetzen lassen muss. Wenn du willst, kannst du gerne ein paar mitnehmen.«

Nach dem Kaffee gehen wir zusammen ins Lager hinter dem Haupteingang. Es ist eine feuchte Scheune. Das Hotel ist ein großes Weingut aus dem 18. Jahrhundert – die hohe, schlichte Fassade mit den weißen Stuckelementen wirkt eher spanisch als französisch. Auf den langen Fluren liegen noch die originalen Terrakotta-Fliesen, und die Zimmer hatten bislang hohe, getäfelte Flügeltüren. Inzwischen ist die Feuerwehr jedoch auf die Idee gekommen, alle Holztüren entfernen zu lassen, nur um einen Brand, den es wahrscheinlich nie geben wird, ein paar Minuten aufzuhalten. Wie umgefallene Bücher lehnen die Türen jetzt in der Scheune aneinander.

Ich stelle vorsichtig einige von ihnen an die andere Wand. Sie sind schön, drei Paneele pro Tür, ein breites Band mit gefrästen Rillen, die Verbindungen an den Ecken sind aus Holz. Sie sind sicher 150 Jahre alt, vielleicht sogar so alt wie das Schloss selbst. Aber sie sind auch sehr groß: 2,50 Meter hoch und jedes Paar mehr als einen Meter breit – zu groß, um als Eingangstüren für unsere bescheidenen Schlafzimmer zu dienen. Vielleicht könnten sie die Flügeltüren zum Wohnzimmer werden, und wir könnten eine Schrankwand wie in Haarlem aus ihnen machen. Wir blättern durch den Stapel, vieles ist beschädigt oder verzogen, aber schließlich finden wir vier brauchbare Paare. »Diese hier würde ich gerne nehmen«, sage ich zu Gérard. Jetzt brauche ich nur noch 18 Türen.

12

»Ach, guck mal, wie süß die Schafe sind«, sagt Fiene, als wir nach einem Besuch auf der Baustelle am Zaun von Monsieur Lampilas Grundstück entlanglaufen, auf dem Schafe weiden. Monsieur Lampilas ist unser nächster Nachbar. Er hat sich auf dem Hügel am Fluss ein Haus gebaut.

Offiziell wohnt er im Dorf, aber in Wirklichkeit verbringt er seine gesamte Zeit in diesem Sammelsurium aus gefundenen Baumaterialien, umringt von Feldern mit Schafen, Ziegen und einem Gemüsegarten. Als er mich und die Mädchen am Zaun stehen sieht, kommt er in seinem wackelnden Gang auf uns zu. »Eines der Schafe hat Lämmer bekommen«, sagt er. »Wollen die Mädchen sie vielleicht mal streicheln?« Monsieur Lampilas öffnet einen selbstgebauten Zaun aus Stahl und Geflügeldraht und geht uns zur Scheune voraus. In einer Ecke steht ein Mutterschaf mit zwei gestressten Lämmern voller Matschflecken, die sich unter seinem Bauch drängen. Eines der Lämmer ist kleiner und liegt auf einem Strohhaufen in der Ecke. »Das kann nicht bei seiner Mutter trinken«, erzählt Monsieur Lampilas. »Es bekommt die Flasche. Möchtest du das vielleicht machen?«, fragt er Fiene. Sie nickt und hält wenig später atemlos vor Rührung ein kleines, heftig schlürfendes Schäfchen in ihren Armen. Monsieur Lampilas stellt sich neben mich, unser Gespräch über das Wetter, die Weingärten und die Leute im Dorf plätschert ruhig dahin. »Und Ihr Mann?«, fragt er schließlich mit einem spöttischen Lächeln, »noch immer im Gefängnis?«

Das ganze Dorf weiß inzwischen darüber Bescheid, dass ich dreiviertel der Zeit alleine bin. »Wissen Sie eigentlich, dass die Männer im Dorf über Sie reden?«, sagt Bruno. Mit einer klebrigen Vertraulichkeit beugt er sich zu mir herüber. »Die Elektriker im Café, sie sagen, dass sie mal kurz vorbeikommen wollen, um Ihnen zu geben, was Sie brauchen. Und andere Dinge, die ich gegenüber einer Dame nicht wiederholen werde.«

Vor Aufregung haben sich rote Flecken auf seinen Wangen gebildet – da sitzt er doch tatsächlich bei der *patronne* und redet über Sex! »Aber ich verteidige natürlich Ihre Ehre!«, sagt er begeistert. »Halt dich da raus, Bruno«, winke ich ab und lenke das Gespräch wieder auf die Weinfelder. Der große, hübsche Junge vom Elektriker, hat der keine anderen Sorgen?, denke ich.

Noch immer gehe ich jeden Morgen um sieben Uhr aus der Tür und komme abends erst zwischen sechs und halb sieben zurück, und wenn die Mädchen im Bett liegen, erledige ich die Büroarbeit – die Müdigkeit wird immer schlimmer. Zwischendurch versuche ich, Samper aus dem Weg zu gehen, der sich immer wieder über die fehlenden Türen aufregt. »Ich kenne einen Mann, der alte Baumaterialien hat«, sagt Bruno: »Er heißt Monsieur Chocolat. »Noch am selben Nachmittag holpere ich über einen schmalen, steinigen Weg zum angegebenen Ort. Schon seit einiger Zeit habe ich keine Häuser mehr gesehen, um mich herum gibt es nur noch Weingärten, Waldstücke, Felsen. Der kleine Weg geht in einen sandigen Pfad über, und ich muss an die vielen Geländelimousinen denken, die in diesem Augenblick über den niederländischen Asphalt rollen, und dann an die Unzulänglichkeit meines alten Volvos. Wenn ich über eine Bodenwelle fahre, scheuert er mit dem Unterboden über die Steine, und inzwischen frage ich mich jedes Mal, ob ich hier überhaupt wenden kann.

Dann, hinter einer Gruppe Bäume, entdecke ich die Umrisse undefinierbaren Zeugs. Ich parke mein Auto, schaue mich dort um: dicke braune Balken, Berge von Steinen, verschiedene demontierte landwirtschaftliche Geräte und Autowracks auf Betonblöcken. Aus einer kleinen Scheune kommt ein alter, ziemlich dreckiger Mann auf mich zu, der sich kaum von seiner Umgebung abhebt. Er stellt sich tatsächlich als Chocolat vor. Diesen Spitznamen trägt er, weil er oft schwarz arbeitet. Er hat ihn inzwischen schon so lange, dass niemand mehr weiß, wie er wirklich heißt. Für einen kleinen, heruntergekommenen Mann hat er ein auffallend großes Selbstvertrauen, aus dem Stegreif beginnt er zwischen dem kniehohen Abfall ein angeregtes Gespräch, ganz so, als würden wir zusammen an der Bar sitzen. Ich erzähle von unserem Umbau, meiner Vorliebe für alte Materialien und registriere dankbar, dass er verständnisvoll nickt. Zusammen stolpern wir über einen Berg verwitterter Fliesen zu einer Holzscheune am Rand des Feldes. Ich finde zwei Türen, die akzeptabel aussehen und an denen sich noch die Porzellanknäufe befinden. Für zehn Euro werfe ich sie in meinen Volvo. Nur noch 16 Türen.

Chocolat nennt mir den Namen eines Freundes, der im nächsten Dorf lebt. Ich finde den Mann im Café auf dem Dorfplatz. Wahrscheinlich ist er so um die 50 Jahre alt, das Netz roter Adern auf seiner Wange lässt vermuten, dass man ihn öfters am Tresen antreffen kann. Seelenlos starrt er mich an. Sein Blick bleibt an meinen Brüsten hängen, ich beobachte den Kampf zwischen guten Manieren und Pastis. *»Bon, les portes«*, sage ich.

Er geht mir zu einem dunklen Sträßchen voraus. Auf halber Strecke befindet sich eine große Scheune, deren rostzerfressene Türen er mühsam und schwer stöhnend aufschiebt, wobei ihm der Schweiß von der Stirn tropft. Wir treten ein. Als ich in dem dunklen Gebäude bin, fallen die Türen mit einem gedämpften Knall hinter uns ins Schloss. Vielleicht ist das, was ich hier mache, nicht wirklich schlau, denke ich kurz, aber meine Türenobsession ist stärker.

Der Mann murmelt etwas von »Abriss« und dem »Haus meiner Großmutter«, während ich ihm über einen kleinen Innenhof zu einer weiteren Scheune folge und von dieser Scheune in einen anderen Raum. Dann stehen wir vor unsortiertem Bauschutt – und da, in einer Ecke, entdecke ich mit mittlerweile geübtem Auge einen großen, gegen eine Wand gelehnten Stapel Türen. Zufrieden bugsiere ich ein paar von ihnen an eine andere Wand. Es sind getäfelte Türen, wunderbar gerade und beinahe unbeschädigt. Der Mann steht inzwischen sehr dicht hinter mir, ich fühle, wie sein warmer Atem an meinem rechten Ohr entlangströmt. Er riecht nach abgestandenem Schweiß. Ich sollte Angst haben, fühle aber nur müden Ärger, ich stehe das alles hier nur so gerade eben durch, bin zu überarbeitet, um mich mit Details zu befassen. *»S'il vous plaît, monsieur«*, sage ich also seufzend und wehre ihn ärgerlich ab. »Ich werde jetzt mein Auto holen. Können Sie mir die Tür öffnen?«

Im Laufe von zwei Wochen klaube ich alle Türen zusammen.

Aad ist wieder zu Hause. Ich bin froh, ihn zu sehen, froh über die Nächte, in denen ich nicht alleine auf die Geräusche draußen lauschen muss. So soll es sein, ein Mann und eine Frau. Zusammen. Es ist nach wie vor seltsam, sich gemeinsam in einer Wirklichkeit zu bewegen, die von uns beiden so unterschiedlich wahrgenommen wird. Ich sehe Arbeit, Probleme, die ich noch lösen muss. Aad hat seinen Spaß. Nach einer langen Arbeitswoche in den Niederlanden steht er im sonnendurchfluteten Weinkeller und hält ein Weinglas in der Hand. Er und Siebe sind sich einig: Der Weißwein und der Rosé sind so weit, dass sie auf Flaschen gezogen werden können. Einen Namen für das Weingut haben wir ja schon gefunden, jetzt müssen wir noch festlegen, welche Flaschen wir nehmen, welche Korken, welche Kapsel.

Und auch dieses Projekt landet automatisch in meinen Händen. Wenn ich keinen Unterricht und ein wenig Zeit habe, empfange ich eine Reihe munterer junger Männer in billigen Konfektionsanzügen, die mir alles über TCA erzählen, einen Stoff, der den Korkgeschmack von Wein verursacht, über den Säuregehalt von Etiketten und natürlich darüber, warum wir unbedingt mit ihrer Firma zusammenarbeiten sollten. Ich überlege gemeinsam mit Siebe, die Wahl fällt uns schwer, ich habe Angst, etwas falsch zu machen. Kapseln für Weinflaschen werden aus Plastik oder aus Aluminium und in verschiedenen Qualitäten gefertigt, und natürlich ist das Teuerste das Schönste. Der Vertreter zeigt mir verschiedene Farben, viel Bordeauxrot, Schwarz und Gold. Ich stelle mir aber ein dunkles Violett vor, das nichts mit den Farben zu tun hat, die er mir präsentiert. »Theoretisch lässt sich natürlich alles machen«, seufzt der Vertreter, »aber ich habe doch schon so eine große Auswahl. Hier, schauen Sie sich die Muster noch einmal an.«

Ich schenke dem Mann einen Kaffee ein, renne auf den Speicher und wühle in ein paar Bücherkartons. Glücklicherweise finde ich bereits im zweiten Karton das Buch über Bildende Kunst mit dem tief violetten Umschlag. »Das meine ich!«, sage ich, als ich keuchend zurückkomme.

Er nimmt das Buch, schaut mich mit demselben müden Ausdruck an, den ich von Samper kenne. Wieder jemand, dessen Leben ich komplizierter mache. »Dafür muss ich spezielle Pigmente bestellen, das wird ein wenig dauern«, sagt er unglücklich.

»Das macht gar nichts«, sage ich, »ich freue mich, dass es überhaupt möglich ist!«

Siebe wirkt in der letzten Zeit immer unzufriedener. Er führt lange Gespräche mit Aad über die Bezahlung und das Verhältnis der Anteile am Weingut. Gleichzeitig scheint er wenig begeistert davon zu sein, dass ich mich von der freundlichen Hausfrau in jemanden verwandelt habe, der lästige Fragen über Schnittmethoden und Unterstöcke stellt.

An einem Samstagnachmittag erhält Aad einen kurzen Anruf von Siebe. Dieser teilt mit, dass er »keine Lust mehr hat«. »Aber du hilfst uns doch noch beim Abfüllen?«, fragt Aad. Die Antwort lautet »nein«, keine Lust bedeutet: keine Lust. Kurz regt Aad sich darüber auf, dann lässt er sich aufs Sofa fallen, und ich sehe eine Verzweiflung in seinem Blick, die ich nicht kenne. »Wie sollen wir das nur schaffen?«, seufzt er.

Es ist nicht schwer, den vollen Umfang der Katastrophe zu erfassen. Wir haben ungefähr 40 000 Weinstöcke, und jeder einzelne wächst und muss aufgebunden werden oder eben nicht, Krankheiten können ihn befallen, Insekten können ihn auffressen, er kann sogar absterben. Keine Ahnung, wie wir das alles verhindern sollen.

»Hätten wir doch nur einen erfahrenen Angestellten«, sage ich zu Aad, »so einen Winzer in der fünften Generation, der von Geburt an bereits alles weiß.« Stattdessen haben wir Bruno, unseren Ex-Randgruppenjugendlichen, dem in seiner Unbekümmertheit auch schon mal der Traktor umgekippt ist und der auch ansonsten die schönen neuen Geräte systematisch kaputt macht. Bruno arbeitet wie ein freundlicher Dieselmotor, schickt man ihn in eine bestimmte Richtung, fährt er los, so lange bis man ihm sagt, dass er wieder anhalten soll. Er ist nicht der Mann mit Weitblick, nicht derjenige, der Entscheidungen treffen kann, und ich frage mich, wo wir so jemanden finden könnten. Die Antwort, die mir einfällt, schiebe ich erschrocken beiseite. Ich habe doch gerade erst mit der Schule angefangen, denke ich.

»Ich wünschte, du könntest hierbleiben«, sage ich an diesem Abend zu Aad. Wir sitzen im Ferienhaus auf dem Sofa, in einer Ecke stehen die Kartons mit den Unterlagen, Legosteine liegen im Zimmer verstreut. »Vorläufig brauchen wir das Geld noch«, sagt Aad, »so ist es eben.«

Ich nicke, schenke uns noch ein Glas ein. »Vielleicht ist es ja gut so, dass ich hier die Leitung übernehmen muss«, sage ich. »Natürlich ist es eigentlich zu früh, aber zumindest sparen wir so Geld, dann kannst du früher aufhören, in der Agentur zu arbeiten.« Aad stimmt mir zu. Ja, so wird es wohl sein, noch kurz durchhalten, und dann wird alles gut. Zusammen glauben wir an die Verlässlichkeit der Dinge, an die Unsinkbarkeit des Schiffes.

Am Montagmorgen bin ich noch vor Schulbeginn auf den Weinfeldern. Gemeinsam mit Bruno gehe ich durch ein Meer aus hellgrünen Blättern – Seitentriebe des Weins ragen weit hinaus und haken sich an den Ranken auf der gegenüberliegenden Seite fest. Ich denke an Regenwälder, Entdeckungsreisende in weißen Tropenanzügen, das Wort »Machete«. »Das läuft hier total aus dem Ruder«, sage ich, »es dauert nicht mehr lange, und wir kommen hier nicht mehr durch.«

»Bof, ça ne risque rien …«, sagt Bruno, während er mit wüsten Bewegungen die Lianen auseinanderreißt, »kein Problem.« Ich befinde mich noch in einer Phase, in der mich diese Worte beruhigen. Ich schiebe eine große Masse Blätter beiseite und betrachte die Stahldrähte, die an den Pfosten befestigt sind und an denen der Wein entlangwachsen soll. Die mittleren zwei Drähte kann man lösen und auf den Boden legen, um sie später, wenn der Bewuchs hoch genug ist, aufzunehmen und den Wein zwischen den Drähten zu befestigen. Jetzt sehe ich, was wir falsch gemacht haben: Wir haben die Drähte nicht abgemacht, sodass der Wein wild an ihnen entlanggerankt ist. Ich

versuche, ein paar der langen Seitentriebe trotzdem zwischen die Drähte zu flechten. Es ist schwierig, aber es funktioniert. Erleichtert schaue ich Bruno an. »Siehst du, es geht noch«, sage ich. *»Ah, mais non!«*, ruft er sofort, »das ist unmöglich, viel zu viel Arbeit, wie kommen Sie darauf?« Er sieht sich offenbar schon durch den Weingarten joggen, während ein komfortabler Traktor mit Klimaanlage bereitsteht. »Da kann ich doch mit dem Vorschneider durchfahren.«

Ich versuche, die Lage einzuschätzen. Es hängt wirklich sehr viel Wein herunter. Wenn wir das alles abschneiden, bleiben nur ein paar armselige Stängel übrig, die niemals genügend Blattoberfläche produzieren würden, damit die Trauben reifen können. Ich denke an meinen Unterricht in *viticulture*, den vorgeschriebenen Quadratmeter pro Rebstock. »Nein, tut mir leid Bruno, wir werden es so machen müssen«, sage ich entschuldigend, eine traurige Gestalt, die einfach nicht zur Chefin taugt. »Ich stelle ein paar Leute ein, damit sie dir helfen, okay?«

Er schaut mir in die Augen, während er leicht den Kopf schüttelt, ein pubertierender Junge, der wütend seine Strafarbeit entgegennimmt. Verärgert steigt er in sein Auto, der Knall der Tür hallt noch eine Zeit lang in meinen Ohren wider.

Am nächsten Tag sind die Frauen aus dem Dorf da. *»Oh, là, là …«*, sagen sie, als sie den Zustand des Weingartens sehen, »was für ein Urwald! Wussten Sie denn nicht, dass Sie die Drähte abmachen müssen?« Ich habe große Lust, mit irgendetwas nach ihnen zu werfen. Als ich zurück ins Haus gehe, stehen drei Arbeiter im Badezimmer auf der oberen Etage und schrauben die Metallschienen für die Toilette fest. Es fällt mir auf, dass nun nur noch wenig Badezimmer übrig ist. Ich nehme mein Rollmaß und widme mich der Angelegenheit.

»Ein Meter neunzig ist ziemlich viel Platz für eine Toilette«, sage ich.

»Gar nicht«, sagen die Männer.

»Wohl!«, sage ich.

Der Elektriker, der im Nebenzimmer arbeitet, kommt herein, ein aufgeregter Junge, der auf eine Prügelei spekuliert. Zufrieden gleitet sein Blick von mir zu den Männern. Als Monsieur Samper eintrifft, gesellt er sich automatisch zu den Männern.

»Es ist nicht zu viel Platz«, sagt jetzt auch Samper.

Ich schaue auf die Uhr, noch 20 Minuten, dann fängt der Unterricht an.

»Ich will eine normale Toilette von 1 Meter oder 1,10 Meter vielleicht. Dann kann ich hier noch einen Schrank reinstellen«, sage ich

»Ja, aber die Toilette ist gut so«, sagt Samper.

»Wo ist das Problem?«, fragt der Elektriker.

»Wir haben wirklich keine Lust, alles wieder abzuschrauben«, sagen die Männer. Sie haben sich in einer Reihe aufgebaut, zu fünft stehen sie mir jetzt gegenüber.

»Diese Toilette wird jetzt genau so eingebaut, wie ich es will!«, rufe ich, während ich zu meiner eigenen Verwunderung zu weinen beginne. Erschrocken schauen die Männer mich an, von der nervigen Niederländerin habe ich mich plötzlich in die verletzliche Frau verwandelt. Sofort lassen die Arbeiter sich auf die Knie fallen und fangen an zu schrauben.

Ich habe einen Stapel Verwaltungsarbeit mit nach Hause genommen. Noch immer verstehe ich nur die Hälfte des französischen Sozial- und Steuerwesens, sodass ich die Kontrolle über die Papierflut inzwischen komplett verloren habe. Ich fülle Formulare zu spät oder verkehrt aus. Alleine heute musste ich 400 Euro Strafe zahlen. Und meine erste Prüfungswoche an der Schule steht bevor.

»Liebes, ich will, dass du jetzt ins Bett gehst!«, sagt Simone, als sie mich kurz nach Mitternacht noch über die Bücher gebeugt vorfindet. Dort steht sie in ihrem Nachthemd mit dem fröhlichen Bären, ein 62-jähriges Mädchen, das immer verzweifelter auf mich einredet. Den Ausdruck »Raubbau an deinem Körper betreiben« höre ich inzwischen täglich und wiederhole ununterbrochen: »Es dauert nicht mehr lange, Mama, nicht mehr lange, dann wird alles gut.« Ich bin froh, dass sie gekommen ist – als letzte Sendbotin der Normalität, während mir das Leben weiter über den Kopf wächst.

Manchmal weiß man erst hinterher, dass man zu weit gegangen ist. Es ist Sommer, und ich sitze mit Miriam und Annemiek auf der Terrasse eines Cafés an der Prinsengracht in Amsterdam. Boote mit netten, gut gekleideten Menschen gleiten über das Wasser, ich höre sie miteinander reden, lachen, ich sehe sie wie durch eine beschlagene Scheibe. »Geht es dir gut?«, fragt Annemiek. Am Tag zuvor war ich mit Simone und den Mädchen an der Küste. Es war drückend warm, und die Menschen tummelten sich am Strand. Wie auf einem schlecht belichteten Foto hatte das weiße Licht alle anderen Farben verdrängt. Ich war alleine ins Meer hineingelaufen, immer weiter hinein ins seichte Wasser. Ich hatte an das Weingut gedacht, die Weinfelder, die Schule – hatte das Gefühl gehabt, dass etwas Schweres mich nach unten zieht. Mein Blick war auf den Horizont gerichtet, und ich war immer weiter gelaufen, bis das Wasser meine Brust erreichte. Noch ein wenig weiter, und du hast das alles hinter dir, hatte ich gedacht, wirklich, das hatte ich gedacht, bevor ich all meine Kraft dazu einsetzte, mich umzudrehen und zurück zur Küste zu schwimmen.

»Du bist aber ziemlich dünn geworden«, bemerkt Miriam vorsichtig. Sie schenkt mir noch ein Glas Wein ein, lehnt sich zu mir hinüber, es fühlt sich an, als würde eine Tasche mit schweren Steinen allmählich von meinem Rücken gleiten. Ich blicke zu den Menschen auf dem Wasser hinüber, sehe sie jetzt scharf, merke, wie glücklich sie alle sind. Ich sehe jetzt auch mich selbst, meinen Körper, so dünn, dass schon seit ein paar Monaten meine Regelblutung ausgeblieben ist. Fast verschwunden sind auch meine Brüste, die ich immer zu groß fand, die ich jetzt aber vermisse.

»Gut«, sage ich, »dann werden wir jetzt erst einmal eine Käseplatte bestellen.«

13

Es ist, als hätte mich jemand wachgerüttelt. Als ich wieder in Frankreich bin, nutze ich die letzten Wochen der Sommerferien, um meinen Akku weiter aufzuladen. Es ist nur wenig Büroarbeit zu erledigen, die Bauarbeiter sind in der Sommerpause. Ich zwinge mich, ruhig ein Buch zu lesen, unternehme lange Wanderungen mit den Mädchen, fahre mit ihnen zu einem Kinderbauernhof und entdecke aufs Neue, wie lieb und süß und klein sie sind. Im Kühlschrank stehen jetzt regelmäßig zwei Tüten Schlagsahne und eine Flasche mit fettem Trinkjoghurt – es wirkt.

An diesem Nachmittag bin ich auf dem Gut mit einem Weinanalytiker verabredet, der Önologe ist mir in der Schule empfohlen worden. Die Trauben sind fast tiefviolett, es wird nicht mehr lange dauern bis zur Ernte. Also gehe ich mit Bruno durch den Weinkeller. »Du wirst alle Weinfässer reinigen müssen«, sage ich, während ich mich fieberhaft frage, wie und mit welchem Mittel Bruno das im vergangenen Jahr gemacht hat.

»Okay, dann werde ich schon mal die Hochdruckreiniger reinholen«, sagt Bruno, »und ich meine, es ist auch noch genügend Oxigrap da.« Natürlich, denke ich erleichtert, er hat letztes Jahr mit Mia zusammengearbeitet, er weiß doch ein paar Dinge.

In einer Staubwolke steigt ein kleiner Mann aus einem weißen Auto vor dem Weinkeller. Er begutachtet mich von Kopf bis Fuß und nickt zufrieden. »Xavier Billet«, stellt er sich vor, *»alors, c'est vous la vigneronne?«* Ich nicke, woraufhin das Grinsen des Mannes noch ein wenig breiter wird. »Hmmm!«, sagt er zufrieden. Ich betrachte die Wölbung seines Bauches, seine zufriedenen kleinen Augen und kann mir ohne große Anstrengung vorstellen, wie er an einem gut gedeckten Tisch sitzt.

Ich lade ihn ein, in den Weinkeller zu kommen, stelle ihm Bruno vor, der schwankend eine Leiter herunterklettert, um Xavier Billet dann seine feuchte Hand zu geben. »Nicht schlecht!«, sagt Xavier, als er die glänzende Presse und den neuen Entstieler beklopft. Ich zeige ihm den Sortiertisch und den Fasskeller, schließlich gehen wir ins Haus, wo wir den Wein vom vorigen Jahr probieren. »Was an dem Wein finden Sie gelungen?«, fragt er, »was wollen Sie verbessern?«

Mir fällt auf, dass mir diese Fragen zum ersten Mal gestellt werden – unsicher probiere ich den Wein noch einmal. »Ähm, ich finde, dass er schön fruchtig ist, und er hat eine gute Konzentration«, sage ich »aber, ähm, ich hätte ihn gern ein wenig frischer, weniger schwer.« Ich vermute, dass es für diese Eindrücke technischere Begriffe gibt.

Xavier blättert in den Unterlagen vom Vorjahr.

»Vielleicht sollten Sie versuchen, die Temperatur nicht zu stark steigen zu lassen«, sagt er ruhig und nachdenklich. Als er weggeht, lässt er mir einen Stapel Broschüren da, in denen die verschiedenen Stadien der Weinherstellung erläutert werden. Ich blättere alle durch, vergleiche sie mit dem, was ich auf der Schule gelernt habe, und stelle fest, dass ich das Gelesene tatsächlich begreife.

Diesmal darf ich bestimmen, wann die Trauben reif sind. Jeden Morgen gehe ich durch die Weinfelder, ich fühle, ich schmecke, stecke die berühmten 200 Trauben in eine abgeschnittene Wasserflasche. Zwei Mal in der Woche holt Xavier Billet sie ab. Aufmerksam studiere ich die Aufstellungen, die er mir anschließend faxt. Ich verstehe nicht alles, aber erleichtert stelle ich fest, dass er jedes Mal in seiner sauberen Handschrift Anmerkungen unten auf die Seite setzt – jeden Tag lerne ich etwas Neues.

Auf einmal ist es so weit – die Erntehelfer sind angekommen. Ich stehe mit Thomas im Weinkeller, einem jungen Mann aus meiner Klasse, der im letzten Jahr ein Praktikum bei dem Weinhersteller Domergue gemacht hat und daher ganz sicher mehr weiß als ich. Der Keller ist blitzblank. Ich bin in alle Betonfässer geklettert und habe die Wände mit verdünnter Zitronensäure versiegelt, es riecht frisch und sauber, und alles ist bereit für die neuen Trauben. Wir mussten ein wenig herumprobieren, um alle Maschinen richtig aufzustellen: erst den Sortiertisch, dann das Transportband, die Maschine zum Entstielen der Trauben, und ... oh ja, die Pumpe gehört auch noch dazwischen. Und der dicke rote Schlauch, wie schließen wir den jetzt an? Jedenfalls steht jetzt alles auf seinem Platz und glänzt sanft im Morgenlicht. Ich genieße das erhabene Gefühl, bis ich das anschwellende Grollen höre. Eine Ladung Trauben wird gebracht! Plötzlich gleiten sie in großen Mengen vor mir über den Sortiertisch. Ich betrachte sie, probiere sie, sie sind um so vieles gesünder als im letzten Jahr.

Ich blicke ihnen nach, als sie über das Band nach oben gleiten und dann entstielt werden, alles scheint gut zu gehen. Doch dann: Peng! Irgendwo im Hintergrund fällt etwas Schweres auf den Boden. »*La pompe! La pompe!*«, schreit Thomas. Ich renne in den Weinkeller und habe innerhalb von Sekunden die Pumpe abgestellt. Mit einer letzten pulsierenden Bewegung spuckt sie noch ein paar Trauben auf den Boden. »Wir haben den Schlauch nicht festgemacht!«, konstatiere ich.

Ich gehe in den Schuppen neben dem Weinkeller – in einem Haufen Müll finde ich ein Stück Elektrokabel, mit dem ich auf die Presse klettere. Zusammen mit Thomas wuchte ich den bleischweren Schlauch nach oben. Wir drücken ihn, so gut es geht, in die Öffnung, dann befestige ich ihn mit einer festen Schlaufe. Noch während wir die letzten Trauben wegschaufeln, hören wir wieder das anschwellende Brummen. Eine neue Ladung.

Ich nehme meine Rechenmaschine: Eine kleine Menge Schwefeldioxid muss den Trauben hinzugefügt werden. Ich rechne noch einmal nach, ob die Menge richtig ist, die ich abgemessen habe, ich will auf keinen Fall zu viel nehmen. Dann gehe ich zu der großen Gasflasche mit dem Kohlendioxid und pumpe noch etwas davon in die Presse und in den Behälter darunter. Die größte Gefahr bei Weißwein ist, dass er oxydiert. Dadurch wird er braun, das Aroma flach. Wie oft habe ich Weißweine mit einer braunen Färbung probiert, ohne jede Frische. Schwefeldioxid schützt den Wein vor dem Oxydieren. Der weiße Grenache ist in dieser Hinsicht noch anfälliger als andere Rebsorten. Beinahe manisch beobachte ich die Trauben. Den gesamten Saft, der aus der Presse kommt, pumpe ich direkt in ein gekühltes Fass, in dem eine dicke Schicht Gas liegt. So sollte es funktionieren.

Als die Ladung verarbeitet ist, gehe ich nach draußen, um die Temperatur der Kühlmaschine zu kontrollieren. Ich sehe, dass der kleine Kontrollschirm schwarz ist – ich stelle den Apparat an, wieder aus, nichts passiert. Ich rufe Thomas dazu, der es auch nicht versteht. *»Oh merde!«*, rufe ich – wieder einmal zerplatzt die Illusion von einer Chefin, die genau weiß, was sie zu tun hat.

Was jetzt, was jetzt?, denke ich, während ich wahllos auf die Knöpfe drücke und nervös vor dem Apparat hin und her laufe. Wenn wir nicht kühlen, misslingt der Wein schon jetzt – ich bin eine Anfängerin, die Dinge funktionieren nur, wenn ich mich genau an die Anweisungen halte. Auf dem Apparat steht eine Telefonnummer, die ich kurzatmig anrufe. Im Hintergrund wird eine neue Ladung Trauben aufs Grundstück gefahren. Das Geräusch schwillt an, angespannt drücke ich das Telefon gegen mein Ohr. Ich begreife kein Wort von den Anweisungen, die in einem schweren südlichen Akzent aus dem Hörer quellen. Ich beginne zu hyperventilieren. »Gut, gut, ich komme schon«, höre ich schließlich die Stimme aus dem Telefon sagen.

»Ich habe zwei Sicherungen ausgetauscht«, sagt ein schwitzender dicker Mann fast eine Stunde später, »aber der Apparat ist nicht mehr richtig eingestellt. Haben Sie ein wenig zu oft auf die Knöpfe gedrückt?« Ich lache nur und konzentriere mich auf mein Notizbuch, in dem ich Schritt für Schritt alles festhalte, was er macht – das passiert mir nicht noch einmal. Im Hintergrund erklingt das Geräusch eines lauter werdenden Motors – noch mehr Trauben. Zeit, zum Sortiertisch zurückzukehren.

Zufrieden beobachte ich am nächsten Tag, wie das Sonnenlicht durch die Kunststoffwände des hohen Fasses scheint, wie winzige Wassertropfen sich auf dem Kühlelement aus Edelstahl bilden. Ich nehme einen Messbecher – die Temperatur ist genau richtig, noch einen Tag, und wir können den Wein zum ersten Mal in ein anderes Fass hinüberpumpen, sodass die festen Teile im ersten Fass zurückbleiben. Danach werde ich die Temperatur erhöhen, und die Fermentierung kann beginnen. Alles verläuft nach Plan, ich fange sogar an, es zu genießen.

Am Abend kommt Aad nach Hause. Als er mit großen Schritten auf den Weinkeller zuläuft, sehe ich, wie die Erntehelfer begeistert zu ihm aufschauen. Gott sei Dank, sehe ich sie denken, der richtige Chef ist wieder da. Noch bevor ich mich freuen kann, dass Aad zurück ist, hat er schon seinen ersten Befehl erteilt: »Behältst du die Temperatur für den Weißen auch im Auge?«, fragt er, während ich mich mit zwei anderen Leuten unterhalte. Bruno geht auf ihn zu: »Lidewij möchte, dass ich den Rosé in Fass vier hinüberpumpe, ist das in Ordnung?« »Natürlich«, antwortet Aad und nickt.

Ich betrachte den großen Mann aus der Entfernung, stelle mir vor, wie ich in einem hungrigen Abflussloch verschwinde. Warum bin ich eigentlich noch hier? Aad kann ja auch nichts dafür, dass jeder ihn für den Chef hält, versuche ich zu denken, er hat auch Freude daran, Wein zu machen. Es gelingt mir wieder nicht, die großzügige Ehefrau zu spielen, die bei seiner Ankunft lächelnd einen Schritt zur Seite tritt. Ich fühle, wie ich wütend werde, lasse mich dann aber wieder mitreißen von unserem alten Konkurrenzstreit.

Das Haus auf dem Weingut ist fertiggestellt. Wir ziehen um, auch wenn vor der Tür immer noch der Betonmischer steht, Bretter herumliegen, Männer mit ihren matschigen Schuhen über das Spielzeug der Mädchen laufen. Überall ist Staub. Der hellbeige Boden aus Parefeuilles-Fliesen geht hinter der Eingangstür in Sandberge und eine Fläche voller Unkraut über, das in aller Ruhe auf seine Chance wartet, das Haus in Besitz zu nehmen. Das erinnert mich an eine Ausstellung, die ich einmal besucht habe – Bilder und Lithographien illustrierten die Idealvorstellungen der Landschaftsarchitektur, die sich mit den Jahren immer wieder veränderten. Genau wie jeder andere Zeitgenosse hatte ich die kerzengeraden, geometrischen Gärten des 18. Jahrhunderts als zwanghaft und unnatürlich empfunden. Jetzt verstehe ich die Menschen jener Zeit plötzlich sehr gut. Sie waren von Gestrüpp umgeben, das sich ihnen allmählich näherte. Deshalb waren sie glücklich, wenn sie auf geharkte Plätze und auf zu Obelisken gezwungene Buchsbaumhecken blickten. Es geht dabei um das Recht des Stärkeren.

»Was ist es hier doch schön«, sagt Aad, als er an diesem Wochenende über den Bauschutt steigt. Da steht er, der zufriedene Eigentümer. Ich betrachte seine teure Sonnenbrille und die Schuhe mit den glatten Sohlen und dann meine alte Weste und die schlammigen Stiefel – ein Außenstehender würde kaum Gemeinsamkeiten feststellen.

Am Frühstückstisch lese ich einen Artikel, den Aad für eine niederländische Zeitschrift geschrieben hat. »Château Kuijper« heißt seine feste Rubrik. Leicht und voller Begeisterung schreibt er über seine mit Wein befleckten Hände, über die Anmut des Bauernlebens. Ich bin verbittert und fühle mich auf eine kindliche Art ausgeschlossen. Der Weinhandel »Okhuysen« druckt in einem Kundenmagazin auch einen langen Text über »Aad und seine Damen«. Es ist ein gut geschriebener, wohlwollender Text, und dennoch machen mich Sätze wie dieser wütend: »... bedankt er sich bei seiner Frau Lidewij und den drei kleinen Töchtern, die immer mit anpackten und auch in schwierigen Momenten hinter ihm standen.«

»Mithalfen ...«, grummele ich. »Egal, was ich tue – mein Platz ist bereits festgelegt: Ich stehe auf derselben Ebene wie ein Baby und zwei Schulkinder.«

In der Schule sind von 24 angehenden Winzern aus dem ersten Jahr noch neun übriggeblieben. Die semi-akademischen Unterrichtsstunden von Domergue und der detaillierte Kurs in Buchhaltung haben die überforderten Bauernsöhne einen nach dem anderen verjagt – mit einem Grüppchen Überlebender besuchen wir heute die Weingüter in der Umgebung.

»*Macération carbonique* ist eine sehr gute Methode, um die Rebsorte Carignan zu verarbeiten«, sagt der Winzer in Saint Chinian. Kohlensäuremaischung also! Ich notiere das Gehörte eifrig in mein Notizbuch.

»Alles nur keine Kohlensäuremaischung«, sagt ein anderer Winzer ein paar Tage später, »der Wein wird so übertrieben fruchtig, hat keinen Charakter. Die klassische Weinherstellung ist viel besser.« Ich notiere auch das.

»Man muss den Wein häufig umpumpen, um so viel Geschmack wie möglich aus den Trauben zu holen«, sagt wieder ein anderer Winzer. »Gerade nicht«, sagt der vierte, »je häufiger man umpumpt, desto härter werden die Tannine.«

Winzer X plädiert für eine Gärung in Holzfässern, der nächste sagt, dass nichts besser sei als Beton. Eine pneumatische Presse müsse man haben. Nein, gerade nicht, nichts gehe über die alte vertikale Presse mit einem Holzbrett. Mit einer seltsamen Mischung aus Zufriedenheit und Unruhe komme ich zu dem Ergebnis, dass das Thema Weinherstellung noch lange nicht abgehandelt ist.

An diesem Samstag arbeiten Aad und ich mit Xavier Billet an der neuen *assemblage*, der richtigen Mischung der verschiedenen Weinsorten. Aus allen Fässern haben wir kleine Flaschen abgezapft, die jetzt aufgereiht vor uns auf dem Tisch stehen. Syrah, Fass sieben, 60 Hektoliter; Grenache, Fass vier, 50 Hektoliter; Carignan, Fass zwölf, 40 Hektoliter; neun Flaschen insgesamt. Wir haben auch den Wein vom Vorjahr dazugestellt, an dem wir konzentriert riechen und ihn dann probieren. In der letzten Zeit habe ich viele Weine von anderen Weingütern aus der Umgebung verkostet – manchmal mit der Schule, manchmal an den Wochenenden mit Aad. Zu meiner Überraschung waren sie häufig sehr simpel, zu viel Alkohol, ein Geschmack wie gekochte Früchte.

Vorsichtig probieren wir die Weine, die vor uns stehen. »Sie schmecken frischer, weniger schwer als viele andere Weine aus der Region«, sage ich zu Xavier, »wie kommt das?« Er betrachtet seine Analysen: »Der Säuregrad ist sehr gut«, sagt er, »das sind keine von der Sonne ausgedörrten Trauben. Ihr habt offensichtlich genügend Wasser im Boden, da könnt ihr euch wirklich glücklich schätzen.«

Dann stellt er aus den Weinen auf dem Tisch verschiedene *assemblages* her, ohne dass Aad und ich seine Auswahl sehen. Es ist unglaublich, dass fünf Prozent mehr oder weniger von einer bestimmten Rebsorte ein völlig anderes Resultat ergeben. Schließlich stehen sechs Flaschen vor uns, von denen wir nicht wissen, welche Mischung sie enthalten. Unabhängig voneinander probieren wir sie, machen uns Notizen und vergleichen unsere Ergebnisse miteinander. Nach zwei Stunden küren wir gemeinsam eine Mischung aus Grenache, Syrah und Carignan zur neuen Marke *La Dame*.

Im Büro gleitet mein Blick über die Ordner, die sich an der Wand aufreihen. Ich schenke dem überquellenden Ordner mit den Kostenaufstellungen keinerlei Beachtung und greife nach einer dünnen violetten Mappe, die daneben liegt. Darauf habe ich mit einem schwarzen Stift »Einnahmen« geschrieben. Sie wirkt noch so gut wie neu, obwohl sie jetzt schon zwei Jahre in Gebrauch ist. Ich schlage sie auf: Sie enthält insgesamt vier Blätter, darunter eine bemerkenswerte Rechnung, die ich sorgfältig eingebunden habe. Es ist die allererste Bestellung vom Weinhandel »Okhuysen«, die nach unserer ersten Flaschenabfüllung getätigt und fast gleichzeitig abgeholt wurde.

Dann eine Rechnung für den Abnehmer mit dem glänzenden Tankwagen, der einen Großteil unserer Produktion für einen Bruchteil der Kosten übernommen hat. Ganz sicher ist dieser Wein inzwischen mit anderen qualitativ minderwertigen Weinen vermischt und unter irgendeinem Phantasielabel in Flaschen abgefüllt worden. Man wird ihn wohl in irgendeinem Supermarkt kaufen können.

Schließlich betrachte ich die Rechnung für Hans, einen Freund von Aad, der einen kleinen Bus gemietet hatte, um eine

Palette in die Niederlande mitzunehmen. Und schließlich die Rechnung für Gérard vom Château, ein paar Kartons für das Restaurant. Das ist alles. Ich blättere noch die Papiere durch. Nein, mehr ist es tatsächlich nicht.

Und jetzt sind die Fässer wieder voll. In ein paar Monaten können wir den Weißen und den Rosé auf Flaschen ziehen. Die roten Weine werden noch ein wenig warten müssen, aber es sieht so aus, dass der allergrößte Teil gut genug ist, in Flaschen abgefüllt zu werden. Fragt sich nur, an wen wir den Wein verkaufen!?

Theoretisch ist es einfach: »Wir müssen nur in mehreren Ländern jemanden wie Okhuysen finden«, sage ich zu Aad, als wir mit einem Kaffee am halb abgeräumten Frühstückstisch sitzen. »Okhuysen ist wählerisch. Wenn sie den Wein anbieten, wird es doch noch mehr Leute geben, die sich für ihn interessieren.« Dann betrachte ich die Sache wieder mit etwas mehr Abstand: Außerhalb der Niederlande sind wir ein völlig unbekanntes Ehepaar, das einen Wein herstellt, von dem noch nie jemand gehört hat.

Ich frage mich ehrlich, ob es uns jemals gelingen wird, vom Weingut zu leben.

Aad und ich stehen in einer riesigen Lagerhalle mit surrender Klimaanlage hinter einem Plastiktisch. 3000 Euro haben wir bezahlt, um einen Platz unter hunderten, vielleicht tausenden anderen Weinproduzenten aus aller Welt zu ergattern. 3000 Euro für einen leeren Tisch mit einem Regal dahinter und zwei wackligen Klappstühlen. Über die langen Gänge schlendern Männer in billigen Konfektionsanzügen oder in informellen Jacketts, die etwas modischer wirken sollen. Wir wissen schon bald, dass die ersten Einkäufer der Supermärkte sind und die zweiten kleine Weinhändler. Bei einem Mann in einem etwas besseren Anzug handelt es sich vermutlich um einen Einkäufer von einem anspruchsvolleren Weingeschäft wie »Okhuysen«. Die Männer schlendern unkonzentriert an uns vorbei. Manchmal lassen sie den Blick über unsere Flaschen gleiten, über unsere Gesichter und Körper, gehen aber dann weiter. Die Minuten reihen sich aneinander, gerinnen zu einem Brei, in dem Gesichter ohne jede Bedeutung treiben, und ich wünsche mich an einen fernen Ort.

Elf Uhr. Die Messe ist seit zwei Stunden geöffnet, aber noch immer hat sich niemand unseren Stand angeschaut. Ich habe inzwischen ein verkrampftes Lächeln auf dem Gesicht und sehe den Leuten beinahe drohend in die Augen. Aad steht breitbeinig da und wirft seinen Körper wie ein lebendes Netz vor unseren Stand. Ein kleiner, ängstlicher Mann in einem braunen Jackett sitzt als Erster in der Falle. Plötzlich steht er vor dem Tisch, furchtsam schaut er Aad und mich an. Er will flüchten, doch ich drücke schnell ein Glas Weißwein in seine Hand, während Aad mit großen Gesten erläutert, warum dies der beste Wein der ganzen Messe ist.

»Yes, yes, sure«, sagt der Mann ausweichend. Er probiert und schaut uns überrascht an. *»Not bad«*, sagt er, »schöner Säuregrad, frisch ... ja. Interessant.« Höflich probiert er auch den Rosé und die zwei Rotweine. Aad lässt die Werbetrommel jetzt im höchsten Gang laufen: phantastischer Abgang, der beste Weinhandel der Niederlande bietet ihn an, so und so viele Paletten seien verfügbar.

Der Mann schrumpft noch weiter zusammen, eine scheue Katze, die sich fast hätte streicheln lassen, sich dann doch auf den Boden drückt. »Könnten Sie mir Ihre Karte dalassen?«, frage ich schnell, bevor er endgültig weggleitet. Der Mann sucht in der Innentasche seines Jacketts, legt eine in Weiß und Grün gehaltene Visitenkarte auf den Tisch und verschwindet, ein Rücken, der sich langsam in der Menge verliert. Regelmäßig treibt Aad jetzt Männer an unseren Stand. Die Reaktionen auf den Wein sind ziemlich gut, das Wort »interessant« ist immer wieder zu hören. Zufrieden sortiere ich den langsam anwachsenden Stapel Visitenkarten. Es sollte kein Problem sein, die 3000 Euro wieder hereinzuholen.

»Ich bin jetzt seit 20 Jahren auf Weinmessen«, sagt eine müde Frau drei Tische weiter, die gemeinsam mit ihrem ein wenig verlebten Mann ein Weingut im Faugères betreibt. Ich sehe sie vor mir, wie sie zusammen Wein schneiden im kalten Nordwind. Die Ehe als Ausdauersport. Auch hier halten sie gemeinsam durch, stehen hinter ihrem Tischchen, ein staubiger Weinstock, der wohl auch schon viele Messen hinter sich hat, liegt als Dekoration neben ihren Flaschen. »Man kann nicht damit rechnen, dass es etwas bringt«, sagt sie, »es dauert immer ungefähr drei Jahre vom ersten Kontakt bis zur ersten Bestellung. Das ist einfach so.«

Ihr Nachbar, ein stämmiger Winzer aus Saint Chinian, kommt zu uns hinüber. *»Oui, c'est comme ça«*, sagt er. Ein paar Jahre müsse man schon auf Messen gehen, um Kunden zu finden, und dann müsse man sich auf Messen sehen lassen, um sie zu halten.

Bei uns ist das anders, denke ich beschwörend, als ich kurze Zeit später auf der Toilette mein Haar hochstecke. Wir haben einen guten Wein, wir haben eine gute Ausstrahlung, wir sprechen verschiedene Sprachen. Ich schaue in den Spiegel und sehe vor meinem inneren Auge den durchgeknallten Manager eines Footballteams aus dem amerikanischen Dokumentarfilm, der vor ein paar Wochen lief. »Go tigers!«

Schweigend stelle ich mich wieder zu Aad hinter den Stand. »Ist noch jemand da gewesen?«, frage ich dann. Er schüttelt den Kopf. »Soll ich uns noch einen Kaffee holen?«

14

In einem kleinen Raum mit alten Computern arbeite ich an meiner Abschlussarbeit. Meine »Ètude d'une Exploitation viti-vinicole« kostet mich mehr Energie als mein Universitätsabschluss. Es ist so schon schwierig genug, zu erläutern, wie ich das Weingut aus technischer Sicht neu strukturieren will, aber es ist noch viel schwieriger, das auf Französisch auszudrücken. Ich arbeite bis in die Nacht mit Rechenprogrammen, mit denen ich alle Investitionen und möglichen Einkünfte für die nächsten fünf Jahre berechne.

In den Abendstunden arbeite ich systematisch die Visitenkarten ab, die ich von der Weinmesse mitgebracht habe. Jeder bekommt eine Mail, die ich so persönlich wie möglich formuliere. Ich versuche an das Gespräch anzuknüpfen, das wir geführt haben, an den Wein, der der Person am besten gefallen hat. Von den wenigsten bekomme ich eine Antwort, aber von dem einen oder anderen doch, wie zum Beispiel von Jörg Georg, dem hippen Deutschen mit der auffallenden schwarzen Brille, der mit seinem Bruder eine Weinhandlung eröffnen möchte.

Ein kultivierter Herr aus Stolberg faxt eine erste Bestellung: zehn Kartons des teuersten Rotweins, 30 Kartons Weißen. Es gibt sogar einen unverhofften Glückstreffer: Ein Catering-Service aus Düsseldorf ordert einfach so eine ganze Palette im Wert von beinahe 4000 Euro. Erleichterung stellt sich bei uns ein, aber keine Euphorie.

Aad arbeitet noch immer für dieselbe Agentur, aber inzwischen in der Pariser Niederlassung. Das gibt mir das Gefühl, dass er näher bei uns ist, zumindest arbeiten wir im selben Land.

»Diese Franzosen machen mich wahnsinnig«, seufzt er, als wir an diesem Abend mit einem Glas Wein auf dem Sofa sitzen, »diese nervigen Hierarchien, ein Abteilungsleiter, der mir überhaupt keine Freiheiten lässt. Ich habe das Gefühl, wieder ganz von vorne anzufangen.«

»Ach, Liebling«, sage ich, während ich ihm noch ein Glas Wein einschenke. Ich setze mich neben ihn auf das Sofa, lege eine Hand auf sein Bein. »Erzähl, wie war die Woche?«, fordere ich ihn auf. Ich höre mir Geschichten über die Jean-Michels und Frédérics aus Paris an, über diese falschen, ehrgeizigen Männer, die auch ich sofort unsympathisch finde. Ich kann Aad gut verstehen, und wir überlegen gemeinsam, wie er die Situation verändern könnte. Noch während dieses mitfühlenden Gesprächs habe ich plötzlich das Gefühl, dass hier eine andere Seite von mir zum Vorschein kommt: das scheinbar nette Schulmädchen, das sich heimlich freut, weil seine beliebte Freundin auch mal Hilfe braucht. Nachts kuschele ich mich an Aad und genieße die Gewissheit, wieder gebraucht zu werden – eine Verbundenheit, die aus einem gemeinsamen Problem resultiert.

An diesem Morgen gehen wir gemeinsam in den Weinkeller. Aad ist wieder er selbst. Ich betrachte den großen, selbstbewussten Mann, während er kritisch die Fässer in Augenschein nimmt. »Nicht wirklich logisch, dass du den Grenache in Fass zwölf gefüllt hast«, sagt er. »Und guck mal, da in der Ecke, du musst den Wasserschlauch besser aufrollen.«

Vielleicht hat er recht, sicher hat er recht. Doch so wie schwarzer Tee das Wasser allmählich verfärbt, macht sich in meinem Kopf eine unausgesprochene Wut breit, und ich muss mich anstrengen, damit sie nicht nach außen dringt.

30 Kartons Wein, drei Kinder und zwei Erwachsene bewirken, dass Aads Mercedes tief auf der Straße liegt, als wir auf der rechten Spur der Autobahn am Meer entlangfahren, vorbei am Berg der Hafenstadt Sète. Schließlich parken wir vor einem großen, langgestreckten Gebäude aus verwittertem Naturstein. Früher befand sich dort ein dunkler Keller, in dem tausende Hektoliter Landwein hergestellt wurden. Jetzt ist es ein wunderbar umgebauter Raum mit Holzschränken, Kronleuchtern und niedrigen schmiedeeisernen Tischen, auf denen hunderte Flaschen Wein ausgestellt sind. Der Besitzer ist ein großer, kräftiger Mann mit der Ausstrahlung eines deutschen Wirts und einem unerschütterlichen Selbstvertrauen. Mit ausgebreiteten Armen geht er auf Aad zu, auf Aad, den erfolgreichen Mann, denn er liebt den Erfolg. Ein höfliches Küsschen auf die Wange der Mutter und der Kinder, dann schnell zurück zum Familienoberhaupt: Was macht die Werbebranche? Wie läuft es mit dem Wein? Den Weingärten?

Aad gibt freudig Auskunft, erstattet detailliert Bericht, als ob er jeden Tag im Weinkeller schuften würde, und ich stehe daneben und denke, dass ich es nicht erfreulich finde, gemeinsam ein Weingut zu führen.

Es ist Sonntagmorgen. Die Kinder haben ihre Brote gegessen, jetzt sitzen sie in einem Meer von Legosteinen auf dem Boden. Aad und ich unterhalten uns. Über Paris. Über Amsterdam. »Von dieser ständigen Reiserei werde ich todmüde«, sagt Aad. »Freitags bin ich erst um ein Uhr nachts zu Hause, montags sitze ich um sechs schon wieder im Flieger.« Er möchte weniger arbeiten, er vermisst die Kinder. Und dann, zum ersten Mal, spricht er es aus: »Ich möchte zurück in die Niederlande.«

Am Nachmittag backt er mit Laartje Pfannkuchen. Ich betrachte den großen Mann und das kleine Mädchen. »Fast wie eine glückliche Familie«, denke ich.

Als er nach dem Essen Fahrrad fahren will, schlage ich vor mitzukommen. Überrascht schaut er mich an. Je spröder unsere Beziehung wird, desto größere Strecken legt er mit dem Fahrrad zurück, wenn er auf dem Weingut ist. Immer alleine. Doch dieses Mal holen wir auch mein verstaubtes Fahrrad aus dem Schuppen und pflügen mühsam durch den Kies, bis wir den befestigten Weg erreichen. Schon beim ersten Hügel hinter dem Haus hat Aad einen deutlichen Vorsprung. Ich trete wie eine Wilde in die Pedale, aus dem unbegründeten Gefühl heraus, dass ich alles tun muss, um ihn einzuholen.

Völlig erschöpft erreiche ich den ersten Hügel, freue mich, dass ich das steile Stück bewältigt habe, ohne absteigen zu müssen. Ich betrachte die Landschaft vor mir. Wir sind noch keinen Kilometer von unserem Haus entfernt und doch in einer anderen Welt. Anstelle der Laubbäume sieht man auf einen grünen, eindrucksvollen Horizont hinaus, auf dessen ganzer Breite sich die dunklen, kaum bewachsenen Hügel der Montagne Noire ausdehnen. Auf der anderen Seite rasen wir den Hügel wieder hinunter, zwischen Weingärten und Pinien hindurch. Wir fahren weiter, bis zu der Stelle, an der der betonierte Weg endet und sich ein schmaler Sandweg den steilen Berg hinaufwindet. Aad schaut sich immer wieder um, er lacht, als er sieht, dass ich auch auf diesem steilen, steinigen Stück nicht absteige. Auf der Abfahrt hole ich ihn ein und radele neben ihm weiter. Wir strahlen uns an und scheinen die Freunde zu sein, die wir schon immer waren.

Einige Tage später liegen die Mädchen schon im Bett, ich höre noch aufgeregtes Geflüster, die leichten und schnellen Schritte von jemandem, der ins Bad rennt. Das ist Laartje. Ich hole die Gläser vom langen Tisch, stelle die Teller in den Geschirrspüler und gehe gerade zum Tisch zurück, um ihn abzuwischen, als das Telefon klingelt. Mit dem Apparat in der Hand setze ich mich auf das Sofa beim offenen Kamin, schalte die kleine Lampe an und lasse mich in die Kissen sinken. Ich weiß, was mich erwartet. »Nur in Amsterdam kann ich Geld verdienen«, wird Aad sagen.

Ich werde dem entgegenhalten, dass wir doch einfacher leben wollten, dass wir deshalb die Niederlande verlassen haben, dass der Umbau beinahe abgeschlossen ist, dass wir auch hier in der Nähe Möglichkeiten finden könnten, etwas dazuzuverdienen. »Aber ich habe Angst zu verarmen«, wird er sagen.

Ich werde versuchen, ihn zu locken, Aad wird sich tiefer eingraben – zwei gelangweilte Zuschauer, die sich die hundertste Wiederholung desselben Theaterstücks anschauen.

Irgendetwas bewirkt, dass das Gespräch heute anders verläuft.

»Vielleicht können wir beide nicht zusammen ein Weingut führen«, sage ich plötzlich.

»Zwei Kapitäne auf einem Schiff«, sagt Aad.

»Zusammengehörigkeit verfliegt, wenn man nie zusammen ist«, sage ich.

»Ich vermisse die Kinder«, seufzt er.

»Ich vermisse dich«, sage ich, »ich möchte nicht mehr alleine sein.«

Wir betrachten das Problem von allen Seiten. Aad schlägt vor, dass ich wieder in die Niederlande komme und alle zwei Wochen auf das Weingut reise und es auf diese Weise weiter leite. Allein der Gedanke macht mich fertig.

Plötzlich sehe ich keine andere Lösung mehr: »Dann sollten wir versuchen, das Weingut zu verkaufen.« Ich telefoniere in den kommenden Tagen endlos mit Miriam, mit Annemiek, schicke lange Mails, die sie ausführlich beantworten. Und trotz all ihrer Bedenken treibe ich mich selber an, in die gewählte Richtung weiterzugehen. Es muss sein. Das Weingut oder Aad. Wir müssen zurückkehren.

Marijn hat Geburtstag. Wie so oft sehe ich in ihr die zufriedene Katze, so wie sie dort sitzt in ihrer dicken Strickweste, wilde Strähnen ihres blonden Haares haben sich aus ihrem losen Zopf befreit. Alles an ihr möchte ich streicheln, sie ist eine einzige Ansammlung positiver Energie. Der Junge neben ihr hält es nicht länger aus und lehnt sich langsam, beinahe schnurrend an sie. Marijn knurrt ein wenig, aber lässt es zu.

»Sollen wir mit der Schatzsuche anfangen?«, frage ich. Ich habe eine Karte vom Weingut gemacht, auf der die Wege zu sehen sind, habe Bäume eingezeichnet, Wassergräben und die Brücke. »Dürfen wir wirklich alleine gehen?«, fragen die Kinder aus dem Dorf, die ihre Tage vor dem Fernseher verbringen und ihre Geburtstage im *salle communale* am Dorfplatz feiern. Das hier ist plötzlich ganz schön viel Aktivität im Freien. Marijn rennt bereits stolz den Sandweg hinauf. Kurz zögern die anderen, dann rennen alle hinter ihr her und stürmen den Hügel hinauf. Jedes Kind hat eine Karte in der Hand, mit der es den Weg suchen sollte, aber alle lassen sie wie eine Flagge hinter sich her wehen. Marijn gesellt sich zu mir und betrachtet ihre Karte. Sie zieht mich an meiner Hand zu sich herunter. »Es ist die kleine Runde, oder?«, fragt sie verschwörerisch – die kleine Runde, unsere Runde, der Spaziergang, den wir so oft zusammen unternehmen.

Als Einzige schaut sie wirklich auf die Karte und bemerkt, dass an manchen Stellen Kreuze eingezeichnet sind. Da befinden sich umgedrehte Ernteeimer, unter denen ich jeweils einen Auftrag versteckt habe. Solche Spiele sind in Haarlem Normalität, aber hier eine Attraktion. Schließlich kommen wir an den Rand des großen Carignan-Feldes, wo ein Staffellauf stattfinden soll. Die Kinder sollen bei einem bestimmten Weinstock loslaufen, über einen Wassergraben springen, ein Stück weiterrennen, einen anderen Weinstock berühren und dann wieder zurücklaufen. Der betagte Carignan lässt die ungewohnte Aktivität gelassen über sich ergehen. Dann spazieren wir weiter durch den Wald, wo ein blasses, unzufriedenes Mädchen neben mir hertrottet und zum vierten Mal sagt, dass es todmüde sei.

»Wie schade«, sage ich freundlich, »dann machst du wohl lieber nicht mehr mit.« Erschrocken schaut sie mich an. Ihre Mutter ist wohl viel netter.

Unter den hohen Eichen, am Jagdhaus auf dem Grundstück meines Nachbarn Monsieur Escandes, spielen wir »Nicht den Boden berühren«. Die Kinder springen über die Treppen, von dort auf einen Baumstumpf, auf eine Mauer, auf einen großen Stein und so weiter. Marijn lacht mich an, stolz, sie scheint zu schweben, ihre Wangen glühen vor Aufregung. Ich blicke in die weiche, neblige Landschaft, die sich wie in hintereinanderstehenden Kulissen bis zur Küste erstreckt. Etwas in mir zieht sich schmerzlich zusammen – bald sind wir nicht mehr hier.

300 Kilometer entfernt. Eine große Halle in Haarlem, eine Weinmesse von »Okhuysen«. Brenda, die Assistentin von Xavier van Okhuysen, hat mich im strömenden Regen vom Bahnhof abgeholt. Energisch hat sie mein Gepäck in ihren Familienwagen gestellt. Ich habe die Krümel gesehen, die ihr Sohn dort hinterlassen hat – sie ist jung, voller Tatendrang und sehr nett.

Mit großen Schritten geht sie mir nun durch die Halle voraus, die mit Tischen vollgestellt ist und in der dutzende Menschen mit einem Glas in der Hand hin- und herlaufen. Ich folge ihr mit meinem kleinen Koffer, komme an Xavier vorbei, der mir einen Kuss gibt, und sehe auch seinen Vater, Louis. Es ist schön, hier zu sein. Aad steht schon hinter einem der Tische in der Ecke – mit großen Gesten präsentiert er einem Mann in moosgrüner Bundfaltenhose einen Wein. Ich geselle mich zu ihm, schaue mich um. Die hohen Regale mit den Weinpaletten sind zur Seite geschoben worden. An mehreren Tischen lassen Produzenten nun ihren Wein verkosten. Ich erkenne die beiden Brüder aus dem Burgund mit ihren Weißweinen, den großen, ruhigen Mann mit seinem Dessertwein, einen vornehmen Herrn aus dem Bordelais. In der Mitte des Raumes steht ein langer Tisch mit dutzenden geöffneten Flaschen. Beinahe ausgehungert schleichen große Gruppen Menschen darum herum, es ist die Chance des Jahres, kostenlos einen *Haut-Brion* zu probieren, einen *Haut-Marbuzet*, einen *Yquem* vielleicht. Ein älteres Ehepaar löst sich aus der Menge und kommt auf unseren Tisch zu.

»Ach, wie schön Sie wiederzusehen!«, sagt die Dame. Sie hat einen blonden Pagenschnitt und fröhliche Augen. Sie schmiegt sich an ihren Mann, völlig ungezwungen und als Zeichen ihrer Zusammengehörigkeit. »Letztes Jahr haben wir Ihren Wein auch probiert«, sagt sie, »Sie haben uns Fotos vom Weingut gezeigt – wunderschön. Und wie geht es Ihren Töchtern? Wie alt sind sie?« Sie erzählt uns, welchen unserer Weine sie gekauft hat, zu welchem Anlass sie ihn getrunken hat, wie ihre Gäste ihn fanden – eine sympathische Frau.

Es macht mir Freude, mit meinen Weinen einen Platz in ihrem Leben einzunehmen.

Ein junges Paar kommt an unseren Tisch und erzählt uns, dass es immer eine Flasche *La Dame* im Haus habe, dann ein Vater und sein Sohn, die wir aus dem letzten Jahr kennen, und ein glücklicher junger Mann, der eine Ausbildung zum Winzer macht. Ich stelle fest, wie viele nette, interessierte Menschen hier sind – wie viel näher mir diese Menschen sind als wer auch immer in Murviel. Vor noch nicht allzu langer Zeit wohnten wir in derselben Stadt, gingen unsere Kinder auf dieselbe Schule, arbeiteten wir womöglich im gleichen Beruf. Manchmal hatten wir sogar die gleichen Träume. Jetzt trinken all diese Menschen unseren Wein, und damit ist mein Traum wahr geworden: *Mas des Dames* lebt.

Etwas weiter entfernt steht eine junge Frau mit kurzen blonden Locken hinter einem der Tische. Sie trägt eine Hose aus grober Baumwolle, eine einfache Weste und wird ungefähr so alt sein wie ich, Ende 30. Sofort habe ich das Gefühl, dass ich sie mag. Als sie auf mich zukommt, fällt mir ihr analytischer Blick auf, aber dahinter entdecke ich eine überraschende Sanftmütigkeit. *»Je m'appelle Anne«*, stellt sie sich vor.

Sie ist hier, um die Weine ihrer Mutter verkosten zu lassen. Sie selbst wohnt in Paris, hat eine Top-Funktion in der Finanzwelt, aber alle zwei Wochen reist sie in die Provence, um auf dem Weingut mitzuhelfen. Ich verbringe in den kommenden Tagen viel Zeit mit ihr. Anne ist die erste Französin, mit der ich wie mit einer niederländischen Freundin spreche.

Am nächsten Tag strömen Menschen aus dem Gastgewerbe in die Halle. Ein paar junge Männer begrüßen Aad wie einen alten Freund. Unser Wein steht auf ihrer Karte, und Aad isst regelmäßig in ihrem Restaurant. Sie tauschen Erinnerungen aus, Geschichten über Menschen, die ich nicht kenne, über eine Welt, an der ich keinen Anteil habe. Ich freue mich, dass ihnen die Weine zusagen, bin froh, dass Aad nette Menschen kennt – aber auch überrascht. Überrascht darüber, dass ich das nicht früher bemerkt habe: Ich bin nicht die Einzige, die sich ein neues Leben aufgebaut hat.

Ich reise alleine zurück zum Weingut. Als der Morgen sich seinem Ende zuneigt und die Sonne durchbricht, gehe ich zu Bruno in die Weinfelder, wo wir gemeinsam einen Teil des Carignan hinter dem Haus schneiden – er mit seiner Akku-Schere, ich mit einer großen orangen Rebschere. Er ist schneller als ich und kommt ab und zu in meine Reihe hinüber, um ein paar Stöcke zu bearbeiten. Meine Reflexe vom vergangenen Winter funktionieren noch einwandfrei – es ist wie Fahrrad fahren oder Schlittschuh laufen, ein Automatismus, den man nie verlernt. Bei jedem Rebstock überlege ich, welche Triebe stehen bleiben sollen, den Rest entferne ich, und schneide sorgfältig auch die toten Reste weg, dann gehe ich weiter zum nächsten Weinstock.

Überall stehen *plumettes* in den Weinfeldern, ein hohes Gras mit flauschigen weißen Blüten. Eigentlich hatte Bruno versprochen es auszureißen, aber überall zeichnet sich der weiße Flaum noch von der roten Erde ab. Ich schlage vor, dass sich jeder eine Reihe vornimmt und links und rechts die Gräser ausrupft, die noch zwischen den Rebstöcken stehen. Sie lassen sich leicht aus der körnigen Erde entfernen, aber Bruno ächzt jedes Mal, wenn er sich bücken muss. Am Ende der Reihe ist sein Gesicht leuchtend rot, und Schweißtropfen laufen über seine Wangen. Auch für einen jungen Mann von 28 Jahren ist ein Übergewicht von 40 Kilo eine Menge. Also beschließe ich, das Projekt zu beenden, und träume das erste Mal von einem Intercep, einem Gerät, das man zur maschinellen Entfernung des Unkrauts seitlich am Traktor befestigen kann.

Wir schneiden weiter, Weinstock für Weinstock für Weinstock. Ich beobachte Bruno, wie er sich langsam in der Reihe vorarbeitet, ernst und völlig natürlich. Ich dagegen mache mir ständig Gedanken: Ich bin hier, aber gleichzeitig in meinem Büro, ich denke an eine Rechnung, die ich hätte bezahlen müssen, eine Mail, die beantwortet werden will, an die Mädchen, die neue Schuhe brauchen, die Unordnung im Haus. Wir schneiden weiter, bis zum Ende der Reihe. Bruno steckt sich eine Zigarette an, zufrieden betrachtet er das Stück, das hinter uns liegt. Dann biegen wir um die Ecke, fangen mit einer neuen

Reihe an. Weinstock für Weinstock für Weinstock. Ich denke an meine Ehe, daran, dass wir weggehen müssen, an Miriam und Annemiek, an Simone, an Rex, an Carla, an ein paar weitere Mails, und schließlich frage ich mich: Ist diese Eintönigkeit wirklich etwas für mich? Ist es wirklich das, was ich will? Stunde um Stunde die Rebstöcke schneiden? Monat für Monat?

Aad ist zufrieden an diesem Wochenende, hatte ruhig arbeiten können, nachdem ich ihm versprochen hatte, in die Niederlande zurückzukommen. Nach der Messe bei »Okhuysen« hatten wir uns in Bloemendaal eine Gegend angeschaut, in der wir wohnen könnten – mit Häusern aus dem 19. Jahrhundert, genauso wie damals in Haarlem, nur großzügiger und mit weitläufigeren Gärten. Wir hatten eine Schule am Rande der Dünen besucht, hatten dort mit dem freundlichen Direktor gesprochen, der uns wohlwollend auf die Warteliste gesetzt hatte. Ich hatte die Mädchen vor meinem inneren Auge gesehen, wie sie alleine mit dem Fahrrad zu dieser schönen Schule radeln würden, und zu Freundinnen, zu Vereinen in der Nähe. Aad würde morgens zur Arbeit gehen wie ein ganz normaler Familienvater, ich würde freiberuflich oder wieder für eine Agentur arbeiten, vielleicht für einen Verlag. An den Wochenenden könnten wir am Strand entlangspazieren. Vielleicht würden wir uns einen Hund anschaffen. In diesem Augenblick fühlte sich ein solches Leben angenehm und komfortabel an, und ich freute mich sogar darauf.

Jetzt aber steht ein junger, begeisterter Makler auf unserem Weingut und neben ihm ein kleiner, wohlgenährter Mann, Herr Rasmussen. Er ist Mitte 60, kommt aus Dänemark und sucht ein Weingut als Investitionsobjekt. Zufrieden hat er die Hände in die Seiten gestemmt und betrachtet die Fassade des Hauses: *»Yes, yes, this looks good.«*

Ich zeige ihm das Wohnzimmer mit der hohen Natursteinmauer, die ganz in Holz gehaltene Küche, das Esszimmer mit dem großen Tisch und den violetten Stühlen der Marke Gispen. Er läuft durch die Schlafzimmer der Mädchen, lehnt sich auf den doppelten Waschtisch aus Naturstein, schaut sich die schweren Chrom-Armaturen an. *»Very good«*, sagt Herr Rasmussen und schnalzt mit der Zunge, *»up to Northern European standards.«*

Und dann geht es in die Weinfelder. Stöhnend und ächzend läuft er mit uns durch das große Feld mit dem Syrah, an körperliche Tätigkeiten scheint er nicht gewöhnt zu sein. Der Makler rattert seine Verkaufsgeschichte herunter: hochwertiges Spalier-System mit verzinkten Pflanzpfählen und doppeltem Drahtrahmen, Rebstöcke fehlen kaum, ausgezeichnete Lage. Ich denke daran, wie ich hier mit Bruno gearbeitet habe. Das Holz ist dieses Jahr dicker, gesünder, ich schaue mir die Schnittflächen des letzten Schnitts an, wunderbar weiß, keine braunen Flecken oder Unregelmäßigkeiten, die auf Krankheiten hinweisen würden. Ich laufe durch die Reihen, erkenne jeden Rebstock wieder: Der dort an der Ecke war beinahe abgestorben, aber wir haben ihn von unten her wieder herangezogen. Und jetzt – wie schön wird er im Frühjahr aussehen! Ich blicke zu den Hügeln in der Ferne, merke, wie vertraut mir ihre Umrisse sind.

»Lidewij!« Aad steht neben dem Makler und einem ungeduldigen Dänen. *»Okay, enough vineyards!«*, sagt der gerade. »Ich möchte die Terrassen sehen. *The places to receive my guests!*«

Plötzlich überwältigt mich die Gewissheit: Niemals wird er es bekommen, unser Weingut.

Am Wochenende darauf sieht Aad sehr zufrieden aus, als er das Telefon weglegt. »Gute Neuigkeiten«, sagt er. »Der Däne hat ein Angebot gemacht. Ein sehr gutes Angebot. Er will den Preis bezahlen, den wir verlangen.«

Ich verschlucke mich an der aufsteigenden Panik wie an einem Schluck zu heißen Tees. »Aber, aber«, stammele ich, »wir werden es doch nicht an *ihn* verkaufen?!«

»Warum nicht?«, sagt Aad, »ein besseres Angebot bekommen wir nicht.«

»Aber ...« Ich suche nach Worten. Ich habe so viel nachgedacht in der letzten Zeit, und jetzt weiß ich trotzdem nicht, was ich sagen soll. Ja, ich möchte meine Ehe retten. Ja, ich möchte mich für Aad entscheiden – wenn da nicht dieser letzte Schritt wäre, das Weingut aufzugeben, Frankreich aufzugeben – ich merke, wie sich jede Faser in mir dagegen wehrt. Aad schaut mich an, eine unglaubliche Müdigkeit liegt in seinem Blick.

»Okay«, sagt er, »dann bleiben wir. Aber dann will ich auch nicht mehr hören, wie schwierig es ist, alleine zu sein. Von jetzt an ist es deine eigene Entscheidung.«

Dankbar stürze ich mich auf den Knochen, der mir zugeworfen wird, aber als ich zufrieden daran knabbern möchte, fühle ich, wie sich etwas kalt in meiner Brust zusammenzieht. Was mache ich hier eigentlich gerade?

15

Am Rande unseres am weitesten entfernen Weingartens liegt ein verwildertes Feld mit hohen Sträuchern, auf dem ein kleines Häuschen steht. Es ist aus Steinen errichtet, das Dach ist mit orangen Dachpfannen gedeckt, und die dunkle Tür hängt schief in den Angeln. Mit seinen zwei Mal drei Metern Grundfläche und dem relativ hohen Dach wirkt es wie ein altes Toilettenhäuschen in etwas luxuriöserer Ausführung. Einmal habe ich mit den Mädchen die Tür aufgedrückt, aber nichts weiter entdeckt als einen Stapel vertrockneter Weinstöcke und einen alten verrosteten Pflug.

Jetzt folge ich dem schmalen Pfad am Rande des Feldes. Unter den hohen Bäumen fließt ein Bach, der sich in den Fels eingegraben hat. Im Winter, wenn das Schmelzwasser aus den Bergen nach unten strömt, tritt er über die Ufer, und das Wasser ergießt sich über die Brücke aus verschlissenem Beton. Im Frühling sind die Ufer mit wilder Minze bewachsen, und das Wasser brodelt, so viele sich kringelnde Kaulquappen sind dann darin zu finden. Ich gehe die Böschung hinunter zu unserem Weinfeld, auf dem der alte Carignan steht. Das Licht der tiefstehenden Sonne taucht die gerade geschnittenen Weinstöcke in einen sanften Glanz. Die Blätter auf dem Boden verfärben sich orange und hellgelb, manche knirschen schon unter meinen Füßen. Ich folge der Reihe nach oben, begutachte den Rebschnitt, laufe dann langsam auf der anderen Seite wieder nach unten.

Während ich an dem wilden Feld entlanggehe, habe ich auf einmal das Gefühl, hinter mir einen warmen Atem zu spüren. Irgendetwas ist dort. Ich drehe mich ruckartig zur Tür des Häuschens um und blicke in zwei weit aufgerissene blaue Augen. Noch bevor ich sicher sein kann, dass es sich tatsächlich um Augen handelt, um einen Menschen, ist die Tür wieder zugezogen worden. Kurz bleibe ich stehen, weiß nicht, was ich tun soll. Dann eile ich weiter, höre, wie die Tür hinter mir wieder geöffnet wird. Ich traue mich nicht, mich umzuschauen, werde noch schneller, weiß ganz genau, wie alleine ich gerade bin.

»Das Häuschen beim Carignan? Ich weiß es nicht.« Bruno sitzt mir gegenüber am Esstisch, ihn beschäftigt etwas ganz anderes. Um seine Lippen spielt ein unbestimmtes Lächeln, sein Blick ist auf eine Welt gerichtet, die nur er sehen kann. *»Des cèpes …«*, sagt er, beinahe schmatzend lässt er das Wort über den Gaumen wandern. »*Des cèpes*, Steinpilze, es gibt unglaublich viele dieses Jahr.« Glücklich starrt er ins Leere. »Ein großer Wald mit hohen Pinien. Noch bevor die Sonne aufgeht, bin ich da, überall Pilze, noch nass vom Morgentau.« Erstaunt schaue ich ihn an. »Ich knie dort«, fährt er fort, »tschak, mit einem geraden Schnitt trenne ich sie von ihrer Wurzel, und hopp, ab in meinen Korb.« Er schaut zufrieden aus: »Fünf Kilo am Tag. Gestern war ein riesengroßer dabei, sicher 25 Zentimeter hoch, unglaublich, dass niemand ihn gesehen hat.«

»Ich liebe Pilze!«, sage ich. »Ich würde auch gerne mit den Kindern in den Wald gehen. Erzähl, wo ist es?«

»Ah mais non!« Als wäre eine Tür zugeschlagen worden, verschwindet der verträumte Ausdruck von seinem Gesicht. »Was glauben Sie denn!«, sagt er, »das ist ein Geheimnis. Selbst meine Mutter weiß nicht, wo ich meine *cèpes* hole.« Er rutscht auf seinem Stuhl hin und her, dann richtet er sich auf. »Ich hab da meine eigene Taktik«, sagt er, »man darf niemals im Wald parken, man muss sein Auto ein gutes Stück entfernt abstellen.«

Ich sehe Bruno vor mir, wie er zu den Pilzen geht, wie er sich freiwillig bewegt, vielleicht sogar voller Energie. »Manchmal muss ich eine Stunde laufen, bevor ich an der richtigen Stelle bin«, sagt er, »und dann sammele ich sie ein. Ich weiß genau, wo ich suchen muss.« Manchmal trifft er auf irgendeinen Idioten, der sich doch tatsächlich denselben Wald ausgesucht hat. »Manchmal lasse ich ihn«, sagt er, »aber manchmal kommt es auch zum Kampf.«

Ich stelle mir vor, wie sie mit ihren hübschen Flechtkörben aufeinander losgehen. »Die Chinesen sind am schlimmsten«, sagt Bruno, »die kommen nachts, mit Taschenlampen, und durchkämmen den Wald in langen Reihen. Sie haben keine Messer, sondern Schaufeln.« Chinesische Schaufeln, die die französische Erde durchwühlen, er wird verrückt, wenn er nur daran denkt. »Und das geht dann alles in die chinesischen Restaurants«, schnaubt er.

Interessante Vorstellung, diese Horden Chinesen zwischen den Pinien.

Vier Tage später – Aad ist wieder bei uns. Am Samstagabend essen wir in einem Restaurant, das von einem ambitionierten Engländer umgebaut wurde. Der hohe Raum, ein ehemaliger Weinkeller, ist mit einem glänzenden Betonboden ausgegossen worden. An den Wänden befinden sich hohe Metallkonstruktionen, die die alten Deckenbalken unterstützen, und auf den runden Tischen liegen leuchtend weiße Leinendecken. Das Personal scheint auf ein etwas höheres Besucheraufkommen ausgelegt zu sein. Ein knochiger Hotelfachschüler hängt mit drei seiner Klassenkameraden ein wenig lustlos an unserem Tisch herum, während die Kellnerin mit dem vierten Amuse-Bouche kommt – kleinen Terrinen aus rosa Gelee und Lutscherstielen mit etwas Klebrigem daran. Laartje und ihr Playmobil kommen mir in den Sinn.

»Worüber hatten wir gerade gesprochen?«, fragt Aad. »Richtig, der neue Produktmanager. Er wollte alles anders machen. Das gesamte Shooting musste wiederholt werden, die Quoten stimmten nicht mehr, der Accountmanager war außer sich.« Er spricht über Kunden, Umsatzzahlen, Kollegen, mit denen ich früher auch zusammengearbeitet habe – eine Welt, die für mich längst hinter einem weit entfernten Horizont versunken ist.

Also betrachte ich Aads Hemd, das ich nicht kenne.

Es regnet, tagelang. Der Orb, der durch Béziers fließt, tritt über seine Ufer, in Cessenon steht ein Campingplatz bis weit oberhalb des Kiesstrandes unter Wasser. Die dünneren Bäume werden vom schnellströmenden Wasser hinabgebogen, es ist genauso spektakulär wie ein Sturm am Strand der Nordsee. Mir ist, als würde das rauschende Wasser all die Zweifel und all die Schwere der letzten Zeit mit sich forttragen.

»Regen ist gut für die *cèpes*«, sagt Bruno ernst zu den Mädchen. »Jetzt kann ich noch früher in den Wald gehen. Ha, *regarde-moi*!« Aus seiner Hosentasche holt er eine Taschenlampe, die er mit Gummibändern auf seinem großen, runden Kopf befestigt, um dann mit riesigen Schritten den Tisch zu umrunden, wobei er den Blick konzentriert auf den Schein der Lampe vor sich richtet, bereit, sich auf jeden *cèpe* zu stürzen, der sich zwischen den Fliesen hervorwagt. Laartje schaut leicht verunsichert von dem herumstapfenden Mann zu ihrer ältesten Schwester hinüber. Ist das noch normal? Aber Marijn lacht freundlich. »*Très bien*, Bruno«, sagt sie.

Bruno nimmt sich seine letzten Tage Urlaub und steigt jetzt jeden Tag um halb fünf ins Auto. Er schneidet die Pilze in ordentliche Rechtecke, verpackt sie in Plastiktüten und stapelt sie Kilo für Kilo in der Gefriertruhe, die er sich extra für diesen Anlass angeschafft hat. Er verflucht die Polizisten, die stichprobenartig Autos, die aus dem Hinterland kommen, kontrollieren. Pro Tag darf man nicht mehr als fünf Kilo pro Person mitnehmen, lächerlich, findet Bruno. Als die Gefriertruhe voll ist und die Pfannen zum Abendessen vor Pilzen überquellen, wird er großzügig – nach seiner Mutter und seiner Schwester bekommt jetzt auch die *patronne* ihren Vorrat an braunen Würfeln. Schließlich kauft der Gemüsehändler im Dorf Brunos restlichen Vorrat auf – für die Chinesen wird dieses Jahr wenig übrigbleiben.

Die Ferien stehen vor der Tür, und so wird für die Kinder aus dem Dorf in der Aula der Schule die alljährliche Weihnachtsfeier organisiert. Das Schulgebäude stammt aus den Glanzzeiten des Weinbaus. An der hohen Fassade aus hellem Naturstein sind die Büsten französischer Philosophen angebracht – Molière, Diderot, Voltaire, alles zur Erbauung der ahnungslosen Dorfjugend.

Vor dem Eingang steht eine größere Gruppe Frauen, die sich unterhalten, die meisten von ihnen mit der Zigarette in der Hand. Als ich mit den Mädchen die Treppe hinaufgehe, macht die Gruppe Platz. Mehrere Frauen beugen sich zu einem Begrüßungskuss zu mir herüber. Marijn und Fiene schauen zufrieden zu, die einträchtigen Mütter von Murviel, so muss es sein.

Es ist unglaublich heiß im Saal, wo sich ganze Familien samt Großeltern drängen und Stühle rücken, weil alle zusammensitzen möchten. Die Väter kommen direkt vom Feld und senden in ihren wattierten Jacken entsprechende Gerüche aus. Der eine oder andere spricht mich an: *»Ça avance, la taille?«* Ja, mit dem Rebschnitt geht es gut voran. Wir sprechen über das Wetter, darüber, ob man pflügen oder nicht pflügen sollte. Ich bin zufrieden, genieße diese angenehmen alltäglichen Gespräche. Kurz denke ich an Aad – er hat keinen einzigen dieser Menschen je kennengelernt.

Ich setze mich mit den Mädchen nach vorne, wir brauchen drei Stühle, Laartje sitzt auf meinem Schoß.

Eine ältere, gestresst wirkende Frau steigt auf die Bühne. Es ist eine der Lehrerinnen an der Schule, die sicher dabei geholfen hat, den dürren Weihnachtsbaum in der Ecke zu dekorieren und die beiden roten Girlanden hineinzuhängen, die sich anstrengen müssen, um dort – nur zu zweit – Weihnachtsgefühle aufkommen zu lassen.

Eine Gruppe Kinder betritt zögernd die Bühne und stellt sich in einer Reihe auf, wo sie angetrieben von der wild dirigierenden Lehrerin Weihnachtslieder zu Gehör bringen. Marijn und Fiene genießen das Schauspiel genauso gespannt und voller Begeisterung, wie Kinder in den Niederlanden eine besser gestaltete Vorstellung genießen würden.

»T'as vu, il y a Lucy!«, flüstert Fiene, stolz darauf, eine Sängerin zu kennen.

»Ah oui, et Guillaume!«, sagt Marijn.

Langsam steigt die Spannung, der Höhepunkt des Abends steht bevor: *»L'arrivée de Père Noël!«* »Im Dorf ist der Weihnachtsmann schon gesehen worden«, sagt der Schuldirektor.

»Vielleicht findet er den Saal nicht?«, sagt eine aufgeregte Lehrerin. Gott sei Dank, da kommt er! Begleitet von begeistertem Kindergeschnatter geht der Weihnachtsmann den Mittelgang hinunter: *Père Noël*, ein dünner, großer Mann in einer roten Synthetikjacke mit einem schmalen Fellrand. Er trägt Schuhe aus Hartplastik und etwas, das einen Bart darstellen soll – das dünne Läppchen Watte weht beim Laufen zur Seite. Ich sehe eine schlecht rasierte Wange und das hellbraune Gummiband, das an seinen Ohren befestigt ist.

Fiene schaut mich besorgt an: »Ist das wirklich der echte *Père Noël*?« Es ist noch keine zwei Jahre her, da kam *Sinterklaas* zu uns nach Hause, der niederländische Nikolaus. Ein freundlicher Niederländer hatte ein bleischweres Ensemble aus dem

Kostümverleih in Amsterdam angezogen, die Leihgebühr hatte ein Vermögen gekostet und nur das Ankleben des Bartes mehr als eine Stunde gedauert. In Murviel verlässt man sich dagegen auf die kindliche Phantasie, die Umrisse müssen genügen, das Kind denkt sich den Rest.

Von der anderen Seite beugt sich Marijn zu mir herüber. »Mama?!«, fragt sie zweifelnd. »Das ist ein Aushilfsweihnachtsmann«, antworte ich wenig überzeugend.

Dann werden die Kinder einzeln aufgerufen, und der kommunistische Bürgermeister überreicht jedem in der besten Absicht ein pädagogisch wertvolles Bilderbuch. Immerhin – letztes Jahr war es eine Plastik-Babypuppe mit einem schrecklich unechten Gesicht.

Vor der Bühne stehen Eltern, die diesen Höhepunkt im Leben ihres Kindes und der Familie mit billigen Fotoapparaten festhalten. Plötzlich entdecke ich in einer Ecke eine ungewöhnliche Erscheinung, dort steht eine Frau mit braunen Locken und einer geschmackvollen Jacke, die doch tatsächlich eine Spiegelreflexkamera in der Hand hält – nicht gerade das typische Attribut für eine Mutter aus Murviel. Interessiert verfolge ich ihre Bewegungen. Ich gehe zu ihr, sobald die Vorführung beendet ist. »Sind Sie neu hier im Dorf?«, frage ich.

Joyce ist Architektin und kommt aus Paris. Seit ein paar Wochen wohnt sie in einem großen alten Haus an der Hauptstraße. »Wie schön!«, sage ich, während ich sie gut gelaunt betrachte. »Ich habe ein Weingut in der Nähe des Dorfs. Trinken Sie nächste Woche einen Wein bei mir?«

In der Post liegt ein großer brauner Umschlag. Mein Diplom ist auf schwerem cremefarbenem Papier gedruckt, und ich denke kurz darüber nach, es zu rahmen. Neben dem Titel »Chef de l'Exploitation agricole« verleiht der französische Staat mir auch den Status eines »Jeune Agriculteur«, eines Jungen Landwirts, nun ja, hierdurch habe ich Anspruch auf eine Minderung der Sozialabgaben und auf verschiedene Subventionen. Das alles macht mich überaus zufrieden.

»Ich habe eine Entscheidung getroffen«, sagt Aad an diesem Wochenende, »ich möchte eine eigene Firma aufbauen – eine Werbeagentur in Amsterdam.« Seit ein paar Wochen arbeitet er nicht mehr in Paris. Ich hatte gedacht, dass er freiberuflich weiterarbeiten, vielleicht ein paar Projekte übernehmen würde, um dann endgültig nach Frankreich zu kommen. Wie hatte ich das nur glauben können? Vor Schreck fällt es mir schwer zu atmen.

»Eine eigene Firma?«, piepse ich. »Aber wir haben doch schon einen eigenen Betrieb. Einen gemeinsamen Betrieb. *Mas des Dames*.« Aad erläutert seine Pläne – in den Niederlanden kann er so viel mehr verdienen.

»Aber wenn du das tust, geht unsere Beziehung kaputt!«, rufe ich fast panisch.

»Was erwartest du denn? Dass ich mich auf einen Traktor setze?«, ruft Aad.

»Aber warum hast du uns denn dann hierhergeschleppt?«

»Ich habe dich doch gefragt, ob du zurückkehrst!«, sagt Aad.

»Ich will nicht zurück!«, wiederhole ich zum hundertsten Mal. Ganz kurz, irgendwo in den Tiefen meines Bewusstseins, blitzt die Erkenntnis auf, wie weitreichend die Entscheidung ist, die ich gerade treffe. Will ich wirklich nicht zurück, frage ich mich, oder will ich nur meine Grundsätze nicht verraten, will ich recht behalten, geht es um den Konkurrenzkampf zwischen uns beiden? Dann steigt eine ohnmächtige Wut in mir auf, die alles andere hinwegfegt.

»Kann ich ein Brot mit *fromage*?«, fragt Laartje. Sie steht auf einem Schemel neben mir an der Arbeitsplatte in der Küche und blickt zu der Katze hinüber, die in einem Lichtstrahl auf den

Fliesen sitzt. »Ach Mama, schau mal, wie niedlich Bertus sein Maul *lechiert.*« Sie springt von ihrem Schemel herunter, geht zu dem Kater, um ihn zu streicheln: »Du willst *des caresses*, was? Ja, die willst du, stimmt's?«

Vor dem Fenster erscheint Brunos erhitzter Kopf. *»J'ai des nouvelles!«*, ruft er aufgeregt, als ich ihm die Tür öffne. Er scheint vor Vorfreude beinahe zu explodieren, zieht sich einen Stuhl vom Tisch herüber, um mir dann die wertvollen Perlen an Information anzubieten, die er mitgebracht hat. »Ein Verrückter wohnt im Häuschen neben dem Carignan!«, sagt er. »Monsieur Lampilas hat ihn gesehen!«

Meine Begegnung mit dem Auge ist schon Wochen her – jetzt stellt sich heraus, dass es tatsächlich zu einem Menschen gehört. »Es ist ein sehr großer Mann«, sagt Bruno mit der satten heimlichen Begeisterung einer Oma, die ihren Enkeln ein erstes Geschenk auf den Tisch legt. »Er lebt wie ein Tier«, legt er noch ein zweites dazu – und dann das schönste zum Schluss: »Er wäscht sich völlig nackt im kalten Bach!«

»Ah bon?«, sage ich neugierig. Wir sollten uns den Carignan noch einmal genauer ansehen.

Der Himmel ist immer noch blau, aber am Ende des Tages wird es inzwischen schnell kalt. Simone ist wieder da. Zusammen sitzen wir in einem kleinen Büro, wo wir einem Mann im aufdringlich glitzernden Jackett dabei zusehen, wie er Formulare sortiert, drei Kugelschreiber in einem krankhaft identischen Abstand voneinander platziert und schließlich einen eindeutigen Blick auf die Tür wirft, durch sie mögen wir bitte wieder verschwinden. »Unter 150 000 Euro kann ich selbstverständlich nichts für Sie tun«, sagt er noch einmal, während er die farbige Broschüre mit Traumhäusern wieder an sich reißt.

Ich will mich gerade aufregen, aber Simone ist schneller – mit dem freundlich-herablassenden Lächeln, das sie bei dieser Art Begebenheiten einsetzt, verabschiedet sie sich von dem Mann und geht dann ruhig hinaus. »Pff«, sagt sie, »Makler gibt es wie Sand am Meer.«

In dieser Nacht friert es, aber mittags essen wir mit den Kindern immer noch draußen an dem großen schwarzen Tisch, um danach den schmalen Weg hinter dem Haus hinaufzugehen.

»Die große Runde!«, rufen die Mädchen. Ich denke kurz nach. Die große Runde führt an dem Olivenhain entlang zum Fluss und somit unvermeidlich an dem Haus des Mannes vorbei, von dem Bruno erzählt hat. Aber ich habe Lust auf die Runde, ich bin neugierig und endlich nicht alleine. Ich erzähle Simone und den Mädchen von dem Mann, erwähne, dass wir ihm vielleicht begegnen könnten. Ein wenig beunruhigt überqueren wir die Brücke, über die wir schon hunderte Male gegangen sind, aber diesmal scheint alles anders zu sein. Die Anwesenheit von etwas, das hier vorher nicht war, lastet schwer, beinahe greifbar auf uns. Als wir weitergehen, bemerken wir, dass das gesamte Stück Land mit einem weißen Band umzäunt ist. »Das ist sonderbar«, sage ich zu den Mädchen, »der Weingarten nebenan gehört mir, warum sollte ich ihn einzäunen?«

Simone beginnt ein fröhliches Gespräch in einer großzügigen Lautstärke, sie redet über Indianer, glaube ich, wir sind jetzt auf der Höhe des Häuschens. Auf einmal öffnet sich die Holztür – wie der Blitz springt jemand nach draußen. Bruno hat nicht übertrieben, es ist tatsächlich ein großer Mann. Er trägt einen rot-grauen Ski-Anzug voller Matschflecken, sein dunkelblondes Haar hängt ihm in Strähnen ins Gesicht. Mit großen Schritten und ausgebreiteten Armen eilt er auf uns zu. *»Non! Non! Arrrête!!!«*, kreischt er.

Okay, er mag kein Niederländisch. »Würden Sie bitte nicht so schreien«, sagt Simone ruhig in unserer Muttersprache, »Sie erschrecken die Kinder.« Er steht jetzt dicht vor uns und keucht. *»C'est hollandais ça, c'est hollandais!!«*

Ich übernehme. *»Quand même«*, sage ich. *»Calmez-vous.* Wir sind Niederländer, wir können doch miteinander sprechen, wie wir wollen. Aber wir werden mit Ihnen Französisch sprechen, kein Problem. Beruhigen Sie sich doch.«

Er wird tatsächlich ein wenig ruhiger und geht dann kopfschüttelnd zurück in sein Häuschen.

Abends grübele ich darüber, wie nahe er wohnt. Jetzt kennt er mich. Wird er da nicht neugierig werden und herausbekommen wollen, wo ich wohne? Wird er in einem unerwarteten Moment vor der Tür stehen? Ich erinnere mich daran, dass man die Fenster auf der unteren Etage ohne Schwierigkeiten aufdrücken kann.

Auf einmal hätte ich gerne einen Hund.

Also gehe ich an diesem Wochenende mit den Mädchen zu der Hundepension, die zwischen den Weinfeldern nicht weit vom Dorf liegt. Wir wollen einen Beauçeron, einen dieser großen Hunde, die – so habe ich gelesen – sowohl wachsam als auch sehr freundlich zu Kindern sind. Der Mann, dem die Pension gehört, züchtet Beauçerons, überall laufen sie herum, auf hohen Beinen, stolz und elegant. Die Mädchen hocken bereits auf dem Boden, um ein paar der jungen Hunde zu streicheln. Wir müssten nur einen Scheck ausstellen, und schon könnten wir einen von ihnen mit nach Hause nehmen. Stattdessen sehe ich Nina. Sie sitzt in einem kahlen Betonverschlag, ist schwarz, ziemlich groß und hat borstige Haare auf der Schnauze. Ich bemerke ihre schönen braunen Augen. Der Züchter stellt sich neben mich. »Ach, die«, sagt er. »Ich habe versucht, sie zum Trüffelhund auszubilden, aber sie ist nicht dafür geeignet.«

Er schaut mich von der Seite an, ein unzufriedener kleiner Mann mit dünnem schwarzem Haar. Dann sieht er meinen Blick, riecht fette Beute, wo er sie nicht vermutet hatte – erschrocken verbessert er sich. *»Mais … elle vous intéresse?«*, fragt er. Ich schaue Nina noch einmal an und sage: *»Peut-être.«*

Er holt den Hund aus seinem Verschlag. Die Mädchen kommen angerannt und breiten eine Decke aus Kinderliebe über den überraschten Hund. Ja, Nina ist sympathisch, denke ich und betrachte aus den Augenwinkeln den kleinen Mann, der beinahe anfängt zu sabbern, so gierig ist er. »Ein Trüffelhund ist wertvoll«, sagt er, »manche kosten 10 000 Euro. Sie sind wirklich sehr wertvoll.«

Schließlich nehmen wir Nina mit und bezahlen, was die Impfungen und das Futter der vergangenen Zeit gekostet haben, und ein kleines Extra für den lieben Mann gibt es auch noch. Zwei Jahre ist Nina alt, eine Kreuzung aus einem Labrador und einem Griffon.

Ich hatte richtig vermutet. Als ich an einem dunklen Nachmittag alleine im Büro arbeite, klopft jemand ans Fenster. Nina erwacht neben mir. Ungehalten blickt sie auf. Sie ist völlig ungeeignet als Wachhund, auf Wanderungen folgt sie mir unterwürfig in zehn Metern Abstand. Wenn ich in Gegenwart anderer Menschen auf sie zeige, schreckt sie zusammen. Schon öfter stand ich kurz davor, sie zurückzubringen, ich kann Unterwürfigkeit nicht ertragen. Aber es ist nicht schwer zu erraten, dass sie geschlagen wurde, also gebe ich ihr Zeit.

Jetzt steht der Grund für die Anschaffung dieses Hundes vor meinem Fenster und klopft, und ich bin die Einzige, die sich in Bewegung setzt. Manchmal ist es hilfreich, keine Wahl zu haben, ich kann nichts anderes tun, als die Tür zu öffnen.

»Bonjour«, sage ich zu dem großen Mann im Ski-Anzug, *»comment allez-vous?«*

»Ich friere!« Er kommt direkt zur Sache. »Kann ich nicht im Château schlafen?« »Im Château?«, frage ich.

»Oui, chez vous«, sagt er, »Sie haben so viele Zimmer, so viel Platz. Gibt es nicht einen Ort, wo ich bleiben kann?« Ich denke nach. Es stimmt, es wird heute Nacht wieder frieren. Er schläft in seinem Häuschen auf dem Boden, und ich habe ein gut geheiztes Haus. Theoretisch müsste ich ihm helfen, aber ich möchte nicht. Etwas an seinem Verhalten erinnert mich an Aaron, meinen Nachbarn im Studentenwohnheim in den Niederlanden. Ein Psychiatrie-Patient, der ziemlich durcheinander war und dem jeder aus dem Weg ging. Und genau das war der Grund, weshalb ich ihm immer wieder mal eine Tasse Kaffee anbot und ein wenig mit ihm plauderte, mit dem Ergebnis, dass er eines Nachts an meinem Bett stand. Ihm troff der Speichel aus dem Mund und lief in den Pelz seiner afghanischen Jacke. Während Aaron die Hände nach meiner Kehle ausstreckte, äußerte er die sympathischen Worte: »Du machst mich verrückt mit deinem Körper. Du bist eine Frau. Du musst getötet werden.«

Sein Psychiater reagierte gelassen: »Sie haben keine Schnittverletzungen? Gut, dann war es dieses Mal nicht so schlimm.« Eine Erfahrung, die dazu geführt hat, dass ich mein Konzept von Gastfreundschaft immer mal wieder überdenke.

»Es tut mir leid«, sage ich also zu dem Mann vor meiner Tür, »ich habe drei Kinder, meine Mutter schläft hier, alle Betten sind belegt.« »Aber der Weinkeller?«, fragt er.

Das will ich auch nicht. Dort sind meine Weine, mein Einkommen, ich möchte nicht, dass er sich dort aufhält. Außerdem glaube ich, dass ich ihn nie wieder loswerde, wenn ich jetzt ja sage. »Dort ist es genauso kalt wie in Ihrem Häuschen, das hat keinen Sinn«, sage ich also und fühle mich schlecht und wenig gastfreundlich, wie der Wirt, der Josef und Maria die Tür weist. Ich nehme eine Flasche Wein aus dem Schrank hinter mir, gebe sie dem Mann. »Hier«, sage ich, »das wird Sie wärmen.«

Solange es friert, schicke ich Bruno regelmäßig zum Häuschen, damit ich zumindest sicher sein kann, dass der Mann noch lebt.

Die Wochenenden sind inzwischen eine echte Strafe. Ich hatte gehofft, dass Aads Pläne sich von selbst wieder in Luft auflösen würden, dass diese Werbeagentur nicht mehr als ein flüchtiger Gedanke sein würde. Stattdessen spricht er inzwischen über die Partner, mit denen er zusammenarbeiten will, und über die Büroraume, nach denen er sucht. Jedes Gespräch stürzt mich in eine größere Panik, ich bekomme kaum noch Luft, während ich hinter einem Boot her strampele, das immer weiter von mir wegtreibt.

»Wir finden euch überhaupt nicht nett zusammen«, sagen Marijn und Fiene, als sie uns wieder einmal streitend in der Küche antreffen. Ich gehe mit Aad nach draußen, über den Sandweg, am Feld mit dem Mourvèdre entlang. »Ich möchte doch nur, dass du hier bei uns wohnst!«, rufe ich verzweifelt. Ich setze mich an den Wegesrand, meine Worte sind nichts weiter als nasser Schnee, der keine Sekunde liegen bleibt.

»Für mich ist das völlig klar«, sagt mein Bruder Michiel, als ich ihm später die Situation schildere, »wenn du ihn wirklich lieben würdest, würdest du um seinetwillen zurückgehen. Wenn er dich wirklich lieben würde, würde er dich nicht alleine lassen.«

Sofort fange ich an, mich zu verteidigen, aber dann überrasche ich mich bei dem Gedanken, dass er möglicherweise recht hat.

Vielleicht ist Aads und meine Eigenliebe größer als unsere Liebe zueinander, vielleicht lieben wir unsere eigenen Träume, unsere eigenen Leben mehr, als wir uns gegenseitig lieben.

Funktioniert das, was wir Liebe nennen, vielleicht nur, wenn wir in dieselbe Richtung gehen?

16

Auf den Weinfeldern zeigen sich die ersten Blätter, langsam wird es immer wärmer. Die Mädchen liegen noch im Bett, ich gehe in Hemd und Unterhose nach unten, um Kaffee zu machen. Ohne nachzudenken öffne ich die Tür, trete einen Schritt hinaus und blicke in das große, runde Gesicht von Bruno. Sein Blick gleitet über meinen Körper. »Bruno! Was machst du denn hier?«, frage ich, während ich eine Jacke von der Garderobe nehme.

»*Bof, rien*«, sagt er, wobei er übertrieben lacht, »ich wollte nur etwas für Sie tun, einen leckeren Kaffee kochen vielleicht.«

»Du brauchst wirklich nichts für mich zu tun!«, sage ich. »Und gib mir bitte den Haustürschlüssel zurück!«

Vom Fenster aus beobachte ich, wie der dicke Junge zu seinem Traktor zurückschlurft.

»Ich habe ein Haus gefunden!«, sagt Simone am nächsten Tag. Nach einer enttäuschenden Tour von Makler zu Makler hat sie ein eigenes Jagdgebiet in der örtlichen Kneipenszene aufgetan. Das »Café de la Paix« in Murviel besteht aus einem düsteren, abweisenden Raum, an dem seit den Sechzigerjahren nichts verändert wurde. Es gibt einen Billardtisch, einen großen alten Fernseher, der ständig läuft, und eine Bar aus glänzendem Furnierholz. Es ist kein Vergnügen, sich dorthin zu verirren, denn die einzigen drei Stammgäste sind Alkoholiker und schauen ununterbrochen betrübt in ihren Pastis. Ab und zu kommt ein Bauer herein, stellt sich schweigend an die Bar, spült einen kleinen schwarzen Kaffee hinunter, um nach einem gemurmelten Gruß wieder zu verschwinden.

»Schönen guten Tag auch, die Herren!«, hatte Simone fröhlich gerufen und sich der Runde vorgestellt. Sie hatte erzählt, dass sie die Mutter der *hollandaise* vom Weingut *Mas des Dames* sei, hatte einen Kaffee bestellt und sich zu ihrem verblüfften Publikum an den Tisch gesetzt, um ihre Geschichte loszuwerden. Ein Haus im Dorf würde sie suchen, egal was, Hauptsache, sie könne näher bei ihren Enkeln sein. Die Menge war immer größer geworden, und keine halbe Stunde später hatte sie mit dem Freund des Neffen eines der Stammgäste in einem Apartment an der Hauptstraße gestanden. Wenig später in einem dunklen Häuschen im historischen Zentrum. Danach hatte Simone das zweite Café des Dorfs aufgesucht und noch zwei weitere Häuser besichtigt.

Im Nachbardorf Saint-Geniès nannten ihr drei Leuten denselben Namen: »Monsieur Malet. Sie müssen sich an Monsieur Malet wenden.« Ein älterer Mann hatte Simone durch die Gässchen zu einem großen *Maison de Maître* am Rande des Dorfs geführt. »Sie müssen hier klingeln«, hatte er gesagt und sich zurückgezogen.

Als ich den Namen später Bruno gegenüber erwähne, weiß er sofort, von wem ich spreche. »Monsieur Malet, *bien sûr*.« Monsieur Malet hat den größten Grundbesitz in Saint-Geniès, seine Vorfahren sind mit dem Wein reich geworden. Er selbst hat noch immer das Gehabe eines Notabeln aus der Provinz, dem ganz selbstverständlich Respekt entgegengebracht wird. Die Urgroßeltern von Bruno hatten für Malet gearbeitet und auch sein Onkel. Mit Verwunderung bemerke ich, dass die Selbstsicherheit auf Brunos Gesicht verschwindet wie eine sanfte Welle am Strand, um einem altertümlichen Untertanengeist Platz zu machen.

Für Simone ist Malet einfach ein netter Mensch. »Einen schönen Garten mit Rosen und alten Obstbäumen hat er«, erzählt sie. Sie hatte zusammen mit dem angereisten Henk auf seiner

Terrasse Kaffee getrunken und sich danach ein paar seiner Häuser angeschaut. Schließlich hatten sich die beiden in ein altes Winzerhaus am Rand des historischen Zentrums verliebt. Unten befindet sich ein großer Lagerraum mit einem bogenförmigen Eingang, auf der ersten Etage verschiedene Zimmer mit dekorierten Zementfliesen, an der Fassade ein Balkon aus Gusseisen mit Blick auf die Berge im Hinterland.

Sie vereinbaren mit Malet, dass sie das Ganze für 40 000 Euro übernehmen.

Es ist warm an diesem Wochenende. Die Mädchen, Aad und ich haben einen Tisch in einem Café gefunden. Es befindet sich an einem Platz, an dem gerade die Marktstände abgebaut werden. Ein Mann, der gebratene Hühner verkauft hat, spült große Edelstahlschalen im Wasser des städtischen Brunnens ab. Ein Nebel aus feinen Wassertropfen glitzert in der Sonne. Zwei junge Männer in den gelben Jacken der städtischen Reinigung gehen auf den Mann zu, sie scheinen sich zu kennen. Gemeinsam schieben sie seinen schweren Anhänger zum Auto, sie lachen und versuchen sich gegenseitig umzuwerfen. Aad und ich beobachten das Treiben und machen freundliche Bemerkungen darüber. Ich betrachte Aads große neue Ray-Ban-Sonnenbrille und sein eng geschnittenes Jackett, die modernen Designer-Schuhe. Ja, kein Zweifel, er ist ein schöner Mann. Aber warum sitzt er eigentlich an unserem Tisch? Meine distanzierte Art, ihn zu betrachten, schockiert mich – ich nehme einen unglaublichen Mangel an Zusammengehörigkeit wahr.

Der Frühling bleibt schön. Anne, mit der ich nach der Messe in Haarlem in Kontakt geblieben bin, lädt mich ein, mit den Mädchen nach Peyreleau, das in der Nähe von Millau liegt, zu kommen. Ihre Familie besitzt ein Haus aus dem 17. Jahrhundert, das nicht weit vom Fluss entfernt in einer atemberaubenden Landschaft mit ausgewaschenen Schluchten und hohen Felsen steht. Tagsüber unternehmen wir lange Wanderungen über schmale Steinpfade mit spektakulären Aussichten, wir picknicken auf einer Bergwiese am Rand eines verlassenen Dorfes – ich wusste nicht, dass Frankreich so schön sein kann.

Abends führen Anne und ich lange Gespräche am offenen Kamin. Sie ist analytisch und intelligent. Geduldig lauscht sie den nachdenklichen Geschichten über meine Ehe, über das Dilemma, in dem ich mich befinde, meine Angst, das Falsche zu tun. Wir sprechen über Männer, Beziehungen, über die Arbeit. Es ist wunderbar sich näherzukommen, zu merken, dass ich inzwischen auch auf Französisch ich selbst sein kann.

Marijn, Fiene und Laartje genießen den Besuch auch. Die Söhne von Anne sind ungefähr im selben Alter, zusammen rennen sie die Treppe hinunter zum Dorf, um Brot zu kaufen oder die Fische im klaren Fluss zu beobachten.

»Das ist eine nette Freundin für dich!«, sagt Marijn später, »auch eine Frau, die alleine ist!« Ich lache sie an. »Das ist nicht dasselbe, Anne ist geschieden, ich nicht.«

»Na und, wir wohnen doch auch alleine mit dir«, sagt Marijn. Ich betrachte die felsige Landschaft, die untergehende Sonne versinkt dunkelrot hinter einem spitzen Berg. Vielleicht will ich die Wahrheit nicht wahrhaben, denke ich erschrocken.

Ich lese meine Mails und entdecke eine Einladung zu einer Verkostung in einer angesagten Weinbar in Lyon. »Es kommt noch ein anderer Winzer, der in Ihrer Nähe wohnt«, schreibt der Besitzer, »vielleicht können Sie zusammen fahren.« Ich lese seinen Namen, François Biron, letzte Woche sah ich ein großes Foto von ihm in dem Hochglanzmagazin »Terre de Vins«. Seine Weine sind gut, die Etiketten hat ein mit ihm befreundeter Künstler entworfen. In dieser angesagten Weinbar stehen François Birons Weine auf der Karte. Bei einer Weinprobe hatte ich schon einmal kurz mit ihm gesprochen, er schien nett zu sein – ja, ich werde ihm eine kurze Mail schicken.

Am Tag der Weinprobe fährt ein kleiner weißer Bus auf unser Grundstück. In der unsicheren Gestalt, die aussteigt, erkenne ich mit ein wenig Mühe besagten François. Es ist sonderbar, ihn so heimatlos und im Tageslicht vor meinem eigenen Haus zu sehen. Er ist groß für einen Franzosen, hat dichte Locken und hellblaue Augen, aber seine Züge sind weich, und er ist ein wenig zu dick. Sein braunes Samtjackett glänzt an einigen abgestoßenen Stellen. »Hm, nun ja, hier bin ich also«, murmelt er.

Der Bus hat vorne eine durchgehende Sitzbank mit drei Plätzen, ich stelle meine Tasche auf den mittleren Sitz und rutsche ans Fenster. »Wir müssen noch einen Freund von mir abholen«, sagt François, als wir das Dorf verlassen. Er nimmt einen schmalen Weg und hält vor einem Weinkeller, in dem ein langer, magerer junger Mann damit beschäftigt ist, Wein umzupumpen. »Beinah fertig«, sagt er, »vielleicht wollt ihr euch inzwischen meinen Weinkeller anschauen?«

Halb gebückt betreten wir den dunklen Raum. François schaltet das Licht an, und wir sehen, dass alle leeren Stellen an den feuchten Wänden mit bunten Fotos von Stierkämpfen bedeckt sind. Mein Blick bleibt an einem Stier mit borstigem schwarzem Haar hängen, der zusammengebrochen ist und auf den Vorderbeinen im Sand liegt. Seine Augen spiegeln eher Überraschung als Angst wider, während ein breiter Blutstrahl aus seinem Maul schießt. Der Freund von François fängt meinen Blick auf. *»Ah oui, j'adore la corrida«*, sagt er, »es ist gut, den Weinkeller ein wenig zu dekorieren. Meine Kunden schätzen das.« Im Bus soll ich mich offenbar zwischen die beiden Männer quetschen. Der Stierkampf-Liebhaber beginnt zu reden und hört nicht mehr auf, bis er anderthalb Stunden später aussteigt und ich erleichtert einen Platz weiterrutsche. Jetzt versucht François, ein Gespräch mit mir zu beginnen. Es bleibt bei einigen ungeschickt zugeworfenen Bällen, die noch ein, zwei Mal hochspringen und dann auf den Boden fallen. »Wohnt dein Mann jetzt bei dir oder nicht?«, fragt er schließlich.

Ich suche nach einer unverfänglichen Antwort, als ich bemerke, dass wir Lyon bereits erreicht haben – »Wir sind da!«, rufe ich erleichtert.

Die Weinbar »Vercoquin« ist ein tiefer Raum mit großen Fenstern, Holztischen, modernen Weinregalen aus Metall und bunten Lampen, eine gute Atmosphäre. Jeder von uns bekommt einen Platz an einem der Tische zugewiesen, auf denen schon mehrere Flaschen bereitstehen. Im Laufe des Nachmittags spreche ich eine Zeit lang mit einer Fernseh-Journalistin, die sofort die Idee hat, eine Reportage über die neuen Winzer zu schreiben. Eine junge Frau in einem hübschen schwarzen Kleid hat ein Ferienhaus in der Nähe von *Mas des Dames*. Sie bittet mich um meine Karte, und fragt, ob ich für sie und eine Gruppe Freunde im Sommer eine Führung machen würde. Ich rede, schenke Wein ein, habe Spaß. Schließlich werden alle Tische für das Abendessen zusammengeschoben. Erst jetzt fällt mir auf, dass nur eine andere Frau anwesend ist, eine verdrießlich dreinschauende Dame aus dem Burgund – alle anderen Winzer sind Männer zwischen 30 und 50 Jahren. Ich sitze neben Frédéric, einem der Besitzer, einem hochgewachsenen, schlanken Schwulen mit lustigen Augen und einem unschlagbaren Humor. Er schenkt mir noch ein Glas ein, wir erzählen uns verrückte Geschichten, ich habe das Gefühl, dass ich ihn schon lange kenne.

Als ich aufschaue, sehe ich, dass François mich von der anderen Seite des Tisches aus anstarrt. Er steht auf, kommt zu mir herüber, legt zögernd eine Hand auf meine Schulter. Dann weiß er nicht weiter, kopfschüttelnd geht er zurück zu seinem Platz. In dieser Nacht schlafen wir alle im selben Hotel – mir fällt auf, wie unglaublich einfach es ist, einen Ehebruch zu begehen.

Aber ich phantasiere mir nur einmal mehr einen Mann in mein Bett.

Am nächsten Tag findet eine weitere Weinprobe statt. Menschen belagern den Stand von François, ich führe Gespräche, schenke Wein ein, am Ende des Tages sind alle Kartons leer. Jetzt würde ich gerne in mein eigenes Auto steigen, um so schnell wie möglich nach Hause zu kommen. Stattdessen folge ich François zu seinem Bus. »Ist es in Ordnung, wenn wir noch bei ein paar Freunden von mir vorbeischauen?«, fragt er. Ich habe keine Wahl. Also parken wir vor einem hohen Gebäude und gehen über einen Innenhof mit gusseisernen Treppen nach oben.

In einem großen, unordentlichen Apartment mit viel moderner Kunst an den Wänden sitzen drei Frauen auf einem Sofa. Einer kräftigen Blondine kommt ihr geschmeidiges Lächeln abhanden, als sie mich hinter François hereinkommen sieht. Keine Sorge, er gehört dir, denke ich, während ich mich weit von ihrem Lustobjekt entfernt auf einen wackeligen Klappstuhl setze. Es hilft nicht.

Endlich, um halb elf abends, fahren wir weiter. François hat ein Lächeln auf den Lippen, das an das der Blondine von vorhin erinnert. Er erzählt von der schwierigen Beziehung zu seiner Frau, versucht, in aller Ruhe auch mehr über meine Situation herauszufinden. Plötzlich, im Dunkeln, streichelt seine Hand über meine Wange – fast wie eine Großmutter, die ihren Enkel tröstet, der hingefallen ist. Es fehlt nur, dass er hineinkneift. Ich rutsche weiter von ihm weg, Richtung Tür, während er weiterredet und seine Hand sich freundlich, aber bestimmt weiter in Richtung meines Oberschenkels bewegt. Ich klammere mich an meine Tasche – wie eine Raupe stehe ich den Rest der Reise in einem Kokon durch, aus dem nur noch mein Kopf herausschaut. Spät in der Nacht kommen wir auf dem Weingut an.

Als ich aussteige, geht François um das Auto herum auf mich zu. Ich will ihm einen höflichen *bise* auf die Wange geben, aber er dreht seinen Kopf herum und drückt mit einer Mischung aus Verlegenheit und Begierde seine Lippen auf meine. Es dauert nur eine Sekunde, aber ich spüre, wie warm und weich seine Lippen sind – es ist 100 Jahre her, dass ein fremder Mann mich angefasst hat. Mit einer vorsichtigen Bewegung mache ich mich los. Ich klopfe ihm freundlich auf den Arm, bedanke mich dafür, dass er mich mitgenommen hat, und gehe alleine zum dunklen Haus hinüber.

Ich muss an Aad denken.

Ich bin jetzt beinahe jeden Tag in den Weinfeldern. Vor einem Jahr hatte ich mich einer Gruppe Winzer angeschlossen, die den Einsatz von Pflanzenschutzmitteln verringern möchten. Einmal in der Woche, um halb acht am Morgen, gehen wir mit einem Techniker in eines der Weinfelder und verteilen uns über die Reihen, um Blatt für Blatt nach Krankheitsanzeichen zu untersuchen. Ich kann mir nicht mehr vorstellen, dass ich es einmal als schwierig empfunden habe, die Anzeichen von Oidium, Mehltau, zu erkennen. Jetzt suchen wir nach den kleinsten Flecken, machen die Blätter dann ab und vergleichen sie miteinander und teilen so die Freude unseres gemeinsamen Handwerks. Mit einer Lupe untersuche ich die Unterseite eines großen grünen Blatts. Da, ein winziges gelbes Pünktchen – durchscheinend gelb mit einem runden Hinterleib.

Sicherheitshalber befrage ich mein Handbuch mit Fotos von vergrößerten Insekten. Tatsächlich, eine *typhone*, ein *acarien utile*, eine nützliche kleine Spinne. Wenn genug davon im Weingarten leben, braucht man keine Pestizide mehr, sie fressen alle Schädlinge.

Ich gehe zum fünften Mal durch den Carignan vor dem Haus. Die Parzelle ist nicht groß, und rundherum wachsen Bäume und

Sträucher, der natürliche Bewuchs des Bodens. Das Wort »Biodiversität« kommt mir in den Sinn. Mein Weingarten ist so ganz anders als all die kahlgespritzten Flächen, diese Ozeane der Monokultur, auf die das Languedoc ein Patent hat. Ich zähle die Spinnen, vergleiche sie mit der Skizze in meinem Buch, es sind ungefähr doppelt so viele wie die benötigte Untergrenze. Letztes Jahr habe ich schon keine Pestizide mehr eingesetzt – jetzt weiß ich, dass ich es nie mehr tun werde. 24 Hektar auf der Welt, die von den Kanistern mit den toten Fischen darauf verschont bleiben.

Als ich im Weinkeller arbeite, steht plötzlich eine Frau am Eingang. Sie wirkt wie Ende 50, trägt eine große Brille, feste Schuhe und eine bequeme Hose. Es ist etwas Altmodisches an ihr. »Hello!«, sagt sie fröhlich und mit einem sehr britischen Akzent. »Kann ich Ihre Weine probieren?«

Oh nein, denke ich, eine Touristin. Gerade jetzt, wo ich alle Schläuche angeschlossen habe. Ich will ihr sagen, dass es gerade kein guter Zeitpunkt ist, aber ich blicke in ein so gutmütiges, offenes Gesicht, dass ich den Schlauch aus der Hand lege. »Einen Augenblick habe ich Zeit.«

Ich höre mir ihre Fragen über meine Arbeitsweise an und lege los – ich spreche über die Weingärten, über die *garrigues*, die immergrünen Sträucher, die als natürlicher Bewuchs die Weingärten umgeben, über das natürliche Gleichgewicht, die Ernte und die Auswahl der Trauben. Schließlich hole ich ein paar Flaschen aus dem Keller. Die Frau probiert konzentriert die weißen Weine, äußert sich über Mineralstoffe, den auffallenden Säuregrad und das Bouquet. Dann probiert sie die Roten und nimmt sogar ein Notizbuch zur Hand. Ich probiere auch, höre mir ihre Bemerkungen an, lerne eine Menge über meine eigenen Weine.

»This is really a very, very good surprise«, sagt die Dame schließlich, »normalerweise kaufe ich keine Weine, aber heute …

Geben Sie mir doch einen Karton von dem Rosé und auch einen von *La Diva*.« Ein sonderbares Verhalten für eine Touristin, denke ich, während ich ins Lager gehe, probieren wollen, aber nichts kaufen. Ich rechne die beiden Kartons ab, nehme ihre Visitenkarte entgegen und lege sie gedankenverloren auf die Anrichte.

»Rosemary George!«, sagt Aad, als er über das Wochenende da ist, »das ist eine bekannte englische Journalistin. Ein Master of Wine! Wusstest du das nicht?«

Wenig später schickt mir Rosemary George eine ausführliche Mail mit einem Artikel, den sie über *Mas des Dames* geschrieben hat. Von da an bleiben wir in Kontakt.

Unsere Meinungsverschiedenheiten über die Zukunft beschäftigen Aad und mich jetzt schon wochenlang. Die Diskussion hat sich zu einem müden Vorwurfs-Tennis ausgewachsen, keiner erreicht je das Finale. Nicht nur wir, auch die Kinder haben inzwischen Angst vor den Wochenenden. Das Streiten nimmt kein Ende. Jetzt sitzen wir beide an dem großen schwarzen Tisch, zwei müde Boxer, die keine Lust mehr auf die nächste Runde haben.

Aad schaut mich an, er ist ruhig geworden. »Meine Arbeit, die Werbung, das bin ich«, sagt er. »Ich finde das Weingut wunderschön, aber nur als Nebenschauplatz. Es sollte nie mein Leben bestimmen.«

»Es ist längst zu meinem Leben geworden«, sage ich, »die Jahre hier haben mich verändert, der Ort, das Land, ich kann mir nicht mehr vorstellen, in einem Büro zu sitzen. Und die Kinder sind inzwischen Franzosen.«

Zum ersten Mal fühle ich, wie Wut und Panik von mir abfallen. Wie als Außenstehende schauen wir auf unser Leben, auf den Ball, der ins Rollen geraten ist, seinen eigenen Weg gewählt hat. Ein paar Dinge stehen einfach fest: Aad möchte kreativ arbeiten, und dafür braucht er Amsterdam. Mir gelingt es nicht mehr, mich für die Werbung zu begeistern, schlimmer noch, ich würde diese Seite an ihm am liebsten vergessen. Damit bin ich eine schlechte Partnerin mit einem schockierend geringen Wie-war-dein-Tag-Faktor.

Es gibt noch immer genügend Gründe dafür, dass wir uns gut verstehen, aber der Leim, der unsere beiden Leben einmal verbunden hatte, hat sich langsam aufgelöst. Ich kenne Aads Kollegen nicht, er kennt meine Freunde nicht, *and never the twain shall meet*.

Wir schweigen einen Moment lang.

»Vielleicht gibt es keine Lösung«, sage ich schließlich.

»Ja«, sagt Aad, »das fürchte ich auch. Es ist Zeit, die Konsequenzen zu ziehen.«

An den Tagen, die folgen, denke ich oft an unser Gespräch. Die Wut ist verschwunden und einer dumpfen Trauer gewichen. Während der Mittagspause nehme ich eine niederländische Zeitschrift vom Stapel, auf deren Titelseite ein gut ausgeleuchtetes Foto von Aad vor einem tiefschwarzen Hintergrund zu sehen ist. Ich blättere zu dem Interview, das er gegeben hat. Aad spricht klug und voller Begeisterung über seine neue Agentur und deren Kampagnen. Er ist jetzt Vorsitzender des Art Director Clubs der Niederlande. Ganz unvoreingenommen denke ich, dass er der Beste sein muss, den sie jemals hatten, und ich verstehe jetzt auch, warum er genau in diesem Bereich arbeiten muss, warum er dort so gut ist. Wie habe ich jemals glauben können, dass er auf einem Weingut leben will?

Eine Mischung aus Trauer und Schicksalsergebenheit ergreift Besitz von mir, und allmählich dringt zu mir durch, dass die Entscheidung gefallen ist. So ist die Lage, und ich muss sehen, wie ich damit klarkomme.

Es ist noch Frühling, aber schon sehr warm. Ich sitze unter einem Dach aus hellgrünen Blättern im Garten von Joyce, der Architektin, die ich während der Weihnachtsfeier kennengelernt habe. Den Tisch aus breiten Holzplanken hat sie selber gebaut, darauf steht eine gekühlte Flasche meines Rosés, ein Schälchen Humus und libanesisches Brot mit Sesampaste. Joyce weiß inzwischen, was ich lecker finde, und sorgt dafür, dass meine Lieblingshäppchen jedes Mal bereitstehen, wenn ich bei ihr vorbeischaue.

In der einen Hälfte der Woche leitet sie große Bauprojekte in Paris – wenn sie alleine zu Hause ist, kann sie in ihrer Rolle als libanesische Gastgeberin aufgehen. Ich bin ein dankbares Opfer. Zufrieden reiße ich noch ein Stück von dem hauchdünnen Brot ab, schenke ihr ein Glas von meinem Wein ein und schaue zu, wie die Kinder im Garten spielen. Laartje hat mit Joyce' kleinem Sohn Kinan eine Hütte in einem großen Strauch gebaut, in die die beiden jetzt Eimer voll Sand und Wasser tragen. Sie sind gleich groß, genauso wollig und blond. *»Des jumeaux!«*, trällern die Leute auf der Straße, »Zwillinge!«

Fiene sitzt in Verkleidungssachen auf einer Liege hinten im Garten. Sie trägt eine lange goldfarbene Tunika mit einem weißen Spitzenunterrock darunter, um ihren Hals eine Kette aus grünen Perlen und ein Paar große aquamarinblaue Ohrringe. Mit wilden Bewegungen bearbeitet sie einen langen Stock mit einem Messer. Plötzlich sehe ich, wie unglaublich schön sie ist. Ihr langes fließendes Haar steht in einem vollendeten Kontrast zur Schroffheit ihrer Bewegungen. »Na gut, irgendjemand muss ja die Prinzessin sein«, murmelt sie, »aber eigentlich wäre ich lieber ein Pirat.«

Ich schenke Joyce noch ein Glas Wein ein – hier, in diesem Augenblick, fühlt sich alles sehr gut an.

17

Vor dem Weinkeller gibt es ein Stück Land, das noch brachliegt. Ich überquere es mit großen Schritten, während hinter mir her ein vierschrötiger Mann in einem riesigen Bagger fährt. Er blickt missmutig vor sich hin. Gerade war es doch noch so lustig, als sein Kollege noch da war, als sie noch anzügliche Witze über die *hollandaise* machten, von der jeder weiß, dass sie alleine ist. Wir wissen genau, was sie braucht, haben diese ganzen Kerle bestimmt gedacht, bevor sie schnell das Thema wechselten, als ich näher kam. Und jetzt ist derselbe Kerl eingesperrt in seiner Maschine, während sein Hängebauch unzufrieden im Rhythmus des dröhnenden Motors zittert.

»Okay, fahren Sie einfach hinter mir her!«, rufe ich begeistert. Ich kann mich nicht dagegen wehren, unglaublich gute Laune zu haben – ich muss an die Dämme denken, die ich früher mit Michiel am Strand gebaut habe, riesige Konstruktionen, die selbst der Flut standhielten.

Ich stehe auf einem Stück Land, das fast 100 Meter lang ist. »Okay, ich will, dass Sie die gesamte Erde in diese Ecke dort schaffen«, sage ich, während ich mich bereits zu der angewiesenen Stelle begebe. Ich beobachte, wie das Gelände allmählich das richtige Gefälle erhält, inspiziere es dann genau und lasse noch einige Hügel einebnen. Dann stelle ich mir das Regenwasser vor.

»Über die gesamte Länge buddeln wir einen Abzugsgraben«, sage ich und zeichne mit einem Stock auf die Erde, wie er verlaufen soll. »Schauen Sie, so kommen wir genau bei dem Graben dort raus«, stelle ich zufrieden fest. Zwei Tage später laufe ich vor dem Bagger her, mit großen Bewegungen transformieren wir das wüste Land in ein leicht abfallendes Feld mit einer durchdachten Entwässerung. Ich habe mich noch nie so kreativ gefühlt.

Es ist offiziell, dieses Wochenende haben Aad und ich auch den Kindern gesagt, dass wir uns trennen.

»Das verstehe ich«, meinte Fiene, »ihr streitet euch sowieso immer nur.«

»Uns macht das nicht so viel aus«, sagte Marijn, »wir wohnen schon so lange alleine mit Mama.«

Nur Laartje klettert weinend zu mir auf den Schoß, sie hatte sich eingehüllt in die Seifenblase ihrer Phantasiewelt. Alle Konflikte waren so an ihr vorbeigegangen – und jetzt erwacht sie in einer ihr fremden Wirklichkeit. Sie tut mir so leid.

Jetzt steht sie mit einer Katze auf dem Arm auf dem Parkplatz und schaut zu, wie ich die Tasche mit Kleidern und meinen Laptop ins Auto stelle. Alle 14 Tage überlasse ich Aad das Weingut. Er ist Samstagmittag angekommen, wir haben noch zusammen Tee getrunken, und jetzt winken mir die Kinder, als ich langsam davonfahre.

Kurz frage ich mich, was ich hier eigentlich tue. Es fühlt sich so bedeutend und offiziell an, dass ich wegfahre. Ich mag Aad immer noch, wir streiten nicht mehr, warum gehe ich also? »Wer A sagt, muss auch B sagen«, wiederhole ich leise Rex' Worte.

Ich stelle mein Navi an und überlasse mich der Route, die sich durch ausgedehnte Weinfelder und Dörfer schlängelt, die ich nicht kenne. Irgendwo läuft ein Mädchen im roten Rock vor einem Jungen auf einem Moped weg. Haben sie Streit? Nein, das Mädchen lacht. Am Ende einer nach oben führenden Straße sehe ich ein jahrhundertealtes, kompaktes Gebäude aus großen Natursteinblöcken mit einem markanten viereckigen Turm. Davor stehen alte Autos, ein Fenster ist vergrößert worden, um einem Fensterrahmen aus Kunststoff Platz zu bieten. An einem anderen Ort würde dieses Gebäude vielleicht unter Denkmalschutz stehen, hier ist es nur die Kulisse für das tägliche Leben.

Dann fahre ich unter einer Autobahn hindurch und komme in die Appellation La Clape. Einst war dieses Stück Land eine Insel, und noch immer wirkt die hohe, felsenartige Struktur wie losgelöst vom abfallenden Land dahinter. Dichte Pinienwälder wechseln sich mit steilen Felswänden ab, dann sieht man kleine Weingärten, noch mehr Felsen und schließlich in der Ferne den Glanz des Meeres. Das Land wird ein wenig flacher, der Weg endet in dem unvermeidlichen Kreisverkehr, dann bin ich am Ziel. Saint Pierre ist ein Badeort der farblosesten Sorte, nicht mehr als eine Reihe helloranger und gelber Neubauten an einem langen, weißen Sandstrand, ein kleiner Dorfplatz mit ein paar Cafés und einem breiten, mit Betonplatten gepflasterten Bürgersteig – ihn Boulevard zu nennen, wäre eine Übertreibung. Es ist erst zehn Uhr abends, aber alles wirkt wie ausgestorben.

Als ich mit meinen Taschen zum Hotel gehe, fühle ich mich wie eine alleinreisende Frau. Und ich weiß nicht, ob ich das cool oder ziemlich traurig finden soll. Im Hotel treffe ich niemanden mehr an, aber ich habe den Code für die Eingangstür bekommen. Also schleppe ich meine Sachen über die rosa marmorierten Fliesen nach oben. Ganz wie ich es gewünscht hatte, habe ich ein Zimmer am Ende des Gangs auf der Meerseite bekommen. In der Zimmertür steckt ein Schlüssel mit einem hölzernen Fisch, wahrscheinlich eine Laubsägearbeit, die der Großvater des Eigentümers angefertigt hat. Das Zimmer ist recht groß und mit einem einfachen blauen Teppich ausgelegt. Am Kopfende des Bettes befindet sich ebenfalls eine – allerdings maschinell – ausgesägte Figur, es handelt sich um die Impression einer Welle in Schichtholz. Es gibt eine großzügige

Terrasse, einen stabilen Plastiktisch, zwei Stühle. Hier sollte ich arbeiten können.

Zufrieden gehe ich wieder nach draußen an den Strand. Inzwischen ist es völlig dunkel, und der erste Mondschein zaubert ein sanftes Glitzern auf das Wasser. Ich ziehe meine Schuhe aus, nehme sie in die Hand und renne über den Strand zum Meer. Ich fühle, wie ein breites Lachen über mein Gesicht zieht, das erst nachlässt, als ich das Wasser erreiche. Der Strand ist menschenleer. Ich laufe am Meer entlang zu einer Düne irgendwo in der Ferne. Eine schwüle Brise weht vom Land herüber, der Sand unter meinen Füßen fühlt sich noch immer warm an. Plötzlich denke ich daran, dass dies eigentlich das klassische Setting für ganz andere Aktivitäten ist. Fast wütend gehe ich zurück zum Hotel.

»Ah!«, sage ich ungehalten zu dem leeren Doppelbett, das mich angähnt, als ich die Tür mit Schwung öffne, »als ob das besser wäre!«

Am nächsten Morgen gehe ich hinunter in den Frühstücksraum, wo bereits einige ältere Pärchen hinter Körbchen mit Stockbrot und Croissants sitzen. Ich setze mich draußen an einen der ungedeckten Teakholz-Tische. Die dünne Schicht Sand, die darauf liegt, fege ich herunter, wobei ein Teil durch die Ritzen auf meine nackten Beine fällt. Ein Jogger schleppt sich träge am Meer entlang, das in einem tiefen Dunkelblau glänzt. Ich bekomme mein Frühstück, merke jetzt erst, dass einige Leute mich beobachten. Um mir ein wenig Schutz zu verschaffen, öffne ich die Zeitung, die ich von drinnen mitgenommen habe. Eine Klatschgeschichte über Ségolène Royal, was auch sonst? Ich lege die Zeitung wieder weg und bemerke, dass ich die einzige Person bin, die allein in einem Hotel am Meer übernachtet hat, und das, obwohl es in 50 Kilometer Umkreis kein Kongresszentrum gibt.

Am Abend färbt das Meer sich in ein unglaubliches Lila, in das sich Orange mischt. Am Strand kicken zwei Jungs sich gegenseitig einen Ball zu, sie sind vielleicht 20. Ich betrachte ihre aufrechten, gebräunten Oberkörper, die Freude, mit der sie hinter dem Ball herrennen, ihre kindlichen Sprünge, das Glück, das sie ausstrahlen.

Verwundert merke ich, dass mir Tränen über die Wangen laufen.

Am nächsten Tag komme ich mit der Arbeit gut voran, sodass ich mich gegen Mittag selbst zu einer Wanderung ans andere Ende von Saint Pierre einlade, wo ich noch nie gewesen bin. Die Küste wird von asphaltierten Flächen gesäumt, Parkplätzen, einem Platz für den Markt. Ich folge dem Pfad am Meer entlang und komme schließlich an vorgelagerten, aneinandergeklebten Ferienhäusern vorbei. Alles ist klein und billig gebaut. Am Geländer auf der Meerseite sitzen kräftige Frauen in geblümten Badeanzügen und diskutieren breitbeinig miteinander. Es kommt mir vor, als würde ich immer wieder an denselben Menschen vorbeigehen, am gleichen Modell 60-jährige Hausfrau und Mutter. Die Frauen schauen sich eindringlich an, ihre Gespräche haben etwas Beleidigtes und zugleich Verschwörerisches, das ich ein wenig unheimlich finde. Man merkt, dass sie über jemand anderes sprechen – ich bin froh, dass es nicht um mich geht.

Ich komme schließlich zu einem Gelände mit Wohnwagen. Es ist die Art von Campingplätzen, auf denen große Familien ihren Tag damit verbringen, ihr eigenes Auto anzugucken. Die Leute in den Wohnwagen, die dem Meer am nächsten sind, strahlen ein besonderes Selbstvertrauen aus. Es ist wahrscheinlich nicht einfach gewesen, den besten Platz zu erobern, aber jetzt stehen sie hier, sind sie die Gewinner. Wohlwollend blicken sie von ihren Plastik-Relaxstühlen aus auf das Volk hinab, das an ihnen vorbeizieht – auch eine Definition von Erfolg.

Am Ende des Boulevards begegne ich einer Frau, die mit ihrem hübschen Kleid und der fröhlichen Ausstrahlung im Kontrast zu ihrer Umgebung steht. Erleichtert lächeln wir uns an.

Ich bin wieder zurück auf dem Weingut. Die großen Türen des Weinkellers sind weit geöffnet, es riecht nach Brombeeren, nach Himbeeren, nach Kräutern wie Thymian und Rosmarin. Ich nehme den langen Schlauch vom Regal und schließe ihn an die bordeauxrote Pumpe an. In der letzten Woche habe ich gemeinsam mit Xavier Billet die neue *assemblage* ausgewählt – und nun werde ich sie herstellen. Ich schließe den Schlauch an ein großes Fass an, pumpe den ersten Teil des Weins hinüber und kontrolliere, dass es genau die Mengen sind, die ich mir notiert habe: 20 Hektoliter des Syrahs vom großen Feld, 30 Hektoliter vom Grenache. Da wir die Trauben eines jeden Weinfeldes getrennt zu Wein verarbeiten, können wir die Mischung sehr genau bestimmen. Langsam, aber sicher füllt sich das große Fass.

Nachdem alle Weine eingefüllt sind, schließe ich unten am Fass einen Schlauch an, den ich über die Pumpe oben wieder in dasselbe Fass münden lasse – eine *remontage d'homogénéisation*. Ich steige auf die Leiter, schaue in den dunkelroten Wirbel, lasse mich genießerisch vom dichten Geruch der roten Früchte betäuben. Ich nehme ein Glas, schmecke und denke, dass das der beste Wein sein muss, den wir bisher gemacht haben.

Nicht weit von Béziers entfernt, in einer beinahe völlig flachen Umgebung, liegt das Weingut *La Madeline*. Ich hatte bereits von ihm gehört – die Flaschen mit dem geblümten Etikett sieht man überall –, und so hatte ich etwas Großartiges erwartet. Aber mein Navi führt mich zu einer unzusammenhängenden Gruppe von Gebäuden an einem Weg. Hinter einem Zaun liegt ein kleiner Innenhof mit Kies, auf dem einige unordentlich geparkte Autos stehen. Ich bin erleichtert, als ich feststelle, dass eines davon Xavier gehört. Dann sehe ich den einfachen Weinkeller hinter einer Glasschiebetür in einem Gebäude aus Beton, an das links und rechts kleinere Gebäude angebaut wurden. Ich vermute, dass dort die Verwaltung untergebracht ist.

Xavier kommt mir aus dem größten Bürogebäude entgegen: »Ach, wie schön, dass Niederländer immer pünktlich sind!« Ich schaue auf mein Handy, tatsächlich, ich bin wieder fast eine Viertelstunde zu spät. Xavier geht mir in den Weinkeller voraus, wo auf dem hellbeigen Boden zu beiden Seiten riesige Edelstahlfässer aufgestellt sind – das Ganze erinnert an eine Milchfabrik. In der Mitte des Raumes steht eine komplexe Installation aus langen Rohren – eine Wundermaschine, mit der dem Wein Alkohol entzogen werden kann. Der Besitzer, ein älterer Mann mit Zopf im Fleecepulli, erklärt uns, dass sie wie ein Filter funktioniert. Der Wein wird unter Druck durch die Röhren gepumpt. Der Druck sorgt dafür, dass sich der Alkohol vom Wein trennt und anschließend aufgefangen werden kann.

Wir gehen nach draußen, wo die Installation in einen langen Schornstein aus Edelstahl mündet, der sicher sechs Meter in die Luft ragt. Auch hier stehen verschiedene Apparaturen und ein Kessel mit etlichen großen Drehrädern. Die Konstruktion fällt auf, ich frage den Eigentümer, ob das hier überhaupt legal ist. »Die AOC-Richtlinien erlauben es nicht«, sagt er. »Aber der *Vin de Pays* wird nach anderen Regeln hergestellt. Also sage ich mir: Stell keine Fragen, wenn es Probleme gibt, wirst du es schon merken.« Soweit er wisse, würden alle großen kalifornischen Weine auf diese Weise behandelt. »Ich selber mag auch keine Weine mehr, die über elf Prozent haben«, schnaubt er.

Auf dem Weg zurück zum Probierraum öffnet er die Tür zum Lager: ein riesiger Schuppen, in dem auch noch eine lange Reihe Flaschen aufgestellt ist. Ich sage an den richtigen Stellen »Oh« und »Ah« und ernte einen zufriedenen Seitenblick von

Xavier. Wir kommen an der Presse vorbei, die mindestens vier Mal so groß ist wie meine.

»Oh, wir haben drei davon«, sagt der stolze Besitzer, während er mir zu einer weiteren Reihe Fässer mit ungefähr 300 Hektoliter Fassungsvermögen vorausgeht, die draußen in einem Chaos aus losen Paletten und herumliegenden Bauteilen von Landwirtschaftsmaschinen aufgestellt sind. »Lidewij macht auf ihrem Gut alles von Hand«, erzählt Xavier.

Der Mann schaut mich beinahe mitleidig an. Eine Hobbywinzerin, nett und unterhaltsam, aber natürlich keine Konkurrenz. »Wie viel produzierst du noch mal?«, fragt Xavier. Meine 350 Hektoliter ringen dem Mann nur ein müdes Lächeln ab. »Wir erzeugen ungefähr 10 000 Hektoliter«, antwortet er trocken – nicht zu vergleichen mit Weingütern im Languedoc. »Das sind sie!«, wie nebenbei zeigt er auf die Weinfässer. Er möchte sie verkaufen, da sie für ihn zu klein sind, für mich sind sie perfekt.

Am nächsten Tag bin ich mit Bruno und einem Anhänger zurück auf *La Madeline*. Mit offenem Mund berührt Bruno die Arme des Reben-Vorschneiders auf dem Innenhof. »Das kann doch nicht gut gehen ...«, murmelt er, »das geht doch nicht.«

Als die Fässer auf dem Anhänger festgezurrt sind, kommt er zu mir. »Darf ich die maschinell geschnittenen Rebstöcke sehen? Bitte?« Er zieht ein flehendes Gesichtchen, das seine Mutter vor 20 Jahren vielleicht in Ekstase versetzt hat, bei mir aber vor allem die Phantasie heraufbeschwört, ihn zu hauen. Fehlt nur, dass er sich an meinen Ärmel hängt. »Okay«, sage ich dann doch, »steig ein.«

Schon auf einem der ersten Weinfelder erkenne ich am Bewässerungssystem, dass es sich um ein Feld von *La Madeline* handeln muss. Ich stelle das Auto am Weg ab, und Bruno ist – wahrscheinlich zum allerersten Mal, seit ich ihn kenne – schneller als ich.

»Hab ich's mir doch gedacht!«, ruft er schon beim ersten Weinstock, *»ils massacrent la vigne!«* Jetzt schaue auch ich mir die Rebstöcke aus der Nähe an, er hat recht: Es ist, als habe jemand mit verbundenen Augen geschnitten. Die Weinstöcke sehen aus wie Igel, wild stehen dünne Zweige zu allen Seiten ab, ein durchdachter Rebschnitt sieht anders aus. Bei den ersten Rebstöcken sind oft Teile der Arme weggeschnitten, und man sieht das weiße, nackte Holz durch den Bast hindurchschimmern. Das ist kein schöner Anblick. Es ist eine völlig andere Arbeitsweise. Ich vertrödele meine Zeit in schönen Weingärten, hier wird Geld verdient. Keine hohen Lohnkosten für den Rebschnitt, maschinelle Ernte, und schon ist der Gewinn doppelt so hoch. Und dann sind diese Weine auch noch teurer als meine. Ich verbanne das schockierende Ergebnis der Rechnung, die in meinem Kopf abläuft, und folge Bruno, der mit wütenden Schritten und kopfschüttelnd zum Auto zurückgeht. Ich schaue zurück zum Weingut, bereue es jetzt, dass ich nicht ein Weinfeld zur Besichtigung ausgewählt habe, das weiter von den Bürogebäuden entfernt liegt.

Um auch etwas davon zu haben, wenn Angestellter und Chefin gemeinsam unterwegs sind, entscheide ich mich auf dem Rückweg für die kleinen Wege bei Puisserguier, um noch andere Weingärten anzuschauen. Die Sonne ist inzwischen aufgegangen und verjagt den letzten Morgennebel. Im Hintergrund sehe ich die Umrisse eines Dörfchens auf einem Hügel, ansonsten deutet nichts auf die Anwesenheit von Menschen hin, nur die Weingärten, durch die ich quälend langsam fahre, um Bruno die Chance zu geben, seiner Überlegenheit Ausdruck zu verleihen. »Sehen Sie sich das doch mal an! Der kann sich doch nicht Winzer schimpfen!« Er zeigt nach links, auf ein trauriges Weinfeld: Wirklich jeder Rebstock ragt in einer anderen, völlig willkürlichen Höhe auf.

»Oder da, links!« Er deutet auf eine Parzelle voller schief hängender Rebstöcke. Wir sehen schlappe Spaliere und viele eilig geschnittene Weingärten – selbst vom Auto aus sind die Fehler leicht zu erkennen. Schließlich fahren wir den Weg zu *Mas des Dames* hinauf. Bruno wirft einen sehr langen Blick auf das große Feld mit dem Syrah, seinen Lieblingsweingarten, und sagt dann, mit einem Seufzer aus den Tiefen seines großen Körpers: »Uff!«

Im Büro mache ich, zum ersten Mal seit meiner Studentenzeit, eine detaillierte Aufstellung meiner Ausgaben. Zwar habe ich das Gefühl, sparsam zu sein, aber ein vorsichtiger Blick auf mein Konto sagt mir, dass mir das Geld durch die Finger rinnt. Eine schöne Jacke für Laartje, ein Kleid für mich, ein Salat am Strand, der winzig, aber teuer ist. Vor allem das Haus ist ein Kostenfaktor – sogar, wenn ich es nur mäßig heize, wird das Geld nur so zum Schornstein hinausgeblasen. Jeder Briefumschlag birgt eine neue Überraschung: ah, Grundbesitzabgaben – hey, so hohe Telefonkosten?

Aad verspricht, den Kindern einen guten Unterhalt zu zahlen, den Rest muss ich mit dem Wein verdienen. Genau da liegt das Problem. Auf der Messe von »Okhuysen« hatte ich lange mit einem Winzer aus dem Burgund gesprochen. Uns war aufgefallen, dass unsere Weingüter genau den gleichen Ertrag bringen und dass wir beide gleichermaßen viel Geld für die teure Handarbeit ausgeben. Wir ernten beide von Hand, sortieren und schneiden von Hand, kaufen teure Holzfässer. Der einzige Unterschied, den wir feststellen konnten, bestand darin, dass er 50 Euro für die Flasche verlangen kann und ich höchstens zehn. Wieder einmal frage ich mich, ob ich jemals von meinem Weingut werde leben können.

Ich lege letzte Hand an einen langen Artikel für das niederländische Blatt »En France«. Ich schreibe schon länger für das Magazin – eine schöne Ausrede, wenn ich die Region kennenlernen und mal etwas anderes tun möchte, als auf dem Weingut zu arbeiten. Bis jetzt fand ich es einfach nett, für das Blatt zu schreiben, jetzt werden mir auch die finanziellen Vorteile bewusst. Außerdem rufe ich »Moerland« an und schlage vor, das Wohnhaus im kommenden Sommer für ein paar Wochen zur Vermietung anzubieten. Wir verhandeln über den Preis – ich bin überrascht, dass ich mehr mit dem Weingut verdiene, wenn ich es für ein paar Tage verlasse, als wenn ich mich darauf abmühe.

Im Büro packe ich zwei Flaschen Wein sorgfältig in dicke Lagen Karton. Der Winzer aus dem Burgund hat mich mit Roy Cloud aus Washington in Kontakt gebracht, und der möchte die ersten Muster von meinem Wein. Ich lege einige Broschüren in das Paket, eine Preisliste, wer weiß, vielleicht wird etwas daraus.

»Lidewaaai!« Bruno steht vor dem Haus und brüllt – zehn Uhr, Zeit für seinen Kaffee. Ich verfluche mich selbst, dass ich diese blödsinnige Tradition ins Leben gerufen habe. Widerwillig schiebe ich meine Papiere zur Seite und schlage die Tür hinter mir zu, ein wenig zu heftig. Da sitzt unser dicker Junge schon am Tisch vor dem Haus und wartet darauf, bedient zu werden. Ich sehe schon im Vorübergehen, dass an seinem Lächeln etwas anders ist als sonst. Es ist honigsüß und auf unbestimmte Art ängstlich. Ich hole den Kaffee und schaue ihm dabei zu, wie er die berühmten vier Stück Zucker in seine Tasse plumpsen lässt. Dann finde ich ihn mit seinem runden Gesicht doch wieder sympathisch. *»Bon, la labour, ça avance bien?«*, eröffne ich das Gespräch. Er wirft mir einen gequälten Blick zu, hat offensichtlich keine Lust, übers Pflügen zu sprechen. Einen Moment lang schweigt er.

»Sie sind nicht nur einfach die *patronne* für mich«, sagt er dann. *»Mes sentiments pour vous sont plus forts que le métier.«*

Oh nein, denke ich, nur das nicht. Ein verliebter Bruno. Erschöpft schaue ich den freundlichen Jungen an, der vor mir sitzt, zehn Jahre jünger als ich und außerdem verheiratet. Worüber reden wir hier eigentlich? Im Geiste übersetze ich seine Worte: Bruno hat mehr als nur ein berufliches Interesse an mir – das könnten wir doch auch Freundschaft nennen! »Ich schätze dich auch sehr, Bruno«, sage ich, »es ist mir immer eine Freude gewesen, mit dir zusammenzuarbeiten.«

Gekränkt schaut er mich an, seufzt, trinkt seinen Kaffee aus, steht auf. Ich gehe zurück ins Büro.

Gut, denke ich, während ich auf meinen Stuhl falle, so läuft es also, wenn man als Frau alleine ist.

18

Henk hat die großen, blauen Türen weit geöffnet. Der langgezogene Lagerraum im Haus in Saint-Geniès ist jetzt sein Atelier, überall stehen große Staffeleien, auf denen halbfertige Gemälde ausgestellt sind. Ich sehe eine von schwarz zu grau verlaufende Fläche mit einer schnellen Impression von einer Schar Gänse, ein scheinbar abstraktes Bild, in dem ich plötzlich die Berge des Hinterlandes erkenne. Henk unterhält sich in seinem blauen Overall voller Farbkleckse mit einem kleinen grauhaarigen Mann. Seit er das Atelier hat, arbeitet er mit geöffneten Türen, die hereinspähenden Nachbarn hat er einen nach dem anderen eingeladen. Inzwischen ist der Raum zu einer Art Dorfplatz geworden. Es gibt dort immer frischen Kaffee, und die Dorfbewohner schauen vorbei, um ein Schwätzchen zu halten. »Wozu brauchst du all die Menschen?«, fragt Simone, als sie Henk wieder einmal mit einem unbekannten älteren Menschen antrifft.

»Ach, ich finde es einfach schön«, sagt Henk. Er wendet sich wieder seinem Gesprächspartner zu, mit dem er sich in einem gepflegten, aber langsamen Französisch unterhält. Wenn er mich mit den Mädchen sieht, kommt er lachend auf uns zu. »Geht schon mal nach oben, Mädels«, sagt er, »ich glaube, Oma hat einen Apfelkuchen gebacken!«

Ich lasse die Mädchen bei Simone und fahre alleine und von allem befreit zum Bahnhof von Béziers, wo ich in den TGV nach Paris steige. Ich lehne mich gegen das kühle Fenster und schaue in das weite, hügelige Land hinaus, das ich inzwischen als meines betrachte. Die Gegend wird flacher, es gibt keine Felsen mehr, ich entferne mich vom Süden, entferne mich von dem Ort, an dem alle Entscheidungen getroffen wurden. Ich weiß, dass eine Phase meines Lebens abgeschlossen ist, und ich weiß nicht, was vor mir liegt.

Vom Gare de Lyon aus nehme ich die Metro zum Gare du Nord, wo ich bei einem Kaffee aus einem Pappbecher warte, bis Miriam und Annemiek auf mich zukommen. Fast 20 Jahre sind wir jetzt schon befreundet. Sie kannten mich schon, bevor ich mit Aad zusammen war, und jetzt sind sie immer noch da. Wir mieten ein Dachzimmer in der Nähe der Sorbonne, wo wir auf unseren Betten liegen und bis tief in die Nacht miteinander reden. Wir frühstücken zwischen Gastdozenten der Universität, essen ausführlich im »Marais« zu Abend, besuchen eine Lee Miller-Ausstellung in der »Galerie nationale du Jeu de Paume«. Annemiek findet ihre perfekte apfelgrüne Vintage-Tasche.

Auf den Treppen vor Sacré-Cœur sprechen wir über meine Beziehung zu Aad, über die Entscheidungen, die ich in der letzten Zeit getroffen habe. »Eigentlich bist du schon sechs Jahre alleine«, sagt Miriam, »was hättest du anderes tun sollen?« Als wir später bei einer Flasche Weißburgunder sitzen, bewegt sich das Gespräch wie von selbst in Richtung französische Männer – zu den Männern auf der Straße, den Männern, die ich kenne.

»Wisst ihr, dass ich noch nie mit einem Franzosen im Bett gewesen bin«, sage ich leicht benebelt.

Zurück im Zug durchquere ich das Bordrestaurant, in der Hand eine Papiertüte mit einem Lachssandwich und Linsensalat. Ich bin wieder alleine, aber ich habe Miriam und Annemiek noch bei mir – in der Tasche eine kleine Flasche Wein und um meinen Hals eine neue Kette aus Blutkorallen, die wir in einem hippen kleinen Geschäft hinter dem Louvre ausgesucht haben. »He!«, höre ich jemanden neben mir rufen.

Ich drehe mich um und schaue in das Gesicht eines großen Mannes mit braunem Haar. Ich muss kurz nachdenken, aber dann weiß ich es wieder: Das ist Pierre, ein Winzer aus dem Minervois, dem ich einmal auf einer Weinmesse begegnet bin. Ja, jetzt erinnere ich mich wieder an ihn: In der vornehmen Umgebung von »Vinexpo« zwischen lauter Herren in Anzügen stand er in einem lässigen Hemd und einer beigen Arbeitshose hinter seinem Tisch. Ich hatte ihn lustig gefunden mit seinem wuscheligen Haar, hatte ein freundliches Gespräch mit ihm begonnen, das beinahe in einem Streit geendet wäre, weil ich anders über die Bedeutung des Profits dachte als er.

Jetzt nickt er mir auffordernd zu, macht mir an seinem Tisch Platz. Vielleicht sind es die vier Stunden, die vor uns liegen, jedenfalls geht alles wie von selbst. Kurz sprechen wir über unseren Aufenthalt in Paris, über unsere Weine, dann erzählen wir von uns selbst, von unseren Leben. Ich nehme an, dass er normalerweise nicht viel spricht, sein Blick gleitet zögernd über mein Gesicht, scheint etwas zu suchen, bleibt dann hängen. Dann erzählt er von dem alten Dorf im Burgund, in dem er aufgewachsen ist, von seinem Studium, der Weltreise, die er anschließend gemacht hat. »Ich habe das Weingut meiner Eltern meinem jüngeren Bruder überlassen«, sagt er »die Appellation ist inzwischen Gold wert, selbst der dümmste Junge aus meinen Kindertagen fährt inzwischen einen BMW. Überall stehen rosa Villen, von der Atmosphäre von damals ist nichts mehr übrig.« Pierre selbst hat Weinfelder auf einem Berg im Minervois gekauft, weit ab von der bewohnten Welt. Wir sprechen über das Leben auf dem Land, den Raum und die Leere, wie süchtig das macht. Ich stelle ihm genaue Fragen, die seine Augen kurz aufleuchten lassen. Mit Verwunderung geht er in seiner Geschichte einen Schritt zurück, holt neue Informationen an die Oberfläche, denkt über das nach, was er sagt. Ich wundere mich über die Tiefe unseres Gesprächs, die Verwandtschaft unseres Denkens. Wir kennen uns nicht, aber haben viele ähnliche Erfahrungen gemacht.

Dann kehren wir langsam zurück auf die Erde. »Wie bist du eigentlich auf die Idee gekommen, Wein zu machen?«, fragt Pierre. In zwei Sätzen erzähle ich ihm, dass die Sache mit dem Wein ursprünglich die Idee meines Mannes war, dass ich es inzwischen aber alleine mache. Es ist erstaunlich, wie einfach große Dinge erscheinen, wenn man sie mit Abstand betrachtet. Jetzt muss auch er etwas über sein Privatleben erzählen, ein paar Worte über seine Freundin – sie ist jünger als er, er hat lange mit ihr zusammengearbeitet. Seit Kurzem arbeitet sie woanders, und er ist alleine. »Ich weiß nicht, ob die Beziehung noch lange hält«, sagt er bitter, »das Weingut war das Wichtigste, was wir gemeinsam hatten.«

Ich höre nur halb zu, ich habe keine Lust auf Geschichten über Freundinnen. Als wir mit unseren Koffern darauf warten, dass sich die Türen öffnen, schaut er mir lange in die Augen, ernst und suchend. Ich fühle, wie etwas Warmes sich in meiner Brust zusammenzieht – nur mit Mühe kann ich mich von seinem Blick lösen. »Wenn du willst, ruf mich an«, sagt Pierre, »dann zeige ich dir meinen Weingarten.« Die Gruppe Feuerwehrleute, die die ganze Zeit hinter uns gestanden hat, bricht in Jubel aus.

Als ich auf das Weingut zurückkehre, sehe ich, wie das pubertäre Wachstum der Rebstöcke die Felder völlig aus den Fugen geraten lässt. Es hat viel geregnet, die Zellen der Pflanzen sind mit Wasser gefüllt, das sie sofort in ein ungezügeltes Wachstum umsetzen, in dickere Stängel, und vor allem in mehr Unkraut. Unter dem Grenache reicht mir das Unkraut bis zu den Knien, und ich möchte, dass Bruno das Feld mäht, um dann zu pflügen. Aber er quengelt schon seit vier Vormittagen, dass er einen Rotovator haben möchte. Ich bin kein Fan des Rotovators – der beliebtesten Landwirtschaftsmaschine der Männer, die ihre Trauben an die Winzergenossenschaft liefern. In Weinfeldern, in denen das Unkraut chemisch bekämpft wird, wirkt der Apparat Wunder, indem er die oberste Erdschicht fein säuberlich untergräbt. Sinnvoll ist das allerdings nicht, denn unterhalb der bearbeiteten zehn Zentimeter verdichtet sich die Erde weiter. Aber es sieht von oben gut aus. »Ordentlich«, sagen die Männer. Auf Weinfeldern, die noch natürlich wachsen, schneidet der Rotovator alles klein und sät manche Sorten Gras auf diese Weise noch weiter aus. Vor allem aus diesem Grund möchte ich keinen Rotovator.

»Aber *patronne*, schauen Sie doch nur, wie es hier aussieht«, jammert Bruno. »Ich habe gepflügt, aber es ist noch immer nicht ordentlich. Bitte!«

Trotz meiner erheblichen Zweifel bin ich froh, dass sich Brunos Aufmerksamkeit auf ein praktisches Thema verlagert hat. Die Weinfelder ähneln tatsächlich allmählich einem *forêt vierge*, also willige ich zögernd ein. Noch keine Stunde später hängt ein riesiger gelber Rotovator hinter dem Traktor. »Ist der nicht ein bisschen groß?«, frage ich, aber nein, er ist nur 1,70 Meter breit, er passt locker zwischen die Reihen im Grenache-Feld. »Gut«, sage ich, »aber sieh dich bitte in den jungen Anpflanzungen vor. Du kannst ein Stück in der ersten Reihe ausprobieren, und wenn du auch nur eine Pflanze berührst, hörst du auf!«

»Jawohl, Mama, ich passe auf!«, sagt der pubertierende Junge, der glücklich mit seinem ersten Mofa davonfährt. *Sounds like trouble*.

Ich rufe Nina, den Hund, und gehe zum Grenache, wo eine Freundin von Bruno, Alex, jetzt schon seit ein paar Tagen arbeitet. Ganz wie von selbst wandern meine Gedanken zu Pierre, dem jungen Mann aus dem Zug. Genau in diesem Moment und noch nicht einmal so weit weg von hier läuft er vermutlich durch ähnliche Weinfelder, in denen die Pflanzen genauso hoch aufgeschossen sind wie hier. Die gleiche weite Landschaft umgibt ihn, der gleiche Raum zum Grübeln. Vielleicht denkt auch er an unsere Begegnung, irgendwo bin auch ich jetzt in seinem Leben verankert. Ich erinnere mich an die Worte, mit denen wir einander gefunden haben, den letzten Blick, mit dem er mich anschaute. Dieses Kapitel ist noch nicht abgeschlossen – ich muss dich noch einmal wiedersehen.

Ich finde Alex im Syrah-Feld an der kleinen Brücke. Das Ausgeizen der Triebe ist eine Arbeit, die sehr präzise ausgeführt werden muss. Nach dem Schnitt bleiben ungefähr sechs kleine Äste am Weinstock übrig, die *coursons*, an denen sich im Frühjahr mehrere Triebe bilden. An jedem *courson* sollen jedoch laut Lehrbuch nur zwei Triebe stehen bleiben, die anderen bricht man ab. Auf diese Weise ist die Ausbeute geringer, aber die Geschmackskonzentration pro Traube höher. Doch es ist auch unglaublich viel Arbeit und sehr teuer, dafür wochenlang Leute anzustellen.

Heute ist jemand Neues dazugestoßen, Dominique. Sie ist klein, sehr schmal, und obwohl sie einige Jahre älter ist als ich, hat sie immer noch etwas Mädchenhaftes mit ihren langen dunkelblonden Haaren und ihren sportlichen Pullovern. Sie hat sich sehr gefreut, für mich arbeiten zu können, und will alles besonders gut machen. Als ich mit ihr spreche, stolpert sie über ihre eigenen Worte und erstickt mich fast mit ihren Beteuerungen, alles unter Kontrolle zu haben und sich voll einsetzen zu wollen. Sie hat diese Arbeit angeblich vorher schon einmal gemacht, aber davon merkt man nichts.

Jetzt, da wir zusammen vor dem Weinstock knien, wird mir bewusst, dass sehr viele Dinge zu beachten sind. Bei einem bereits bestehenden Arm ist es nicht so schwierig, man lässt einfach zwei Triebe pro *courson* stehen. Aber bei einem neuen Arm gibt es noch keine *coursons*, dann muss man die Triebe noch auswählen, die den Rebschnitt im Folgejahr und so auch die endgültige Form des Weinstocks bestimmen werden. Ich möchte einen gleichmäßigen Abstand zwischen den Trieben, nicht nur an der einzelnen Pflanze, sondern auch zur angrenzenden Pflanze. Die Triebe an der Oberseite muss man stehen lassen, die an der Unterseite entfernen. Doch manchmal sitzt ein Trieb zwar an der Seite, aber im richtigen Abstand zum nächsten, sodass man besser diesen als den auf der Oberseite stehen lassen sollte.

Arme Dominique, bei jedem neuen Weinstock zeigt sie beinahe zitternd auf den Trieb, über den sie das Todesurteil fällen will. Ich bitte sie darum, ihre Wahl zu erläutern, und wenn es nicht stimmt, erkläre ich ihr warum. Zunächst scheint es hoffnungslos, aber nach ein paar Stunden enger Zusammenarbeit beginnt sie, die Logik zu verstehen. Besser gesagt: Sie stellt freudig fest, dass es – Gott sei Dank – überhaupt eine Logik gibt.

Ich lasse sie beruhigt zurück, aber bearbeite weiterhin jeden Morgen eine Stunde lang eine Anzahl Weinstöcke gemeinsam mit ihr. Und langsam wird meine Sichtweise, meine Art zu arbeiten, auch die ihre. Dabei wandern meine Gedanken wie von selbst zurück zu Pierre – ich habe schon jetzt das Gefühl, weniger alleine zu sein. Der Mann hat eine Freundin, denke ich dann, sei vernünftig!

»Mama, es brennt!«, rufen die Mädchen, als ich mit ihnen von der Schule zurückkomme. Die Flammen neben dem Weg wehen hoch über die Büsche, orange lecken sie am Stamm einer alten Eiche. Bruno steht daneben und wirft mit wilden Bewegungen schaufelweise Sand gegen den Baum. *»Ne vous inquiétez pas,* *patronne«*, ruft er, während er sich den Schweiß von der Stirn wischt, *»je contrôle la situation!«*

Auf dem Weingut entdecke ich die nächste Katastrophe. Dort hängt der Rotovator schief hinter dem Traktor. »Er war doch etwas zu schwer«, wird Bruno später sagen. Ich bezahle 1200 Euro für eine neue Antriebsachse und entdecke erst später dutzende Pflänzchen, die abgebrochen sind.

Ich bin weit weg mit meinen Gedanken, als Bruno an diesem Vormittag ans Fenster klopft, um seine tägliche Tasse Kaffee abzuholen. Seit meiner ausweichenden Reaktion auf das Geständnis seiner Liebe starrt er mich düster an – sein Blick ist untertänig und fordernd zugleich, während er offenbar darauf wartet, dass ich wieder an unser Gespräch anknüpfe. Ich schalte auf stur, weil ich genau weiß, dass uns eine Diskussion darüber in Teufels Küche bringen, dass es danach keinen Weg zurück für ihn geben wird. Angestrengt lenke ich das Gespräch in andere Bahnen – wie wäre es zum Beispiel mit einem Kultivator?

Im Weinkeller kontrolliere ich die lange Reihe Fässer. Ich denke an Pierre: Hat er nicht gesagt, dass seine Beziehung beinahe beendet ist? Wie viele Männer gibt es schon, die Winzer sind, gut aussehen, gut ausgebildet sind und auch noch in der Nähe wohnen? Schon aus rein statistischen Erwägungen muss ich ihn wiedersehen. Schließlich wähle ich seine Nummer. Er ist kein bisschen überrascht. Wir verabreden uns noch für denselben Nachmittag.

Nervös steige ich in mein Auto. Ich habe das Gefühl, oben an einer hohen Piste zu stehen – wenn ich mich jetzt nach unten stürze, gibt es kein Zurück mehr. Einen kurzen Augenblick zweifele ich noch, dann fahre ich auf die Auffahrt. Ich verlasse die Straße und biege in einen kleinen Weg ein, der auf beiden Seiten von Weinfeldern und verwildertem Wald gesäumt wird.

Es ist ein ziemlich langer Weg durch eine Umgebung, in der ich immer weniger Menschen begegne. Ich habe schon lange kein Dorf mehr gesehen, nirgendwo sind Häuser, nur raue Natur, in der die braunroten Felswände fast so etwas wie Geborgenheit spenden.

Als ich schon glaube, mich endgültig verfahren zu haben, klingelt mein Handy: »Hast du einen blauen Volvo?«

Er ist es, Pierre. Ich sage ja. »Dann sehe ich dich«, verkündet er. »Ich stehe auf der anderen Seite des Weges, ein weißer Renault 4. Fahr einfach hinter mir her.« Ich sehe ihn durch das Fenster, er lacht mich an. Dann biegt er in einen Sandweg ein, der immer schmaler wird. Ich betrachte seinen Kopf mit den wilden braunen Haaren, dann denke ich kurz, dass dieses Land wirklich sehr einsam ist, dass ich mich gerade von einem Mann mitnehmen lasse, den ich gar nicht kenne. Doch der Gedanke verschwindet wie von selbst.

Wir parken am Fuße eines langgezogenen steilen Hangs, der mit Wein bepflanzt ist. Ich schaue zu dem Mann hinüber, der aus dem Auto steigt. Ja, ich erkenne ihn wieder, aber er wirkt noch ein wenig wilder in seinen verschlissenen Shorts und dem halb geöffneten Hemd. Ich sehe seine gebräunte, unbehaarte Brust, seine glatte Haut, an der ich gerne riechen würde.

»Das also ist es«, sagt er und zeigt mit einer weit ausholenden Bewegung in Richtung des Hangs. Er geht mir zum nächstliegenden Weinberg voraus. Pierre läuft schnell, und bei jeder Parzelle spricht er über die Rebsorte und seine Art zu schneiden. Wir überqueren einen Graben, da, noch ein Weinfeld. Der riesige Hügel ist mit Wein bepflanzt.

Nach zehn Minuten strammen Marsches wird mir klar, dass er einen Rundgang über die ganzen 30 Hektar machen möchte. Links, wieder ein Carignan. Rechts, ein Mourvèdre. Er hat einen eigenen Bagger – schau mal, wie hervorragend dieser Bewässerungsgraben angelegt ist! Ich sehe interessiert zu, denke an das, was ich zu bieten habe, aber hopp, schon stehen wir wieder auf der nächsten Terrasse. Anderthalb Stunden später haben wir noch immer über nichts anderes als Weinbau und Weinherstellung geredet. Schließlich sind wir vor einem großen Schuppen aus verwittertem Metall angelangt. *»Et voilà!«*, sagt er stolz. Der Höhepunkt. Sein neuer Traktor.

Während der folgenden Stunde präsentiert er mir ausführliche technische Details zu seinem Pflug, seiner *écimeuse* zum Schneiden der Rebstöcke, seinem Spritzwagen – mehr, als ich verarbeiten kann. Ich lausche seinem Redefluss mit Verwunderung, ist das wirklich der Mann aus dem Zug? Jedes Wort stapelt sich wie ein weiterer Stein zwischen uns auf. Ich habe das Gefühl, dass es seine Methode ist, sich zu schützen, mich auf Abstand zu halten. Die Situation scheint mir eindeutig, in meiner Phantasie sitze ich daher schon wieder in meinem Auto, starte es. Jetzt stehe ich auf, um diesen Gedanken in die Tat umzusetzen. Pierre blickt mir zum ersten Mal in die Augen. »Hm«, fragt er zögernd, »hast du Lust, mit mir essen zu gehen?«

So dicht nebeneinander ist plötzlich alles anders – der kleine Renault steht unter Strom. Pierre ist mir so nah, dass ich sein Bein berühren würde, wenn ich meine Hand von meinem Schoß gleiten ließe. Er schaut mich kurz von der Seite an, ich frage mich, warum ich so intensiv fühle, ja: was ich eigentlich verspüre.

Im Restaurant sitzen wir an einem winzigen viereckigen Tisch. Es lässt sich beinahe nicht verhindern, dass sich unsere Beine berühren. Mit einem unbehaglichen Gefühl rutsche ich zur Seite, er auch. Wie von selbst kehren wir zu unserem Gespräch im Zug zurück. Ich sehe wieder den gleichen Glanz in seinen Augen, wenn ich ihm Fragen stelle, unsere geistige

Nähe zeigt sich. »Mein Gott, es ist so lange her, dass ich so mit jemandem sprechen konnte«, seufzt er, »eigentlich bin ich schon jahrelang völlig alleine.« Kurz frage ich mich, was das in Sachen Freundin bedeutet, frage aber nicht nach.

Endlich sind wir mit dem Essen fertig, auch mit dem Nachtisch, der altmodischen *dame blanche*, die er bestellt hat. Als wir das Restaurant verlassen, fühle ich mich noch immer unbehaglich in meiner Haut, er wohl auch. Es ist eine lauwarme Nacht, ein großer Vollmond spiegelt sich im Wasser des Brunnens. Kurz stehen wir uns unentschlossen gegenüber. Dann nehme ich, ohne nachzudenken, seine Hand: »Lass uns noch ein Stückchen gehen.« Er lacht mich an, folgt mir.

»Ich dachte, dass es für Niederländer normal ist, jemand anderen einfach so an der Hand zu nehmen«, wird er später sagen.

Wir schlendern durch eine schmale Straße, kommen an einen kleinen Fluss. Der Mond ist übertrieben schön, alles funkelt, ist überzogen von einem weichen gelben Licht. Auf einer Brücke zieht er mich vorsichtig an sich und küsst mich auf den Mund. Alle Energie in meinem Körper zieht sich in einem Punkt zusammen. Etwas Warmes explodiert in meiner Brust. Er befreit sich wieder, mit einer Mischung aus Erstaunen und Genuss schaut er mich an: »Ich hätte nicht gedacht, dass ich je wieder eine andere Frau küssen würde.«

Ich nicke, lache, fühle, wie die Wärme seiner Hand sich in meinem ganzen Körper fortsetzt. Auf der anderen Seite des Wassers laufen wir weiter, bleiben alle paar Meter stehen, küssen uns sanft und wie selbstverständlich, genau wie vorhin.

Als wir zurück in seinen Weinbergen sind, brauche ich einige Zeit, bis ich in meinen Wagen steigen kann. Er kommt auf mich zu, küsst mich durch das offene Fenster, zieht sich dann langsam zurück. Die kleinen Steinchen knirschen, als ich zurück zum

Ausgang fahre. Ich schaue mich um. Dort steht er im Mondlicht, das Weiß seines Hemdes leuchtet auf dem Braun seiner Haut. Seine Augen scheinen zu strahlen, sein breites Lachen ist ein einziges Versprechen.

19

Simone läuft unruhig um mich herum. »Beeil dich doch, Kind, du weißt doch, wie es mit diesen Charterflügen ist, man muss pünktlich sein!« Ich weiß, dass ich bereits eine Viertelstunde zu spät bin, aber ich will auf alle Fälle noch ein paar zusätzliche Broschüren mitnehmen. Ich suche auch das Fotoalbum, jedes Mittel ist recht, um einen guten Eindruck bei dem angesehensten Weinhandel Londons zu hinterlassen. Es ist ausschließlich der Journalistin Rosemary George zu verdanken, dass »Berry Bros & Rudd« mich empfangen will. Normalerweise beschränkt ihre zurückhaltende Aufmerksamkeit sich auf die *Premier Crus* dieser Welt – Bordeaux, Burgund, Champagne –, ein unbekanntes kleines Weingut im Languedoc ist höchstens eine Randnotiz.

Glücklicherweise ist es nach Carcassonne nicht so weit, wie ich gedacht hatte. Hinter dem Check-in-Schalter sitzt ein blasses englisches Mädchen mit dünnem blondem Haar, das verärgert reagiert, als ich ihr sage, dass ich meinen kleinen Koffer einchecken will. »Warum nehmen Sie ihn nicht mit ins Flugzeug?«

»Weil er Flaschen enthält«, sage ich vorsichtig. »Haben Sie vielleicht Aufkleber, um ihn als zerbrechlich zu kennzeichnen?« Was für eine Frage, natürlich nicht. Unruhig sehe ich den Koffer durch die Plastikklappe gleiten, auf dem Weg zu den großen, starken Jungs, die sicher nicht zärtlich mit ihm umgehen werden.

Im Warteraum treffe ich auf eine Monokultur von Briten im

fortgeschrittenen Alter. »Normalerweise komme ich hier nicht oft hin«, sagt ein älterer Herr in einem Tweed-Jäckchen, während seine Frau, mit grauen Haaren und Perlenkette, mich argwöhnisch beobachtet. »Ich stehe immer oben in der Ankunftshalle«, redet der Mann fröhlich weiter, »und warte auf meine Gäste. Wir haben oft Gäste, wir haben nämlich ein Haus hier.« Kurz hält er inne, um mir Zeit zu geben, seine Mitteilung zu verarbeiten. »Und Sie«, fragt er dann freundlich, »Sie machen hier Urlaub, nehme ich an!?«

»Hm, nein, ich habe ein Weingut in der Nähe von Béziers«, sage ich. Er wirkt beinahe schockiert. Das war eindeutig die falsche Antwort. *»Oh really?«*, sagt er, »Sie leben dort?«

Verstehe, es geht um die Hierarchie unter den Rentnern im Ausland. Wer ein eigenes Haus hat, steht über dem normalen Touristen, und wer das ganze Jahr hier ist, steht über dem Gelegenheitsbewohner. Und natürlich übertrifft es alles, wenn man das ganze Jahr hier lebt und selber Wein herstellt. Kinder auf einer französischen Schule bringen auch eine Menge Bonuspunkte. *»How interesting«*, sagt der Mann, der sich jetzt ohne jede Gegenwehr von seiner Frau mitziehen lässt.

Ich starre vor mich hin, stelle mir Pierre vor, etwas weiter vorne in der Reihe – er schaut mir in die Augen, er lacht. Schnell merke ich, wie ich unbewusst zu lächeln begonnen habe. Jetzt steht Pierre hinter mir, ich fühle die Wärme seines Körpers. Bevor ich auf noch heftigere pubertäre Gedanken verfallen kann, öffnet sich die Schleuse vor mir. Während des gesamten Fluges schaue ich aus dem Fenster, ich lese nicht – zu viele Gedanken spuken mir im Kopf herum.

Auf dem Flughafen London Stansted laviere ich mühelos durch die Massen zu den Zügen. Noch bin ich mir des riesigen Fehlers, den ich gerade begehe, nicht bewusst, betrachte ich mich selber mit selbstgefälliger Zufriedenheit: Schau sie dir an, wie sicher sie mit dem kompakten Koffer umgeht, in dem alle Flaschen die Reise überlebt haben! Wie wunderbar stoßfest ist alles eingepackt! Wie gut sie den Weg kennt!

Die Gegend, in der ich meinen Termin habe, sehe ich in Gedanken vor mir. Ein Büro der Agentur »Saatchi & Saatchi«, das ich früher ab und zu besucht habe, ist in der Nähe, ich erinnere mich an weiße Treppen mit Säulen. Um sicher zu sein, dass ich die richtige Metro nehme, ziehe ich keine Karte aus dem Automaten, sondern gehe zum Schalter. »Welche Metro muss ich zur St. James's Street nehmen?«

Hinter dem Schalter sitzt eine junge Frau mit fettigem, gelocktem Haar. Ein grinsender älterer Mann hat sich halb über sie gebeugt, offenbar ist er für ihre Ausbildung zuständig. Möglich, dass er sie tatsächlich nur in den Verkauf von Metrokarten einweiht, aber er wirkt, als könnte er sich kaum zurückhalten. »St. James?«, fragt er, »da müssen Sie dort hinüber auf die andere Seite.«

Und ich, idiotisch wie ich bin, gehe in diese Richtung, ja, steige sogar in den Zug. Artig verfolge ich die Stationen. Noch drei Stationen. Noch zwei. Es ist ziemlich weit, und ich bin froh, dass ich direkt zu meinem Termin kann.

Der Zweifel packt mich erst, als ich im Dunkeln die Straße entlanglaufe. »Wissen Sie, wo die St. James's Street ist?«, frage ich einen blassen Jungen mit einem hellgrünen Irokesenschnitt. »Sie sind schon da!« Er lacht. Ich schaue mich um: viele farbige Menschen, kleine Geschäfte, viel Betrieb, überhaupt nicht die Umgebung, die ich mir für so einen vornehmen Weinladen vorgestellt habe. Aber vielleicht ist »Berry Bros.« kleiner, als ich dachte!? Oder vielleicht habe ich meinen Termin in einem ihrer Geschäfte und nicht in der Hauptniederlassung? Ich mache mich auf Suche nach der Hausnummer drei und muss die ganze Straße hinunterlaufen. Den immer schwerer werdenden Koffer mit den Flaschen ziehe ich hinter mir her. Dann werden die Nummern plötzlich gerade, also doch in die andere Richtung. Ich begegne erneut dem jungen Mann mit dem Irokesenschnitt, der mich grüßt wie eine alte Bekannte. Inzwischen ist es halb sechs, Zeit für meinen Termin. Erst jetzt und schlagartig wird mir bewusst, dass das hier total in die falsche Richtung läuft. Ich weiß, dass Simon Field nach mir noch einen anderen Termin hat. Meine Chance ist somit gleich vorbei.

Ich rufe im Büro von »Berry Bros.« an. Der junge Mann, der das Gespräch entgegennimmt, hat keine Ahnung, wo ich bin, ruft aber mehrmals »Buckingham Palace!«. Einen Palast kann ich mir in der Umgebung, in der ich mich gerade befinde, nun wirklich nicht vorstellen, und endlich, endlich dringt es zu mir durch: Es muss noch eine andere St. James's Street geben.

Ich mache mich sofort auf die Suche nach einem Taxi, etwas, was in dieser Gegend beinahe surreal anmutet. Ich lasse mich zwei Mal in eine Richtung schicken, in der es angeblich einen Taxistand geben soll, dann komme ich an einem Geschäft vorbei. An der Fassade steht mehrmals das Wort »Taxi«. Ich eile hinein, wobei ich meinen inzwischen 100 Kilo wiegenden Koffer mühselig die Treppe hinunterschleife. Hinter einer Trennwand aus Plexiglas sitzt ein Mädchen, das mich mit einem glasigen Blick anstarrt. Hat sie etwas geraucht? Geschluckt? »St. James's Street!!«, sage ich immer und immer wieder. »Im Zentrum! In der Nähe vom Buckingham Palace!«

Nach längerem Schweigen erhebt sich ein dunkelhäutiger Inder aus einem verfilzten Stuhl. »Kommen Sie mit mir. Ich bin Ihnen zugewiesen.« Es ist Viertel nach sechs, verzweifelt laufe ich hinter ihm her zu einer dunklen Garage. *»Stand here!«*, sagt er streng. Ich erstarre in der befohlenen Haltung. Ich finde alles okay, wenn ich nur ans Ziel komme.

Nach einigen Minuten fährt er in einem alten, grauen Pkw ohne erkennbares Taxischild vor. Gehetzt steige ich ein, meinen Koffer lege ich neben mich auf die Rückbank.

Der Mann holt in aller Ruhe einen Stadtplan hervor, den er entspannt durchblättert. »Gott ...«, sagt er, »wissen Sie, dass es ungefähr zehn St. James's Streets in London gibt? ... Das ist ziemlich viel. Die Frage ist nun ... in welche wollen Sie?«

»Ins Zentrum! Buckingham Palace!!«, schreie ich jetzt beinahe.

»Ich kann Sie dorthin bringen«, sagt er, »aber es ist eine gute Stunde von hier aus, vielleicht mehr, bei all den Staus.« Ich habe das Gefühl, verrückt zu werden. Jetzt ist es beinahe halb sieben, ich bin mehr als eine dreiviertel Stunde zu spät. »Aber ich habe es eilig ... ich habe einen Termin ...«, japse ich. Ich könnte heulen.

»I will help you!«, sagt der Mann auf einmal entschlossen. »Ich bringe Sie zur nächsten Haltestelle der Piccadilly Line. Von dort aus ist es keine halbe Stunde. *You are happy now? Yes? Are you happy??«* Na ja, nicht wirklich happy, sage ich, aber doch schon viel happier als noch gerade eben.

In Green Park tauche ich wieder auf und lande in einer anderen Welt – breite Straßen mit majestätischen Häusern, gut gekleidete Menschen und unüberschaubare Reihen schwarzer Stadttaxis.

Ich habe Simon Field am Telefon. »Sehen Sie das ›Ritz‹ vor sich?«, fragt er. Ich stehe vor einem großen Gebäude aus dem 19. Jahrhundert mit einer Galerie und Festbeleuchtung. Ist es das Ritz? Ja, Gott sei Dank. Ich folge den Anweisungen der zuvorkommenden britischen Stimme an meinem Ohr, und fünf Minuten später bin ich da: St. James's Street 3. Ein schönes, altes Ladengeschäft mit dunkelgrünen Bogenfenstern mit Holzsprossen. »Berry Bros & Rudd. Winemerchants« steht in goldenen

Buchstaben auf der mittleren Tür – ich sehe Mr. Scrooge vor mir, »A Christmas Carol«, irgendwas von Dickens jedenfalls.

Eine junge Frau führt mich über eine Gasse zu einem wunderbar restaurierten Innenhof und von dort aus in ein Zimmer, in dem mich eine freundliche Dame im Kostüm bittet, an einem polierten antiken Tisch zu warten. So habe ich ein wenig Zeit, meine Umgebung auf mich wirken zu lassen: Die Wände mit ihrer sanft glänzenden Vertäfelung aus dunklem Eichenholz sind mit Stichen und Porträts aus dem 17. und 18. Jahrhundert bedeckt. Im Kamin brennt ein unechtes Feuer, dessen Licht sich in einer Sammlung antiker Karaffen spiegelt. Alles atmet eine Zeitlosigkeit und Selbstverständlichkeit, die mich sofort alle Entbehrungen des vergangenen Tages vergessen lässt.

Dann betritt ein blonder Mann mit lichtem Haar den Raum. Er trägt einen ordentlichen Anzug und stellt sich überaus korrekt vor: Simon Field. Jünger, als ich gedacht hatte. Umständlich entschuldigt er sich dafür, dass ich das Geschäft so schlecht habe finden können, er hätte es mir besser erklären müssen, *so very very sorry* ist er für die *inconvenience*. Selbstverständlich ist das meine Schuld, eine Tatsache, an der auch er keinen Augenblick zweifeln wird. Aber seine Galanterie passt in die Umgebung. Zufrieden erhebe ich ein paar angemessene Einwände, ein schönes Spiel.

Kurz entschuldigt er sich, dann kommt er mit zwei hohen Champagnergläsern zurück. Jetzt finde ich ihn erst recht sympathisch. Zufrieden nippe ich an meinem Glas und lausche seinen Erläuterungen zu »Berry Bros.«, einem Unternehmen, das sich schon seit 1698 in diesem Gebäude befindet. Es vertritt die großen Bordeaux-, Burgunder- und Champagner-Häuser und hat nicht viel mit dem Languedoc zu tun. »Sie sind doch nicht extra meinetwegen hier?«, fragt er besorgt.

»Nein, natürlich nicht«, sage ich mit gespielter Leichtigkeit. Dann führt mich Simon Field herum – von dem Verkaufsraum aus dem 18. Jahrhundert mit seinem glänzenden Holzfußboden zu den Kellerräumen, wo ich hinter Metallgittern staubige Flaschen stehen sehe, auf denen ich Jahreszahlen wie »1904« oder »1876« entziffere. Ich höre das entfernte, hohe Lachen einer Frau. »Im großen Saal findet ein Essen statt«, erläutert Simon.

Nach unten können wir auch nicht, in dem Gewölbekeller mit den modernen Holztischen wird eine Weinprobe abgehalten. Er lässt mich kurz durch den Türspalt hineinschauen, und ich sehe eine große Gesellschaft überwiegend junger, modisch gekleideter Leute, die große Weingläser vor ihre Nasen halten. Später werde ich erfahren, dass »Berry Bros.« schon zum sechsten Mal zum besten Internet-Weinhandel gewählt wurde.

Im Moment jedoch schwelge ich im Traditionellen. Wir kommen an weiteren staubigen Flaschen vorbei, um dann eine kleine Treppe hinaufzugehen. Sie mündet in einen Absatz mit einem abgenutzten Belag aus dunklem Eichenholz. »Ich schlage vor, dass wir jetzt den Wein probieren«, sagt Simon, während er die Tür zu einem hellen Zimmer mit hohen Fenstern und einer hellgrünen Vertäfelung öffnet.

Entlang der Wand stehen einige angebrochene Flaschen Wein aus einem großen Burgunder-Haus. Es gibt eingebaute Spuckbecken und Glasinstrumente wie aus dem Labor. Erst nach einem kurzen Moment entdecke ich, was sich in der Mitte des Zimmers befindet: Auf einem barock anmutenden Sockel aus farbigem Holz stehen wie Objekte in einem Museum drei Flaschen. Kurz raubt es mir den Atem, sie hier so zu sehen: Es sind *La Dame 2005*, *La Diva 2004* und der *Blanc 2007*, die ich bei meiner Ankunft der Dame im Kostüm übergeben hatte.

Simon reicht mir ein Glas und öffnet die drei Flaschen sorgfältig. Lass sie gut sein, denke ich insgeheim, bitte! Kein Korken, kein seltsamer Geschmack, nicht hier, nicht jetzt. Wir fangen mit dem Weißen an. Ich bewege den Wein vorsichtig im

Glas und stecke fast ängstlich die Nase hinein. Frisch. Blumig. Ein leichter Geruch von Fenchel. Genauso, wie er sein sollte.

»Welch schöner, purer Wein«, sagt Simon, »*nice minerality*. Originell.« Wir gehen über zum roten *La Dame*. Er ist phantastisch.

In dem Raum mit der Holzvertäfelung flackert der elektrische Kamin noch immer fleißig. Es ist inzwischen neun Uhr, aber Simon setzt sich entspannt in einen Sessel, um die Unterlagen durchzusehen, die ich mitgebracht habe. »Sie haben mich überrascht«, sagt er, »ich muss sagen, dass mich der erste Rotwein besonders interessiert. Wie viele Flaschen haben Sie davon noch auf Lager?«

Ich blättere in meinem schwarzen Moleskine-Büchlein, in dem ich glücklicherweise noch im letzten Moment die Zahlen aus dem Vorratsregister notiert hatte. »Nicht mehr viel«, muss ich zugeben, »noch zwei Paletten, und dann gehe ich zum 2006er über.«

»Dann möchte ich die letzten zwei Paletten gerne von Ihnen übernehmen«, sagt Simon, »melden Sie sich, sobald Sie wieder in Frankreich sind.«

Es ist schon fast zehn Uhr, als ich endlich mein inzwischen ein wenig leichteres Köfferchen von der Hammersmith Station zum Haus von Rosemary George schleppe. Sie wohnt in einer Straße mit Backsteinhäusern vom Anfang des 20. Jahrhunderts mit vielen Erkern, weißgestrichenem Holz und kleinen Gärten vor jedem Gebäude. Der Vorgarten von Rosemary ist gepflastert, um einem kleinen weißen Peugeot Platz zu bieten. Als die Tür sich öffnet, kommt die britische Gastfreundschaft zu ihrer Entfaltung: »Lidewij! *You're here! How lovely to see you! Please come in!*«

Hinter Rosemary erscheint ihr Mann Christopher, der bereits

beide Hände zu einer theatralischen Begrüßungsgeste erhoben hat: *»Lovely, lovely. Welcome!«* – für eine müde Reisende eine schöne Art, begrüßt zu werden. Zufrieden folge ich ihnen ins Wohnzimmer, wo ich in einem unscheinbaren Sessel aus hellblauem Samt zusammenbreche, der auf Laartjes Größe zugeschnitten zu sein scheint und unerwarteterweise schaukeln kann. Das Zimmer riecht nach Opas und Omas Haus, nach damals. Ich gebe den beiden Geschenke, zwei bleischwere Bücher, ja richtig, die waren auch noch in meinem Koffer.

»Wie war es bei Simon?«, fragt Rosemary später in der Küche. »Sehr gut«, sage ich zufrieden, »er hat zwei Paletten bei mir bestellt.« Rosemary lässt die Suppenkelle los: »Was sagst du? Will er nach dem ersten Treffen bei dir bestellen?!« *»Just like that«*, sage ich lachend, »das habe ich dir zu verdanken.«

An diesem Abend liege ich in einem federnden Bett mit Patchwork-Decke und studiere das Buch, das Simon mir gegeben hat. *»The customer list includes luminaries such as Lord Byron and the Duke of Wellington«*, lese ich. *»Berrys first supplied wine to the British Royal Family during the reign of George III and has continued to do so to the present day.«* Ein guter Rahmen für die freundlichen Flaschen aus Murviel-lès-Béziers, denke ich lächelnd. Dann klingelt mein Telefon – ich muss nicht hinschauen, um zu wissen, wer es ist: Pierre.

»Auf ein Weingut gehören auch Tiere«, finden die Mädchen, »große Tiere, Hunde und Katzen kann man auch in der Stadt halten.« Von meinem Büro aus schaue ich auf ein großes leeres Feld, ich muss zugeben, dass es ziemlich verlassen wirkt. In Zeitschriften sehe ich biologische Winzer, die mit Pferden arbeiten. Wir haben einmal mit Eseln geerntet – sehr sympathische Tiere, fand ich. Eine gute Alternative auch zu der Kuh, die Fiene sich schon vor zwei Jahren zu ihrem Geburtstag gewünscht hatte. »Das ist praktisch«, sage ich zu Simone, »ein

Esel kann im Winter das Unkraut in den Weingärten kurz halten, wir haben gratis Dünger, und wir müssen das Feld nicht mehr mähen.« Sie schaut mich an wie durch einen dichten Nebel. »Ein Esel?«, sagt sie, »na ja, wenn du das schön findest.«

Und dann kommt Gaston, ein viel zu großer provenzalischer Esel, der in einem Anhänger auf das Grundstück gefahren wird. Mit seinem riesigen Schädel verteilt er heftige Kopfstöße, die mich fast umwerfen. *»Ah, des coups de boule ...«*, sagt die junge Frau von der Reitschule entzückt, »er ist ja so anhänglich.«

Als die Kinder in der Schule sind, lege ich Gaston sein Halfter an, um mit ihm spazieren zu gehen. Er will rennen. Ich stemme meine Fersen in den Boden, sodass mir der Schweiß am Körper hinunterläuft, als ich versuche, seinen Kopf nach unten zu halten, ihn zwinge, neben mir zu bleiben. Wir kommen an Monsieur Lampilas vorbei, der erschrocken in den Graben springt. »Ich habe noch nie so einen großen Esel gesehen«, sagt er. Während ich versuche, Gaston zum Stehen zu bewegen, erzählt Monsieur Lampilas mir von dem Arbeitspferd seines Vaters, das versucht hatte, ihn im Stall gegen die Wand zu drücken. »Wenn ich mein Taschenmesser nicht dabeigehabt hätte, wäre ich tot gewesen.« Ich nicke, bedanke mich für die aufmunternde Geschichte und kämpfe mich zurück nach Hause.

Vorsichtig trage ich meine Probleme der jungen Frau vom Reitstall vor, die sofort weiß, dass sie ein Weichei vor sich hat. Sie beginnt, sich nach einem kleineren, ruhigeren Esel umzuschauen.

Eine Woche später fahre ich erneut mit den Mädchen durch die wilde, verlassene Landschaft, dieses Mal zum *centre équestre*, also zum Reiterzentrum, in Berlou. Im Sommer können die Touristen hier Esel für Rundritte mieten, jetzt stehen die einsamen, ungesattelten Tiere verloren im Licht der tief stehenden Morgensonne.

»Das ist er.« Die junge Frau aus dem Reitstall zeigt uns einen jungen, grauen Esel mit einem dunklen Streifen auf dem Rücken. Er ist nicht groß, scheint vorsichtig, fast ein wenig schreckhaft zu sein. Aber als ich ihn streichele, lehnt er seinen Kopf an mich. »Was haltet ihr von ihm?«, frage ich die Mädchen. »Ja! Ja! Das ist er!«, rufen sie. Wir nennen ihn Gaspard.

»T'es dans mes pensées à chaque instant«, schreibt Pierre – ich fühle wie er. Ich denke an ihn, wenn ich im Weinkeller arbeite, wenn ich durch die Weinfelder laufe, mein Alltag ist immer der gleiche, aber ich bin nicht mehr allein. Über Mittag setze ich mich auf ein sonniges Plätzchen, neben mir das Telefon, ich lächele, sobald ich seine Stimme höre. Abends liege ich im Bett und warte, ich weiß, dass er anrufen wird, dass wir bis weit nach Mitternacht miteinander sprechen werden.

Wir verabreden uns irgendwo in einem Weinberg bei Saint-Chinian, wandern in Bize Minervois am Wasser entlang, suchen die Kühle der hohen Berge im Hinterland auf. Ich hatte völlig vergessen, dass ich so unglaublich viel fühlen kann. Auf meinem eigenen Land gehe ich wie durch einen Traum: Es ist der Ort, an dem ich immer so alleine war, und jetzt habe ich einen Mann an meiner Seite, den ich liebe, der auch Wein herstellen möchte und sonst nichts. Ich schaue ihn aus den Augenwinkeln heraus an – sein leicht geöffnetes Hemd, seine gebräunte Brust, sein Haar, das im Wind flattert. Dann sieht er, dass ich ihn anschaue, er dreht seinen Kopf zu mir herum und lacht – einige erste Falten bilden sich in seinen Augenwinkeln.

Laartje sitzt in einem Sonnenstrahl vor ihrem Puppenhaus. Ein Nachbar von Simone hat es für seine Enkel gebaut, die sich nicht dafür interessierten. Laartje ist an dem Haus festgewachsen, stundenlang stellt sie die Möbel um, räumt dann alles leer, um das Haus anschließend mit ihren Playmobil-Sachen auszustatten. Im Garten sucht sie winzige Beeren, die sie auf die Teller legt, sie macht Kleider aus Blättern. Beständig murmelnd führen die Puppen lange Diskussionen miteinander, von denen ich nur ab und zu ein Wort verstehe: *»Mais non ma fille, ne me quittes pas!« – »Tant pis, t'as vendu mon cheval, là c'est trop tard!«* Ich schaue Laartje unbemerkt an, sehe die Konzentration auf ihrem Gesicht, sie ist hier und auch wieder nicht. Dann muss ich sie aus ihrer Welt herausreißen, sie an den Tisch setzen, damit sie Hausaufgaben macht.

»Nein Laartje, *alors* schreibt man mit einem s am Ende«, sage ich. Sie schaut kurz von ihrem Heft auf, zu mir. »Nein«, sagt sie, »das mache ich nicht. Das ergibt keinen Sinn. *Alor, alor,* hörst du ein s?«

Laartjes Lehrerin hat zu einem Elternabend in die Schule eingeladen. Da sitzen sie nun, die Eltern aus dem Dorf, in sich zusammengesunken an den kleinen Tischen. Ich finde einen Platz neben einem dicken Mann in einer blauen Arbeitshose. Mit schreckhafter Unterwürfigkeit starrt er zu dem Mann hinüber, der da neben der Lehrerin vor der Tafel steht. Es ist nicht der Notar oder der Bürgermeister, aber immerhin, es ist der Direktor der Schule – die Obrigkeit.

Und der Direktor ist sich seiner Wirkung bewusst. Ruhig beobachtet er sein Publikum, wirft einen korrigierenden Blick auf die Frau ganz vorne, die sich mit ihrer Nachbarin unterhält, dann beginnt er zu sprechen. »Dies ist ein wichtiger Moment im Leben Ihrer Kinder«, sagt er, »sie lernen lesen. Wir sollten ihnen dabei helfen.«

Er wird uns wohl sagen, wie wichtig es ist, den Kindern vorzulesen und Kinderbücher anzuschaffen, und ich werde daran erinnert, dass ich Laartje tatsächlich ein wenig öfter vorlesen könnte. Doch er hat etwas anderes zu vermelden: »Wir wollen ehrlich sein, wer liest heutzutage eigentlich noch? Sie schauen natürlich vor allem Fernsehen, jeder schaut Fernsehen, wann ist der Fernseher überhaupt noch aus?« Links und rechts nicken die Eltern, natürlich, so ist es.

Dann kommt der Direktor zum Kern seiner Ausführungen: Für die Kinder wäre es gut, wenn sie ihre Eltern ab und zu mit Lektüre in der Hand sehen würden. Es müsse ja nicht unbedingt ein Buch sein, eine Broschüre oder eine Zeitschrift würden es auch tun.

Wir verlassen den Raum mit der Empfehlung, wenigstens einmal in der Woche die Sportzeitschrift zu kaufen. Als ich zwischen den heftig an ihren Zigaretten ziehenden Eltern nach draußen gehe, frage ich mich ernsthaft, wo ich meine Kinder aufwachsen lasse.

20

Es war Winter, und es ist wieder Frühling, Pierre gibt es noch immer. Wenn wir zusammen sind, sind wir losgelöst von dieser Welt – weit von den anderen Menschen entfernt –; manchmal denke ich, dass unser Leben etwas Surreales hat.

Jeden Morgen ist Pierre um sieben Uhr in seinen eigenen Weinbergen unterwegs, mittags setzt er sich zum Essen auf ein Stück Karton auf den Boden, dann arbeitet er bis acht Uhr abends, manchmal auch länger. Auch ich hocke gerade auf dem Boden und verspeise mein Brot, schaue zu dem Mann hinüber, der neben mir sitzt – die Sonne glänzt auf seinem Haar, hinter uns zirpen die ersten Grillen. Mit ruhigen Bewegungen schneidet er noch ein Stück Brot ab, streichelt mein Bein. Er sagt Dinge wie: *»Je suis un homme de la terre«* und *»comme la mer, la terre rend humble«*. Vielleicht ist das die Wahrheit, denke ich, weit weg von allem Materiellen und aller Arroganz, schließlich bin ich deshalb aus meinem früheren Leben weggelaufen.

Als ich nach Hause komme, empfinde ich es beinahe als zu komfortabel, zu luxuriös. Eigentlich will ich auch so ein Naturmensch sein wie er. Ich lese »Walden« von Thoreau, schaue Filme wie »Into the Wild« und mühe mich mit Aufgaben ab, die ich zuvor gedankenlos Bruno übertragen habe. »Können wir nicht einfach Kaffee trinken?«, fragt mich dieser, als er mich wieder einmal in gebückter Haltung in irgendeiner Parzelle antrifft – ein tiefes Misstrauen spiegelt sich in seinen Augen bei allem, was ihm entgeht.

Simone ist jetzt schon seit mehreren Wochen in Murviel, aber ich habe noch nicht viel mit ihr unternommen, ich hatte zu viel Arbeit auf dem Weingut und zu viel mit mir selbst zu tun. Aber heute schaue ich einen Moment lang nicht hin, hole tief Luft und steige mit ihr und den Mädchen ins Auto.

Durch die hellgrünen Blätter der Platanen fällt gefiltertes Licht auf die Allée Paul Riquet in Béziers. Wie immer sitzen hier die tiefschwarzen Männer von der Elfenbeinküste, vor ihnen liegen ihre Teppiche, auf denen sie veraltete Sonnenbrillen und Täschchen anbieten, deren Reißverschlüsse nicht funktionieren. Normalerweise bin ich zu sehr in Eile, aber heute schaue ich mir bewusst an, was sie verkaufen. Gibt es wirklich nichts, was ich haben möchte, und wäre es nur, um ihnen eine Freude zu machen? Eine ausgebleichte Kappe mit der Aufschrift *J'adore Paris* oder eine rosa Tasche mit einer schief aufgenähten Hello-Kitty-Figur? Die älteren Migranten sitzen wie immer auf den Bänken. Jetzt, da ich mir die Zeit nehme, nehme ich ihre großen Gesten wahr, die Stickereien auf ihren Kopfbedeckungen, die Selbstverständlichkeit ihrer Anwesenheit.

Ich muss an François, den Notar, denken, der hier aufgewachsen ist. Als er noch jung war, war die Allee das Herz der Stadt. Als Junge saß er mit seinen Freunden auf denselben Bänken, während die Mädchen der Stadt in ihren schönsten Kleidern immer wieder an ihnen vorbeiflanierten. Ich frage mich, wo sich die Jungen und Mädchen heute treffen. Wahrscheinlich in den deprimierenden Diskoschuppen vor den Toren der Stadt, in einem dieser gleichförmigen, düsteren Räume, wie man sie überall in Europa auf dem Land findet.

Fiene und Marijn laufen wie zwei schnurrende Katzen neben mir her. Marijn hält meine Hand, Fiene lehnt sich im Laufen leicht gegen mich, während Laartje auf und ab springt und mit mir, mit Simone, mit niemandem im Speziellen redet.

Um unserer Exkursion ein wenig Glaubwürdigkeit zu verleihen, gehen wir kurz durch die Einkaufssträßchen am Ende der Allee. Aber eigentlich hat niemand Lust, etwas anzuprobieren oder zu kaufen, und so landen wir – wie immer – an einem Tisch bei »Le Victor«. Ich lehne mich zurück und registriere mit der amüsierten Neugierde einer Außenstehenden den lebendigen Ausdruck auf den Gesichtern der Mädchen, die sehr französischen Handbewegungen, mit denen sie ihre Worte unterstreichen, den andächtigen Blick von Simone. Was für eine schöne Frau ist sie doch, und wie schön sind die Mädchen und wie intelligent. Bevor ich mich weiteren süßlichen Gedanken hingeben kann, klingelt mein Telefon.

»Patronne, Lidewai!«, ruft Bruno, *»il y a un problème!«* Normalerweise bedeutet das, dass es mit dem Pflügen nicht so läuft, wie es sollte, oder dass irgendetwas, was Bruno benötigt, nicht mehr auf Lager ist.

»Bon, qu'est-ce qu'il y a?«, frage ich ärgerlich.

»Ist es normal, dass alle Türen auf dem Weingut weit offen stehen?«, fragt er.

»Nein, natürlich nicht«, sage ich beunruhigt.

»Mon dieu!«, ruft er wie ein Schauspieler aus den Zwanzigerjahren, »dann vermute ich das Schlimmste! Darf ich hineingehen?«

»Ja, natürlich, schau nach!«, rufe ich und denke, dass das einer dieser Moment sein könnte, der alles verändert. Simone und die Mädchen haben aufgehört zu reden und starren mich an. »Mama, was ist los?!«, fragt Marijn, während Fiene mich hinter einer Locke anguckt, als sei sie am Anfang eines Satzes festgefroren. »Es scheint, als wäre auf dem Weingut eingebrochen worden«, sage ich schnell, um dann wieder mit Bruno zu sprechen: »Was ist los?«

»Oh, là, là!«, alle Schränke stehen offen. Die Türen vom Vitrinenschrank wurden geöffnet … Nein, ich will gar nicht weitergehen! Sie müssen sofort kommen!«

»Wir fahren nach Hause, Mädels«, sage ich, während ich aufstehe und an der Kasse abrechne.

Im Auto denke ich an all die Dinge, die im Vitrinenschrank liegen: das Silber meiner Großmutter, die durchbrochen gearbeiteten Löffel, die antike Brosche, das aufwändig gearbeitete Zierdöschen, das Simone mir zur bevorstehenden Hochzeit geschenkt hatte. Das Büchlein mit Stichen aus dem 18. Jahrhundert, die etruskische Haarnadel, die ich von Aad bekommen habe, das antike Parfumfläschchen mit der goldenen Kappe, das Großmutter Rumpt gehörte. Jedes Stück ist ein schöner, klassischer Gegenstand, was in einem ziemlichen Widerspruch zu dem anti-materiellen Landleben steht, das ich führen möchte. Aber all diese Dinge haben eine persönliche Bedeutung für mich, und daher möchte ich sie ganz, ganz sicher nicht im Sack auf dem Rücken irgendeiner sozialen Randfigur verschwinden sehen.

Als ich auf dem Weingut eintreffe, sehe ich Brunos Auto auf dem Parkplatz stehen. Er selber sitzt auf der Ladefläche zwischen den offen stehenden Hecktüren. Seine Arme hat er auf seine breit aufgestellten Beine gestützt, und er hält irgendein spitzes landwirtschaftliches Gerät an einem langen Stiel in den Händen. »Machen Sie sich keine Sorgen!«, sagt er, während er seinen grimmigen Blick keine Sekunde vom Haus abwendet. »Ich beobachte alles ganz genau!« Wie mir scheint, handelt es sich dabei um eine wenig produktive Aktivität. Wie lange will er da noch hocken? Die Mädchen dagegen wollen sofort ins Haus rennen, aber ich halte sie zurück.

»Kommt Mädels, wir gehen zu mir, einen Tee trinken«, sagt Simone, »lasst das mal Mama machen.« Ruhig setzt sie die Kinder ins Auto und beginnt, über etwas anderes mit ihnen zu reden.

Auch Bruno gibt jetzt langsam seinen statischen Grimm auf

und geht mir mit großen, entschlossenen Schritten zum Haus voraus. Vor den Flügeltüren zögere ich eine volle Sekunde, dann trete ich über die Schwelle. Die Türen des antiken Schrankes links, in dem die Mädchen ihr Spielzeug aufbewahren, sind weit geöffnet, doch der Stapel Spiele und Malblöcke darin scheint nicht angetastet worden zu sein. Mit drei großen Schritten bin ich beim Vitrinenschrank, auch hier stehen alle Türen offen. Doch es ist alles noch da.

Schon viel entspannter gehe ich ins Esszimmer – Bruno folgt mir noch immer auf den Fuß. Hier steht der Fernsehschrank weit offen. Es erstaunt mich nicht wirklich, zu sehen, dass der bleischwere, veraltete Fernseher noch da ist, genauso wie der DVD-Spieler, den ich gratis zu einem Abonnement des »Nouvel Observateur« bekommen habe. Und als ich das Zimmer wieder verlassen will, sehe ich etwas, das den Einbruch in einem völlig anderen Licht erscheinen lässt: Der nagelneue Nintendo DS von Marijn liegt mitten auf dem Tisch. Oben im Schlafzimmer finde ich meine Spiegelreflexkamera, genau dort, wo ich sie morgens zurückgelassen habe.

Als ich nach unten komme, wartet Bruno in der Türöffnung auf mich. »Sollen wir die Polizei rufen?!«, fragt er begeistert. »Die wollen wahrscheinlich Fingerabdrücke nehmen und so ...«

Auch die Polizisten haben ihre Freude an dem unerwarteten Geschehen. Keine zehn Minuten später fahren drei Mann auf das Grundstück. »Gibt es Einbruchsspuren? Vandalismus?«, fragen sie erwartungsvoll. Ich muss sie enttäuschen. Bruno tritt vor, endlich hat er das richtige Publikum für seine Geschichte:

»Ich war im Carignan hinter dem Haus und habe dort gearbeitet, als ich auf einmal Gaspard, den Esel, brüllen hörte«, beginnt er, wobei er jedes Wort sorgfältig betont. »Ich blickte auf ... und dann habe ich ihn gesehen: Ein kleiner Mann mit dunklen Haaren und einer schwarzen Jacke rannte über die Auffahrt.«

»Hey?!«, mische ich mich ein, »ein Mann! Und, bist du hinterher?«

»Na ja, nicht wirklich«, sagt Bruno, »er war so schnell.«

»Aber er war zu Fuß!«, sage ich, »du hast ein Auto. Du hättest ihn doch einholen können?«

»Ja, nun ja«, sagt Bruno, »es schien mir wichtiger, Sie anzurufen und das Haus zu verteidigen.«

»Aber ...«, will ich einwenden, erstaunt und enttäuscht zugleich weiß ich nicht, was ich noch sagen soll.

»Wir würden gerne das Haus sehen«, mischt sich einer der Beamten ein, »wissen Sie schon, was fehlt?«

»Eigentlich nichts«, sage ich, während ich ihnen ins Haus mit all den offenstehenden Schränken vorausgehe. Nichts deutet auf einen Einbruch hin, keine Anzeichen dafür, dass gierige Hände den Inhalt der Schränke auf der Suche nach Beute durchwühlt haben. Anscheinend ist jemand in Ruhe durchs Haus gegangen und hat systematisch jeden Schrank geöffnet. Der Blick des Beamten wandert von der veralteten Stereo-Anlage zu den Bildern im Wohnzimmer, zum Schrank mit den Antiquitäten. »Tja, hier gibt's ja auch nichts zu holen«, stellt er schließlich fest.

Dann lässt der Polizist seinen Blick noch einmal suchend durch das Zimmer schweifen. Er entdeckt den Nintendo: »Haben Sie vielleicht eine Vermutung, um wen es sich bei dem Täter handeln könnte?«, fragt der Mann nach einer kurzen Pause. Ich verneine ehrlich.

Als die Beamten das Grundstück wieder verlassen haben, gehe ich zu Bruno. Er hat sich inzwischen die Sicherheitsschürze umgebunden, die zu seiner Akku-Schere gehört, und nimmt gerade die verstärkten Handschuhe, die seine Finger schützen sollen, hinten aus dem Auto. »Ich verstehe nicht, dass die Polizisten keine Fingerabdrücke genommen haben«, sagt er enttäuscht.

Noch am selben Abend kommt er zurück auf das Grundstück, in der Hand hält er eine längliche grüne Tasche. Sofort weiß ich, was sie enthält. *»Patronne«*, sagt er begeistert, »Sie müssen sich verteidigen können! Hier – nehmen Sie meine Flinte!«

Erst nachdem die Polizisten nicht mehr da waren, hatte ich wirklich begonnen, über ihre Frage nachzudenken. Ist der Täter jemand, den ich kenne? Vielleicht Bruno mit seinem Wunsch, mir gegenüber den Helden zu spielen? Aber natürlich ist es genauso gut möglich, dass es sich um einen mir unbekannten Einbrecher handelt. Also nehme ich das Gewehr und lerne, wie man es entsichert und wie ich die zwei Patronen einlege. Danach richte ich es auf einen unschuldigen Mandelbaum am Rand des Grenache Blanc. »Denken Sie an den Rückschlag, drücken Sie den Schaft gut gegen Ihre Schulter!«, sagt Bruno.

Wird schon gutgehen, denke ich, während ich den Hahn durchziehe. Der Rückschlag schleudert mich so heftig nach hinten, dass ich beinahe falle, genau wie Bruno es offenbar gehofft hatte. Er stürzt sich zufrieden in einen ausgiebigen Lachanfall, der Anteilnahme und Schadenfreude spiegelt. Ich schieße noch einmal, weiß jetzt, was mich erwartet, und treffe.

Ich probiere es noch zwei, drei Mal, aber die Schüsse machen einen ohrenbetäubenden Lärm, und der Baum kann schließlich auch nichts dafür. Seufzend lege ich das Gewehr zurück in seine Hülle. »Behalten Sie es in Ihrer Nähe, damit Sie es nachts schnell zur Hand haben!«, legt Bruno mir nahe und gibt mir eine Schachtel mit Patronen. Sie würden ausreichen, um die gesamte Fauna von Murviel auszurotten.

Pierre sitzt am Steuer – wir fahren über die Autobahn durch eine verlassene Landschaft aus grünen Hügeln und einem blauen Himmel darüber. Alle paar Minuten schaut er zur Seite und lacht mich an.

»Gibt es eine gemeinsame Zukunft für uns?«, hatte er mich gefragt, als wir während einer Wanderung auf einer Steinmauer rasteten. Der erste warme Frühlingswind wehte über unsere Gesichter, wir schauten auf ein Feld mit Olivenbäumen – ich hatte gelacht und genickt. Natürlich, ich kann mir ein Leben ohne ihn gar nicht mehr vorstellen. Mein ganzes Leben hier, alles hat durch ihn eine neue Färbung bekommen. Ich habe so viel von ihm gelernt, wir haben zusammen ein wunderbares Spaliersystem für meinen Mourvèdre errichtet. Er ist sogar bei der Bank gewesen, hat Pläne für einen eigenen Weinkeller neben meinem.

»Endlich kann ich dir meinen Geburtsort zeigen!«, strahlt er, »endlich kann ich dich meinen Eltern vorstellen!« Eigentlich sollte auch ich froh sein, aber während wir weiterfahren, fühle ich, wie mich ein Gefühl der Schwere immer tiefer in den Autositz drückt. Irgendwo ist noch Schorf, und ich weiß, dass ich nicht drangehen sollte. Er wird von selber abheilen, wenn ich ihn in Ruhe lasse. Wenn ich ihn jetzt aufkratze, hört die Wunde vielleicht nie mehr auf zu bluten. Aber ich kann mich nicht zurückhalten. »Deine Freundin!«, sage ich also. »Ich fände es auch schön, deine Eltern zu treffen, aber bist du nicht einen Schritt zu schnell? Ist das mit deiner Freundin inzwischen geregelt?« Er schaut mich an wie ein begossener Pudel, die aufkommende Panik raubt ihm den Atem.

»Sie ist weg«, sagt er, »das weißt du doch?« Ich weiß, dass er in Béziers eine Wohnung für sie gemietet hat, seitdem ruft er mich abends ungestört von seinem eigenen Sofa aus an. Jetzt weiß er auch, wie man eine Waschmaschine bedient.

»Aber weiß sie auch, dass es aus ist zwischen euch?«, frage

ich. Bestürzt schaut er mich an, eine tiefe Traurigkeit, die ich noch nicht kenne, breitet sich auf seinem Gesicht aus. »Wie soll ich ihr das beibringen?«, seufzt er, »sie kommt aus einer streng gläubigen Familie, sie hat mit ihrer Familie gebrochen, um bei mir sein zu können, sie hat niemanden mehr.« Sie hat auch keine Kinder, denn die wollte er nicht.

Mit Verwunderung schaue ich den niedergeschlagenen Mann neben mir an, beobachte diese sonderbare Mischung aus Fürsorge und Egoismus.

»Sag mir«, fragt seine alte Mutter, als ich alleine bei ihr auf einem Plastikstuhl in der Küche sitze, »wie ist er eigentlich wirklich?«

»Mama, er ist gar nicht glücklich.« Fiene deutet beunruhigt auf Gaspard, der in seinem Stall hin- und herläuft. Ab und zu schreit er. »Ein Esel sollte nie alleine gehalten werden«, lese ich in dem Buch, das ich gekauft habe – *Je dresse mon âne* – ich betrachte Fotos von Mädchen, die mit Eseln über Hindernisse springen, eine Serie Zeichnungen von Eseln, die mit ihrem Maul einen Türriegel öffnen: *»Un âne sait ouvrir plusieurs types de serrures.« Ah bon,* denke ich.

Nicht weit vom Dorf entfernt liegt ein Kinderbauernhof, dessen Besitzer auch Tiere verkauft. Mit ausholenden Armbewegungen stapft der Inhaber in seinen schlammigen Stiefeln über eine große, abfallende Weide. In einer Ecke stehen ein paar dreckige Esel mit braunen Flecken und borstigem Haar. Erst jetzt wird mir bewusst, wie hübsch Gaspard ist. »Das sind sie also«, sagt der Mann, während er die scheuen Tiere weiter in die Ecke treibt. Er schnappt sich einen schon etwas älteren Esel mit kahlen Flecken in der Mähne und bastelt aus einem blauen Stück Tau mit ein paar Handbewegungen ein Halfter zusammen. »Hier lauf mal ein Stück mit ihm«, sagt er und drückt Fiene das Ende des Stricks in die Hand.

Sie macht zwei vorsichtige Schritte, die ausreichen, um den Esel zu einem Trab anzuspornen. Entsetzt schaut sie sich zu mir um, dann rennt sie hinter ihm her, wird mitgeschleift – der Mann lacht dröhnend und schlägt sich dabei auf die Knie. »Lass den Strick los!!«, rufe ich Fiene zu und bin mir sicher, dass wir keines dieser Tiere mit nach Hause nehmen werden.

Marijn hat sich ein Stück von uns entfernt, als ich in der Ferne einen Trupp Shetlandponys sehe, die die Wiese heruntergetrabt kommen. Ich hatte sie vorher nicht gesehen, nehme an, dass sie oben hinter den Bäumen gegrast haben. Diese rennenden Pferde mit ihren wehenden Mähnen erinnern mich an Indianer, die Prärie. »Die habe ich aus Belgien kommen lassen«, sagt der Mann, »es ist eine wilde Truppe, nicht eingeritten, ich weiß noch nicht, was ich mit ihnen mache.«

Ein kleines schwarzes Pferdchen entfernt sich von der Gruppe, läuft ganz ruhig auf Marijn zu und drückt seinen Kopf gegen ihren Bauch. Ich sehe, wie Marijn kurz zögert, dann streichelt sie über seine Wangen, durch seine dicke Mähne, gerührt schaut sie zu mir herüber. »Mama?«, fragt sie zögernd. Ich gehe zu ihr hinüber, betrachte das kleine Pferd aus der Nähe, die kleinen Hände von Marijn in seinem dicken Haar. »In Ordnung«, sage ich und spreche mit dem Mann ab, dass er das Tier noch am selben Tag vorbeibringt. 150 Euro. Viele Menschen in den Niederlanden bezahlen das für eine Jeans.

Langsam finde ich heraus, wie die Skipiste beschaffen ist, die ich mit Pierre hinaufgelaufen bin – eine anstrengende Strecke voller Versprechen und Ultimaten, die, wie man es auch dreht und wendet, nur nach unten führt.

»Was für ein Mann bin ich, wenn ich jemand anderen um meines eigenen Glückes willen töten muss?«, ruft er dramatisch.

»Prima«, sage ich selbstbewusster, als ich es bin. »Dann

bleib doch bei deiner Freundin – gib mir meine Freiheit zurück und lass das arme Mädchen nicht länger in diesem Zimmer verkümmern.« Erst jetzt wird mir klar, was der Preis für seine Gemütsruhe ist. »Ja, aber ich will nicht ohne dich weiterleben«, seufzt er, »ich weiß jetzt erst, wie anders eine Beziehung sein kann.«

In klaren Momenten weiß ich, dass ich meine Zeit so nicht länger vergeuden darf, aber dann höre ich abends sein Auto aufs Grundstück fahren, spüre seinen Körper neben mir im Bett, auch wenn es nur für ein paar Stunden ist. Ich denke ständig an ihn, blicke seufzend zum Horizont, als ob mich das näher zu ihm bringen könnte. Ich verzehre mich wie die Heldinnen aus den Büchern der Geschwister Brontë, genauso grüblerisch und gelähmt, fehlt nur noch, dass ich mit einem Blumenkorb durch den Garten wandle.

Marijn ist inzwischen wirklich groß geworden – nach dem Sommer geht sie auf die weiterführende Schule. Ich schlage »En France« vor, einen Artikel über das Unterrichtssystem in Frankreich zu schreiben, ein guter Vorwand, um mir in aller Ruhe die Schulen in der Umgebung anzuschauen. »Wir haben eine ausgezeichnete Schule«, sagt der Direktor des *collège* in Murviel, während seine Augen sich an meinem Dekolleté festsaugen. »Etliche Schüler haben eine große Laufbahn hinter sich. Erst letztens haben zwei Mädchen die Friseurschule in Montpellier mit Erfolg abgeschlossen und jetzt ... jetzt haben sie ein eigenes Geschäft!«

Ein Freund aus dem Dorf unterrichtet Mathematik an dieser Schule, er lädt mich ein, an den Beratungsgesprächen am Elternsprechtag teilzunehmen.

Scheu setzen sich die ersten Eltern zu uns an den Tisch, ein dicker Mann in einer Militärjacke und seine Frau. Ich sehe die Schweißtropfen auf seiner Stirn, die kräftigen Hände, die ein Werkzeug festhalten sollten und jetzt wie zwei tote Vögel vor uns auf dem Tisch liegen. »Ihr Sohn hat in diesem Jahr noch kein einziges Genügend bekommen«, sagt mein Bekannter.

»Ich weiß«, sagt der Mann, während er an uns vorbei nach draußen blickt, »aber er kann die Schule bald verlassen. Der Junge will auf dem Traktor sitzen, genau wie ich.« Es kommen noch mehr Eltern, die meisten zählen die Tage, bis ihre Kinder die Schule verlassen können. Ich muss an Marijn denken, an ihren Traum, Medizin zu studieren. Wieder einmal sehe ich die Gefahren, die meine Phantasien von einem Leben auf dem Land mit sich bringen.

Zu Beginn einer langen Wanderung schaut Pierre missbilligend auf meine teuren Wanderschuhe. »Sherpas steigen in Flip-Flops auf den Himalaya«, sagt er. Ich nicke und stelle meine bequemen Schuhe zurück ins Auto – und klebe an diesem Abend große Pflaster auf drei meiner Zehen.

»Der Junge hat etwas Schweres, etwas Hypnotisierendes«, sagt Simone, als sie ihn trifft. »Ich hoffe, du weißt, was du tust.« Pierre und ich fahren auf einem wunderschönen Weg durch das Hinterland von Montpellier, durch eine offene Landschaft mit Felsen und Weingärten in einem frischen Grün und dem Meer im Hintergrund. Ich genieße die Umgebung und lege zufrieden meine Hand auf Pierres Bein. Erst als ich aufblicke, sehe ich seinen traurigen Blick. »Ich bin schon zu lange hier«, sagt er, »für dich ist das alles neu, ich bin fertig damit.«

Aber unsere Träume, denke ich und ringe nach Luft. Das Weingut?

Das Wichtigste traue ich mich nicht zu fragen: Will er alleine fortgehen?

»Es ist wunderbares Wetter!«, sage ich ein paar Tage später, »sollen wir am Strand mittagessen?« Er seufzt. »Das würde ich gerne, aber ich habe zu viel mit den Vorbereitungen auf die Ernte zu tun«, sagt er, und eine lange Geschichte voller Klagen und persönlicher Probleme folgt.

»Pierre, es ist Juli!«, sage ich.

Es dauert Wochen, eher Monate, aber allmählich komme ich dahinter. Es geht nicht um seine Freundin, sondern um seine eigene Gemütsverfassung, nicht um mein Leben, sondern um sein Leiden. Nirgendwo scheint Licht, nicht ein bisschen. Ab und zu verfällt er ins andere Extrem: Sollen wir zusammen von hier fortgehen? Alles zurücklassen und eine Segelschule auf Martinique oder La Réunion aufbauen? Allmählich merke ich, dass er redet wie ein 20-jähriger Junge, dass ich selber diese Träume schon lange nicht mehr habe. Ich lese in einer alten Zeitschrift, dass sie jemanden wie ihn einen *solitaire courageux* nennen. Jetzt verstehe ich auch, warum. Weil er sich an einem Berg totarbeitet, an dem er nie einen Cent verdienen wird. Er jammert, ohne irgendetwas zu unternehmen, um seine Situation zu verändern.

Und das Schlimmste sehe ich jetzt auch: Ich habe ihn die ganze Zeit über mit dem wohlwollenden Blick der Ex-Städterin betrachtet. Ich muss an einen Weinhändler in Amsterdam denken, der in seinem Haus an der Gracht von einem armen Winzer schwärmte, der auf einer Matratze in seinem Weinkeller lebt. »Ultimativ romantisch«, nannte er das. Langsam gestehe ich mir ein, dass sich Pierre nicht von der Welt zurückgezogen hat, weil er so eins mit der Natur ist. Er hat vielmehr einer Gemeinschaft den Rücken gekehrt, in der er selber keinen Platz gefunden hat.

Erst jetzt sehe ich, wie unterschiedlich wir sind, dass wir unterschiedliche Träume haben, und das Wichtigste begreife ich jetzt auch: Er hat bereits mehr als genug mit jemand anderem zu tun – mit sich selbst. Jetzt mündet die Piste allmählich in einen Abgrund, eine Zeit lang versuche ich noch gegenzuhalten, dann falle ich, über mich selbst stürzend, nach unten.

Der Aufprall ist schmerzhafter, als ich gedacht hatte.

21

Ich lehne mich gegen das rotgestrichene Betonfass und starre in den weißen Plastikbehälter zu meinen Füßen, in den aus einem Edelstahlkran eine schäumende rosarote Mousse strömt. Im Zentrum des heftigen Wirbels, der dabei entsteht, werden die Luftblasen immer größer, um dann wie rosa Kaugummiblasen zu zerplatzen. Es riecht nach Erdbeeren, nach Himbeeren, nach unbekannten Blumen. Ich gebe mich diesem Geruch sehnsüchtig hin, gehe in ihm auf und lasse ihn meinen Kopf ganz ausfüllen, damit kein Platz für andere Gedanken mehr bleibt. Es fällt mir schwer, all die Träume und Ideale der vergangenen Zeit beiseitezuschieben, um wieder alleine zu sein. Ich fühle, wie die Trauer schwer in mich einsinkt und etwas anderes Einzug hält, das ich schon sehr lange nicht mehr gefühlt habe: Leere. Ich entschließe mich, dieses neue Gefühl als Freiheit zu interpretieren, und versuche krampfhaft, diesen Gedanken nicht mehr loszulassen. Denn nur das ist sinnvoll. Aber dann denke ich erschöpft, dass es vielleicht besser wäre, mich, wie jeder andere auch, aufs Sofa zu legen und zu weinen. Lange zu weinen.

Ich drehe den Kran wieder zu. Als der Schlauch schlürfend den letzten Rest Wein aufgesaugt hat, lasse ich den Behälter mit Wasser volllaufen. Zwischen den violetten Plastikrillen ist der Schlauch durchsichtig, und ich kann beobachten, wie das Wasser den letzten Rest Wein verdrängt. Kurz bevor es den oberen Rand des Tanks erreicht hat, lege ich den Hebel an der Pumpe um und lasse es in die andere Richtung laufen. Dann klettere ich auf die Leiter, hole den Schlauch herunter und beginne mit der rituellen Säuberung der Geräte. Als ich die schwere, bordeauxrote Pumpe auf ihren Platz zurückfahre, höre ich Gaspard schreien und Autoreifen auf dem Kies knirschen. Die ersten Besucher kommen an.

Die Idee stammt von »Moerland«, der Ferienhausvermittlung. Jeden Donnerstag um vier Uhr gibt es jetzt eine Führung auf *Mas des Dames*. »Muss ich Ihnen nichts dafür bezahlen, dass Sie mir all die Leute schicken?«, hatte ich gefragt.

»Nein, wissen Sie«, hatten sie bei »Moerland« geantwortet, »es ist doch ein guter Service für unsere Mieter. Und wir helfen Ihnen gerne.« Auch die Niederländer Henny und Marianne, die in einem schönen Haus bei Saint Chinian Ferienwohnungen vermieten, schicken jede Woche ihre Gäste bei mir vorbei. Es freut mich, dass sie mir alle helfen – es verleiht dem, was ich tue, Sinn.

Im Moment betrachte ich die Gruppe freundlicher Menschen, die sich erwartungsvoll vor dem Eingangstor versammelt haben, allerdings mit einiger Verwunderung. Ein kräftiger blonder Mann in einem hellblauen Hemd signalisiert seiner Frau, doch endlich hereinzukommen, und zwei vielleicht zehn Jahre alte Jungen drängeln sich vor dem Auslauf von Tom und Gaspard. »Was für ein cooler Esel!«

»Nein, geh weg, ich will ihn streicheln!« Ich schaue auf mein Handy, es ist noch nicht halb vier. Also gehe ich noch einmal schnell ins Haus, kontrolliere, ob alle Weine gut temperiert sind, mache die Häppchen fertig und ziehe mir saubere Kleider an. Im Badezimmer stütze ich mich auf den Waschtisch und starre ein paar Sekunden lang in das müde Gesicht im Spiegel. Es fällt mir nicht leicht, wieder nach draußen zu gehen, der Kontakt zur Pumpe war heute jedenfalls einfacher.

Also stehe ich zunächst wie ein verschrecktes Kaninchen vor der großen Gruppe gesunder, glücklicher Touristen. Ich habe absolut keine Lust, ihnen zu erzählen, wie unglaublich schön mein Leben hier ist – oder dass ich so ein netter Mensch bin. Aber dann entdecke ich die vereinzelten interessierten Gesichter im Publikum, einige nette Frauen, die mir alle im voraus ihre Solidarität zutragen. Sie sind schließlich nur ein einziges Mal hier und können nichts für meine niedergeschlagene Stimmung. Zu meiner Überraschung merke ich, dass es mir sogar guttut, meine Geschichte zu erzählen. Mit Abstand betrachtet, losgelöst von all dem emotionalen Beiwerk, ist es gar nicht so schlecht hier. Und meine Weine sind schließlich auch ziemlich lecker (ein wenig Alkohol hilft eben immer). Während ich mir selber zuhöre, wird mir erneut bewusst, dass ich froh bin, hier zu sein, wie auch immer es gerade laufen mag.

Die Tage gleiten dahin – es ist wieder Donnerstag. Dieses Mal schließt sich eine junge Frau der Gruppe an. Sie ist zusammen mit ihrem großen, schlanken Mann und einem kleinen Kind auf dem Arm gekommen. Ich merke schon bald, dass ich meine Geschichte vor allem ihr erzähle. Ich mag sie!, denke ich.

Als die letzten Leute mit Weinkartons bepackt den Weinkeller verlassen, bleibt sie wie selbstverständlich zurück. Ich lade sie und ihren Mann auf die Terrasse mit dem summenden Ventilator ein, wir trinken Rosé, essen Hummus mit Pita und Pistazien. Barbara heißt sie, sie ist Journalistin, ihr Vater hat ein Ferienhaus im nächsten Dorf. Zufrieden konstatiere ich, dass sie öfter hier sein muss – wieder ein Anker in der normalen Welt.

Ich parke mein Auto, nicht ganz ohne Schwierigkeiten, an der steil abfallenden Seite von Béziers, von wo aus ich eine weite Aussicht über das sanft abfallende Land habe. Dort hinten muss irgendwo der Hügel sein, auf dem Murviel liegt. Ich erkenne die verschwommenen Konturen des Schlosses, erahne das Tal von *Mas des Dames* schrägt dahinter. Hand in Hand mit Marijn überquere ich die Straße, an einer hohen Mauer entlang gehen wir bis zu einem großen bogenförmigen Tor. »Pic« steht über dem Tor – *Privé Immaculée-Conception*. Das klingt ziemlich katholisch und ist es auch: Die Schule wurde 1840 von den Frères Lasalle errichtet, die Gebäude und die ausgedehnten Sportfelder außerhalb der Stadt gehören ihnen noch heute, auch wenn sie längst keinen Unterricht mehr geben.

Durch eine Halle gehen wir zu einem großen Platz, auf dem weit ausladende Platanen stehen und der umgeben ist von hohen sandfarbenen Gebäuden, die eine Galerie mit einer gusseisernen Brüstung haben. In einer Ecke des Innenhofs steht eine Kapelle mit Bogenfenstern. Man sieht die ordentlich gekämmten Jungen vor sich, die hier vor 150 Jahren entlanggelaufen sein müssen. Damals war das »Pic« noch ein Internat. Über den Klassenräumen befinden sich endlose Gänge mit Zimmern, die schon seit etlichen Jahren leer stehen, es gibt dort sogar ein Raritätenkabinett.

Als wir im Büro des Direktors sitzen, erzählt er uns von diesem Raum oberhalb der Bibliothek, wo in Vitrinenschränken ausgestopfte Eisbären stehen, ein Löwenpärchen und sogar ein Schaf mit zwei Köpfen. Marijn nickt aufmerksam. Der Direktor wendet sich an sie: »Erzähl mir, warum du auf diese Schule gehen möchtest?«

Verlegen sucht sie nach einer Antwort und findet sie schließlich. Der Direktor blickt sie amüsiert an, stellt noch ein paar schlaue, herausfordernde Fragen, nicht mir, sondern ihr. Ich merke, wie spannend sie das findet, wie sie lacht, nach Worten sucht.

Das ist es, was ich für sie möchte, denke ich gerührt. Als wir nach draußen gehen, hat gerade die Pause begonnen. Wir überqueren einen Schulhof voller Jungs in angesagten Klamotten und halblangem Haar und gepflegten Mädchen in trendigen Kleidern. Voilà, die ortsansässige Bourgeoisie – sie sind den

Jungen und Mädchen aus unserer alten Wohngegend in Haarlem sehr ähnlich. Ich schaue mich um. Hier laufen wohl kaum Kinder herum, die später mal auf einem Traktor sitzen werden. Ihre Eltern sind wahrscheinlich Rechtsanwälte oder Chirurgen, vielleicht haben sie sogar Bücher zu Hause.

Ich beschließe, Fiene, die sich schon seit einiger Zeit in ihrer Klasse unterfordert fühlt, auch hier anzumelden.

An diesem Nachmittag drehe ich mit den Mädchen die große Runde. Laartje pflückt Blumen, so wie immer. Vor jedem Büschel Gras, jedem Unkrautpflänzchen bleibt sie stehen und guckt, ob nicht etwas für ihren Strauß dabei ist. Schnell bleibt sie zurück. Es weht ein kräftiger Wind, und als er eine Wolke vertrieben hat, kommt die strahlende, warme Sonne zum Vorschein. Fiene läuft neben mir, mit halb geschlossenen Augen genießt sie die Wärme. Aus ihrem Zopf haben sich lange Strähnen ihres dunkelblonden Haars gelöst, und die Sonne legt einen goldgelben Glanz auf ihr Gesicht. Ich sehe sie so scharf, dass sich die Härchen auf ihren Schläfen abzeichnen, die feinen Linien in ihren entschlossenen rosa Lippen, der dünne silberne Faden in ihrem Schal. Wie stark und authentisch dieses Mädchen ist und wie einfühlsam! Ich weiß nicht, wie ich es anders ausdrücken soll, aber ich empfinde es als eine Ehre, dass ich sie geboren habe.

Bei dem kleinen Häuschen warten wir auf Laartje, die irgendwo am Horizont auftaucht, den Blick noch immer konzentriert auf einen Zweig mit gelben Blumen gerichtet. Der Pfad wird auf beiden Seiten von Pinien, Erdbeerbäumen und jungen grünen Eichen gesäumt. Das Weinfeld, das hier einmal gewesen sein muss, wurde wahrscheinlich nicht lange vor unserer Ankunft gerodet. Kaum zehn Jahre haben ausgereicht, um das brachliegende Stück Land wieder in eine mediterrane Heidelandschaft zu verwandeln. Wir gehen weiter über einen Pfad, der immer schmaler wird, durch eine wild wachsende Vegetation von mehr als mannshohen, frischen grünen Pinien. Als wir hierherkamen, standen hier nur Sträucher. Fiene und Marijn wissen das noch, wir freuen uns daran, dass unsere Umgebung immer schöner geworden ist – natürlicher und stärker. 24 Hektar auf der Welt, denen es gut geht.

Als wir wieder zu Hause ankommen, sehen wir große Rauchwolken am Rande des Carignon-Feldes. Bruno kommt mit großen Schritten auf uns zugelaufen. »Es ist nicht zu glauben, *patronne*«, sagt er, »es brennt schon wieder. Gut, dass ich hier war.« Während wir ihm folgen, sehen wir gerade noch, wie erneut eine alte Eiche in Flammen aufgeht.

»Es ist schon seltsam, dass Bruno immer als Erster da ist«, sagt Fiene.

Die Weingärten sind wieder völlig aus den Fugen geraten – sobald ich die Kinder in die Schule gebracht habe, gehe ich mit Nina zu der Parzelle, wo Alex und Dominique den Dschungel zu bezwingen versuchen. Dann statte ich dem Mourvèdre hinter dem Haus einen Besuch ab. Seit ich auch offiziell biologisch wirtschafte, darf ich keine Unkrautvernichtungsmittel mehr verwenden. In älteren Anlagen ist das kein Problem, dort haben wir schon immer mechanisch gejätet. Aber die jungen Pflanzen sind noch empfindlich. Um zu verhindern, dass sie komplett überwuchert werden, habe ich ein paar Männer angeheuert, die die langen Reihen von Hand jäten. Es ist eine Wahnsinnsarbeit – ich traue mich nicht auszurechnen, wie hoch die Kosten inzwischen sind.

In der warmen Mittagssonne laufe ich langsam durch die Reihe nach oben. Hier und da ziehe ich an dem herausgehackten Unkraut, sind die Wurzeln raus, haben sie nichts übersehen? Als ich bei den jungen Männern ankomme, richtet sich der größte von ihnen auf – es ist einer von diesen glatten, hübschen Jungen, die sich gut in einer Boygroup machen würden. Ich kann mir leicht vorstellen, wie er mit gerunzelter Stirn in die Kamera blickt, ein hübsches Tänzchen wird er wahrscheinlich auch hinlegen können. Jetzt testet er seine Qualitäten an der *patronne*. Er schaut mir lang und frech in die Augen, sein nackter Oberkörper glänzt in der Sonne, er atmet tief ein, während er noch ein wenig näher kommt. Ein Gedankenblitz: Liebesabenteuer auf dem Lande - reife *patronne* vergnügt sich mit 20-jährigem Landarbeiter. Dann weise ich ihn auf die Wurzeln hin, die im Boden zurückgeblieben sind, und gehe schmunzelnd zurück ins Büro.

»Junge, Junge«, sagt Monsieur Lampilas, als er an dem Feld mit den schuftenden jungen Männern vorbeikommt, »ich wusste nicht, dass Sie Sklaven halten.«

Ich bin gerade zurück im Haus, als ein junger Engländer, mit dem ich heute verabredet bin, die Treppe herunterkommt. Er ist Einkäufer bei einem Londoner Weinhandel. In seiner tadellosen beigen Hose, dem frischen hellblauen Hemd und mit der blassen Gesichtsfarbe wirkt er, als würde er aus einer anderen Dimension herabsteigen. Die schwere Decke von geronnener Wärme scheint vor ihm zurückzuweichen, die Sonne gleitet von seiner Haut ab. Bleich und verirrt wie ein Kolonialherr auf einem Dorfplatz in Zentralafrika schaut er sich um. Ich gebe die einheimische gebräunte Wilde, die sich mit ihren nackten Armen und Beinen wenig zivilisiert gegen all die gestärkte Baumwolle abhebt. Ich seufze.

Trotz der dumpfen Wärme willigt er in eine Führung durch die Weinfelder ein. Dann probieren wir im Haus die Weine. Ich habe sie dieses Mal alle, auch die Rotweine, kurz in den Kühlschrank gestellt, und bin jetzt überrascht von ihrer Frische. Die Tannine sind schön sanft und rund, und der Geruch scheint in hohen Gläsern besonders voll zu schweben. Zufrieden entziffere ich in den Notizen des Mannes, die mir gegenüberliegen, an zwei Stellen das Wort *superb*.

Dann müssen wir zusammen zu Mittag essen, und das ist anstrengender, als auf einer Messe hinter einer Reihe von Weingläsern zu sitzen. Ich platziere ihn draußen an den Tisch und gehe zurück ins Haus, um das Essen zu holen. Von Weitem sehe ich ihn da so sitzen, wie er auf meine Rückkehr wartet und sich dabei offenbar nicht recht wohl in seiner Haut fühlt. In solchen Momenten wäre es sehr angenehm, wenn ich auf dem Weingut jemanden an meiner Seite hätte.

Es ist noch dunkel, als ich höre, wie die ersten Metallstühle über den Kies geschoben werden. Nach ein paar Tagen des Zweifels ist es nun so weit – der erste Tag der Ernte. Im Halbdunkel gehe ich durch den klirrenden Fliegenvorhang nach draußen, wo Bruno dick und unbeweglich auf seinem angestammten Platz vor dem Lavendel sitzt. Er blickt mich lang und intensiv an, *des sentiments plus forts que le métier*.

»Siehst du jetzt, dass es um halb sieben noch zu dunkel ist!«, sage ich. »Ja, nun ja«, grummelt er, während er sich halb auf seinem Stuhl umdreht und sorgenvoll zu dem Berg hinter dem Schwimmbad hinüberblickt. Die Erntehelfer am Tisch starren ausdruckslos in dieselbe Richtung.

Dann, auf einmal, ist er da. Ein bescheidener oranger Schimmer, der ankündigt, dass an dieser Stelle irgendwann einmal eine Sonne aufgehen wird. Erst eine Viertelstunde später ist die rosarote Glut dem ersten schmalen Rand einer Scheibe gewichen. Und dann geht es plötzlich schnell. Jede Minute wird die Scheibe ein wenig größer, bis auch die Bäume und der Kies um uns herum von einem hellgelben Licht beschienen werden. Ich gehe davon aus, dass inzwischen auch die Trauben zu finden sind.

»Okay Leute, wir fangen an!«, rufe ich und schrecke die in einen meditativen Zustand verfallene Gruppe erbarmungslos auf. Also erheben sich die Erntehelfer und gehen in die Weinfelder. Ich komme mit, und sobald alle ihren Platz gefunden haben und die ersten Trauben in die Eimer fallen, kehre ich in aller Ruhe zurück in den Weinkeller. Dort stehen sämtliche Apparate, vertrauenerweckend, jeder an seinem Platz. Ich kann mir fast nicht mehr vorstellen, dass ich je daran zweifeln konnte, wie ich all diese Geräte miteinander verbinden muss, dass ich jemals Panik verspürte bei einer Prozedur, die so ruhig und selbstverständlich abläuft. Da kommen auch schon die ersten Kisten, in aller Ruhe sortiere ich die Trauben. Ich stehe praktisch umsonst am Sortiertisch – alle Rispen sind gleich schön und ebenmäßig in Form und Farbe. Ich probiere ein paar Trauben, muss mich zurückhalten, nicht die halbe Ernte aufzuessen, sie schmecken herrlich.

Am Ende des Vormittags klettere ich auf die Presse. Ich schiebe die schweren Türen aus Edelstahl zu und stelle mich vor das Bedienfeld. Erst drehe ich die Trommel ein paar Mal. Die Ladung Trauben verschiebt sich langsam auf eine Seite, der erste Saft fließt in einem dicken Strahl in den Behälter darunter. Ich gebe noch etwas zusätzliches Gas auf den Saft und pumpe ihn dann in das gekühlte Fass vorne im Weinkeller. Jetzt erhöhe ich den Druck der Presse.

Ich bin Siebe noch immer dankbar dafür, dass er diese Presse ausgesucht hat. Es war damals die teuerste Presse auf dem Markt, und vielleicht ist sie das heute noch. Viele Weinpressen arbeiten mit Stahlplatten, die die Trauben einfach zerquetschen. Unsere Presse arbeitet mit Luftdruck. Ein großer Ballon aus PVC wird allmählich aufgeblasen, strömt wieder leer, baut wieder Druck auf – die Trauben werden geknetet wie ein Stück lockerer Teig, sanft und ruhig. Wenn man gut arbeitet, bleiben alle Kerne ganz, sodass nicht zu viele grüne Tannine in den Wein gelangen, die den Wein säuerlich machen. Mit den Jahren habe ich das Computerprogramm langsam angepasst, ich weiß immer besser, was ich will. Während des Vorgangs prüfe ich ständig den Saft, der aus der Presse läuft – sobald ich erste Anzeichen von Grün feststelle, halte ich alles an und nehme die Trauben heraus, so wird zwar nicht die maximale Quantität aus den Trauben herausgeholt, doch dafür ist das Ergebnis schön sanft und rund – genau die Sorte Wein, die ich mag.

Die Pflücker sind wieder zu Hause. Ich habe die grauen Erntekisten in eine Reihe gestellt und säubere sie mit dem Schlauch – ein Regenbogen bildet sich im Nebel der feinen Tröpfchen. Bruno nimmt die Kisten quälend langsam entgegen und stapelt sie mit offensichtlichem Widerwillen auf den Erntewagen. Schon seit die Lese begonnen hat, läuft er mit schweren, unglücklichen Schritten ums Haus, ein mutloser Vogel, der in einer grauen Kruste aus dickflüssigem Teer gefangen ist. Nicht genug, dass ich seine Gefühle nie erwidern werde, jetzt ist auch noch seine Oma gestorben. Die Schwärze verbreitet sich über das ganze Grundstück, bedeckt allmählich den Boden des Weinkellers. Ich versuche, mit ihm zu sprechen, ihn zu unterstützen, habe aber langsam genug davon, die ganze Arbeit alleine zu machen.

Als ich eines Tages in den Weinkeller komme, steht Bruno oben auf der Presse. Über seinem Kopf, an einem der dicken Balken hat er einen Strick befestigt, das zur Schlinge geknüpfte Ende hält er in der Hand. Gerade legt er sich die Schlinge um den Hals, seine Augen zum Himmel gewandt, ein miserabler Darsteller in einem alten B-Film.

Die Frage, ob er wirklich springen will, kommt gar nicht erst in mir auf, ich fühle nur, dass ich schrecklich wütend werde. »Verdammt Bruno, benimm dich endlich normal!«, rufe ich. »Komm von der Presse runter! *J'en ai marre! Et marre! Et marre!*« Eingeschüchtert klettert er nach unten, den Rest der Ernte arbeitet er mit halber Kraft.

»Ich will, dass du gehst«, sage ich im Oktober, »such dir etwas anderes, bitte, ich habe keine Lust mehr.« Hinter seinem Rücken gehe ich zu einem Rechtsanwalt in Béziers, zu einem ungefähr 50 Jahre alten Mann, der mich mit einem anzüglichen Blick und einem ärgerlichen Lachen betrachtet, während ich ihm meine Geschichte erzähle. »Ihr Angestellter ist also schon viele Jahre bei Ihnen beschäftigt«, stellt er schließlich fest, »und es ist keine Rede von einem Schaden oder einer ernsthaften Nachlässigkeit?«

Ich wiederhole, dass Bruno nur mit halber Kraft arbeitet, dass es ihm nicht gelingt, normal mit mir umzugehen. Der Rechtsanwalt lacht: »Aber eine Frau wie Sie, völlig alleine, ich verstehe schon, dass das einen Mann in Verwirrung bringen kann.« Fluchend gehe ich nach draußen. Ich überlege, eine Rechtsanwältin aufzusuchen, aber noch bevor ich einen Termin gemacht habe, kommt Bruno auf mich zu, er ist völlig aus dem Konzept: »*Patronne*, ich traue es mich beinahe nicht zu sagen, aber ... mein Neffe im Cognac hat gefragt, ob ich für ihn arbeiten möchte.«

Ich fühle, wie sich Schleusen in mir öffnen, durch die das Glück und frische Luft strömen – fehlt nur das Jubilieren der Heerscharen. Nur mit großer Mühe gelingt es mir, das breite Lachen zu unterdrücken, das meine Mundwinkel nach oben ziehen will. »Ich verstehe«, sage ich traurig, »das ist die Gegend, wo du schon immer wohnen wolltest. Diese Chance solltest du dir nicht entgehen lassen.«

Wir spielen zwei Rollen in demselben Stück: der geschätzte Angestellte und die *patronne*, die es schrecklich schade findet, dass er weggeht. Es ist das letzte Mal, dass wir gemeinsam Wein herstellen.

Ich stehe auf einer hohen Leiter und schaue zu, wie der Schalenhut langsam nach unten sinkt. Ich bin noch immer auf der Suche nach Methoden, um den Wein weiter zu verbessern. Roy, der Amerikaner, an den ich damals einige Flaschen zum Probieren geschickt hatte, ist mit seinem Geschäft »Vintage '59« inzwischen einer meiner größten Kunden. Er hat die Weine vom alten Kellermeister von »Opus One« prüfen lassen, der beeindruckt war – wir mailen eine Zeit lang über Techniken der Weinherstellung. »Vielleicht kannst du den Wein noch weiter verfeinern, wenn du ihm etwas mehr Ruhe gönnst«, meint Roy, »weniger *pigeages*, ein paar *delestages* vielleicht.« Ich bespreche das mit Xavier Billet, der es für eine gute Idee hält. Wein herstellen ist also noch immer nicht langweilig.

»*Patronne*, das ist Jean-François.« Bruno steht unten an der Leiter, neben ihm ein kleiner Mann mit den schwarzen Haaren und der dunklen Haut der Dorfbewohner, der unsicher zu mir heraufschaut. Bisher hatte er seine eigenen Weinfelder und lieferte die Trauben an die Kooperative. Jetzt ist er auf der Suche nach einer Festanstellung. Ich klettere die Leiter hinunter und betrachte ihn – er sieht aus wie ein ehrlicher, harter Arbeiter, ein bescheidener und realistischer Mensch. Es beruhigt mich, dass er schon etwas älter ist, ein wenig schüchtern und absolut nicht an mir interessiert. Ohne lange nachzudenken, gebe ich ihm einen Probevertrag.

22

»Hast du den ›Wine Spectator‹ schon gesehen?« Ich habe Aad am Telefon, und er spricht über die größte Weinzeitschrift der Welt, ein Freund hat ihm die letzte Ausgabe gegeben.

»Du stehst drin.« Er lacht. »Und wie! Du hast die höchste Bewertung für das ganze Languedoc bekommen!« Ich lache nur, das kann ich mir kaum vorstellen bei dem vielen Wein, der hier hergestellt wird. Und woher sollten die mich überhaupt kennen?

Am selben Abend erhalte ich die Antwort auf meine Fragen, Roy, mein Kontakt in Amerika, hat mir eine Mail geschrieben.

»Hey Lee, *how about this*?!«, kommentiert er den Artikel, den er mitgeschickt hat. Er war es also, der die Weine eingesandt hat! Ich überfliege den Beitrag, und es ist wahr, ganz oben steht *Mas des Dames*. Ich ringe nach Luft, sehe die Punktzahl 91 von 100, damit liege ich weit über einer ganzen Reihe Weine, die viel bekannter und teurer sind. Ich kann es kaum glauben.

Das Telefon klingelt noch einmal, diesmal ist es Xavier van Okhuysen. Er freut sich genauso wie ich.

Dann geht alles ganz schnell. Alle, die sonst immer sagen, dass sie sich nicht von Rankings beeinflussen lassen, probieren den Wein jetzt ganz anders. Auf einmal wollen alle ihn haben. Zusammen mit Fiene und Marijn packe ich ganze Paletten von *La Dame* aus, um die Flaschen mit neuen amerikanischen Rücketiketten zu versehen – und wir werden langsam immer besser.

Ich werde nach San Francisco eingeladen. Die junge Frau,

die Roy an der Westküste vertritt, holt mich mit einem hellblauen Cabriolet ab, und so fahren wir mit wehenden Haaren über die Golden Gate Bridge. Dieser Moment symbolisiert nichts und alles: meine Rückkehr in die bewohnte Welt.

Die Frau nimmt mich mit in ein großes, modernes Restaurant im Zentrum. An einem runden Tisch in der Mitte sitzen ein paar junge Männer und essen. Ein Ober geht zu ihnen, hebt eine Flasche Wein hoch, um nachzuschenken. Ich beuge mich vor, um sicherzugehen: Es ist tatsächlich *La Dame*. Ich erinnere mich, wie ich damals selber an der Abfüllmaschine gestanden habe, um ihn auf Flaschen zu ziehen, meine Fingerabdrücke sind sicher noch irgendwo zu finden. Die Flaschen wurden abgeholt, gut auf dem Fahrzeug festgezurrt, haben den Ozean überquert und sind durch ganz Amerika gereist. Jetzt stehen sie hier. Es fühlt sich großartig an.

Heute befinde ich mich in einer weniger glamourösen Umgebung. Mit einer wackligen Karre voller Flaschen und einem komplizierten Grundriss in der Hand bin ich unterwegs, um meinen Stand auf der Weinmesse »Vinisud« zu suchen. Ich gehe durch große Räume mit hohen Decken, sehe die schönen, aufwändig gestalteten Stände der Côte du Rhône, vom Minervois – laufe dann durch den Regen nach draußen, um in einer schlecht beleuchteten Halle zu landen, in der bunt gemischt die Vertreter der verschiedensten Appellationen und Anbieter stehen.

Nach langem Suchen finde ich ganz hinten ein Grüppchen aus dem Weinbaugebiet Coteaux du Languedoc, und da, gegenüber von einem sonderbaren Händler, der ein großes Schild mit der Aufschrift *»Vins de Merde«* an seinem Stand befestigt hat, steht das, was wohl mein Tisch sein soll. Ich seufze, und es läuft alles wie immer: Broschüren auslegen, Fotos aufhängen, Weine vorschmecken, dann bin ich so weit, schaue mich um, sehe aber niemanden über die grauen Gänge laufen.

Ich unterhalte mich mit meinem Nachbarn, einem gepflegten 50-Jährigen, der über nichts anderes als die Krise im Weingeschäft redet, darüber, dass wir sowieso alle untergehen werden. Ich lasse meinen Stand im Stich und gehe durch den grauen Nieselregen hinüber zu der anderen Halle, wo alles großzügiger und heller ist. Nach kurzem Suchen finde ich sie schließlich: Véronique, eine kräftige Frau, die *La Dournie* leitet, das große Weingut ihrer Familie bei Saint Chinian. Ich kenne sie schon seit Jahren vom Sehen, aber erst seit Kurzem sind wir Freundinnen, seit Véronique mich vor ein paar Monaten zu einer Versammlung der *Vinifilles*, einer Vereinigung von Winzerinnen, mitgenommen hatte. Es kommt mir so vor, als würden immer mehr nette Frauen in mein Leben treten, je älter ich werde.

»Ich möchte euch ein neues Mitglied vorstellen – das ist Lidewij«, hatte sie gesagt, während sie mich am Arm mit nach drinnen gezogen hatte. Eine Frau mit blonden Haaren und einem schönen, offenen Gesicht hatte mir zugelächelt. Ich kannte sie bereits, wusste, dass sie Isabelle heißt – scheu erwiderte ich ihr Lächeln.

»Aber wir wollten doch niemanden mehr aufnehmen«, sagte eine Frau mit kurzen braunen Haaren und wandte sich dann an die anderen Frauen, die um sie herumstanden – nach einem kurzen, geflüsterten Gespräch hatten sie mich gebeten, draußen zu warten. Mit einem unbehaglichen Gefühl lief ich auf dem leeren Gang auf und ab – fühlte mich ziemlich lächerlich.

»Ich wusste, dass es funktionieren würde«, hatte Véronique gesagt, als wir auf dem Weg zurück im Auto saßen. »Ich wusste, dass sie nicht nein sagen würden, wenn sie dich erst einmal gesehen haben.«

Keine Woche später standen wir zusammen auf einer sonnenüberfluteten Terrasse am Rande eines großen Parks in der Nähe von Perpignan, auf dem Weingut einer der *Vinifilles*. Wir hatten an diesem Vormittag eine Versammlung abgehalten, anschließend gab es ein ausgedehntes Mittagessen unter den hohen Palmen. Ein warmer Wind ging, wir probierten gegenseitig unsere Weine, sprachen über die Herstellung, aber auch über unsere Leben, unsere Liebe – ich hatte mich sehr glücklich gefühlt.

Heute hat Véronique allerdings Schatten unter den Augen. »Sie war gut, oder, die Feier gestern?«, sagt sie. Am Abend zuvor hatten wir mit den *Vinifilles* einen Konzertsaal gemietet. Kathy, die früher Designerin war, hatte den Saal dekoriert, Marie hatte eine Band aufgetan. Wir waren alle in Schwarz gekleidet, mit einer orangeroten Kette als einzigem Farbakzent – die Farbe der *Vinifilles*. Der Saal füllte sich schon bald mit Importeuren und Journalisten aus der ganzen Welt – natürlich konnten sie hier und da Weine probieren, und wir begrüßten unsere Geschäftspartner. Vor allem haben wir getanzt. Schließlich wurden wir alle 18 auf die Bühne gerufen, das Publikum jubelte, während auf großen Videoleinwänden Filme über uns und unsere Weingüter gezeigt wurden. Es ist ziemlich cool, Winzerin zu sein, dachte ich.

Und dann stehe ich am nächsten Tag auf der Weinmesse wieder einem erschöpften Mann im grauen Anzug gegenüber, der ohne großes Interesse an einem Glas Wein riecht. »Er ist natürlich gut«, sagt er, »aber viel zu teuer für die großen Supermärkte.« Es ist mir egal. Langsam habe ich genügend Kontakte, um beinahe meinen gesamten Wein zu verkaufen. Und im nächsten Jahr teile ich mir meinen Stand mit den *Vinifilles*.

Jeden Morgen holt Jean-François seine Geräte geräuschlos aus dem Schuppen, verschwindet im Weinfeld, wo er konzentriert und in seinem eigenen Rhythmus arbeitet. Es ist fast, als sei er gar nicht da. Ich rufe Nina und gehe ihn suchen. Wir finden ihn im alten Carignan, und er ist schon viel weiter, als ich gedacht hatte. Gut geerdet steht er über einen Weinstock gebeugt, wendet seinen Rücken dem starken Nordwind zu. Zum ersten Mal trägt er eine dunkelblau-gelbe Segeljacke unter der Sicherheitsschürze für seine Akku-Schere – diese Kleidung macht einen anderen Menschen aus ihm.

»*Vous venez me voir?*«, sagt er verunsichert. »Natürlich«, sage ich, »ich habe die ganze Woche auf der Messe gestanden und wollte dir kurz Guten Tag sagen.«

Bevor er mich bemerkt hatte, war ich langsam durch die Reihen gegangen, hatte gesehen, dass er immer die richtigen *coursons* wählt und sie konsequent auf die richtige Länge stutzt. Das alte Holz des Vorjahres ist kurz zurückgeschnitten, ein Zeichen der Sorgfalt, das einen guten Schnitt von einer oberflächlichen Arbeit unterscheidet.

Er nimmt meine Komplimente zurückhaltend entgegen. Der stolze Mitarbeiter, dem man nichts zu sagen braucht. Schließlich aber entspannt er sich. Ein Funkeln, eine Lebendigkeit erscheint in seinen Augen, sodass ich vermute, dass man sogar mit ihm lachen kann, wenn man ihn besser kennt. Ich gebe ihm noch ein paar Anweisungen, dann gehe ich zurück ins Büro.

»Wollt ihr mal einen richtig schleimigen Franzosen hören«, sage ich zu den Mädchen. »*Votre cœur est-il-pris?* Ist Ihr Herz schon vergeben?«, schreibt mir ein Journalist, den ich auf der Messe getroffen habe. Ich erinnere mich an einen kleinen Mann mit gewellten Haaren, der etwas zu oft an meinem Stand vorbeikam. Ich schreibe eine freundliche, aber entmutigende Antwort und kehre zu meiner Arbeit zurück.

In den kommenden Wochen schreibt der Journalist mir immer wieder. Er wird langsam zu einer fiktiven Person, die kaum noch etwas mit dem Menschen zu tun hat, dem ich in der Wirklichkeit begegnet bin. So alleine in meinem Büro fange ich an, seine Mails zu schätzen. Er ist unterhaltsam, erzählt mir von den phantastischen *Grand Crus*, die er täglich probiert. Meine Liebe zum Wein wird zu meinem Verhängnis, als er mich eines Tages einlädt, mit ihm zu einer Verkostung zu gehen, sage ich nicht nein. Ich rufe Anne in Paris an, frage, ob ich bei ihr übernachten kann, und glaube, dass alles geregelt ist.

Als ich von ihrem Apartment in der Rue de Lyon aus die Straße entlanglaufe, steht er auf einmal in eigener Person da: ein kleiner Mann vor einem schwarzen Auto. Er weicht in jeder Beziehung von dem ab, was ich attraktiv finde. Aber nach etlichen Worten, die wir bereits miteinander gewechselt haben, meine ich, keine Wahl zu haben, und steige in sein Auto.

Auf einmal entwickeln sich die Dinge sehr schnell. Der Journalist besucht das Weingut, zwei Wochen später ist er wieder da. Jedes Mal, wenn er weggeht, liegt ein neues Hemd in dem Schrank, der einmal Aad gehört hat. »Du hast viel zu viel zu tun«, sagt er, »komm, ich mache die Einkäufe für dich.« Ich genieße es, dass jemand da ist, der für mich sorgt, es schmeichelt mir, dass er so verliebt zu sein scheint. Es gibt Dinge, die mich stutzig machen sollten. Warum bekommt er einen Wutanfall, als ich mit meinem englischen Importeur die Weinfelder besichtigen will? Warum muss ich Französisch sprechen, wenn ich mit zehn Amerikanern am Tisch sitze? Warum will er nicht, dass ich meine Freunde besuche? Er kritisiert den Garten, die Tierhaltung, wirft mir vor, dass ich das Weingut nicht mit ihm teilen will. Vielleicht bin ich einfach müde oder ist in den letzten Jahren zu viel geschehen? Nach und nach beginne ich, mich ihm anzupassen.

»Ich habe großen Einfluss«, sagt er, »ich habe Beziehungen zu Kreisen, in die du sonst nie kommen würdest. Ich kann Artikel über dich schreiben.« Während ich noch darüber nachdenke, ob ich das alles wirklich will, sagt er: »Ohne mich wirst du nie Erfolg haben.«

Jetzt sitze ich nicht mehr auf einem Stück Karton vor dem Weinkeller, sondern an Tischen, die mit weißem Damast und üppigen Blumensträußen gedeckt sind. An einem Tisch könnten 100 Stühle Platz finden. Das einfache Naturleben von Pierre ist auf einmal in weite Ferne gerückt. Ich schaue in die Menükarte, auf die jemand von Hand meinen Namen geschrieben hat – darin die 15 besten *Grand Crus* aus Saint-Emilion, die wir probieren werden, sie tragen Jahreszahlen zwischen 1959 und 2000. Noch besser als die vertikale Verkostung von *Cheval Blanc* und *Yquiem* gestern Abend. Ich lächle den Journalisten an, der mir fast verborgen hinter einem Blumenstrauß gegenübersitzt, sein Leihsmoking ist ein wenig breiter als er selbst. Trotz des Drucks, den er mir macht, eines ist sicher: Ich habe in den letzten Monaten besser verkosten gelernt als je zuvor.

»Das ist also unser Vorschlag«, sagt der Journalist. Sein Partner legt einen Packen Papier vor mich auf den Tisch, in dem bereits genau angegeben ist, wo ich unterschreiben muss. Sie wollen einen bestimmten Betrag in das Weingut investieren und als Gegenleistung Anteile am Gut. Während sie gemeinsam auf mich einreden – ohne sie wird das natürlich nie was hier –, mache ich mich kurz schlau – sie würden knapp die Mehrheit der Anteile halten.

»Darüber muss ich erst noch nachdenken«, sage ich.

Der Journalist ist verärgert, in aller Ruhe warte ich auf einen Wutanfall, der heftig genug ist, um die Beziehung zu beenden. Und ich muss gar nicht lange warten.

Alles wirkt leichter, jetzt, da er weg ist. Das Weingut gehört wieder mir, meine Kunden gehören mir, jetzt, da der Grauschleier sich gelichtet hat, sehe ich wieder, wie gut es hier läuft.

Nach der Schule gehe ich mit Marijn durch die Felder. Sie läuft entschlossen voraus, befreit den Draht an den Pfählen aus seinen Halterungen, zieht ihn dann mit einer ausholenden Bewegung zu sich heran, sodass die Triebe des Weins dazwischenliegen. Dabei spricht sie über Paul, den katholischsten Jungen in ihrer Klasse. »Unglaublich«, sagt sie, »ich will so ein winziges Handballtor hochheben, da kommt er auch schon angerannt. ›Das darfst du nicht heben. Du bist ein Mädchen.‹ ›Na und‹, sage ich, ›was soll das heißen?‹ Aber er lässt nicht locker, sagt so was wie: ›Ja, das nennt man Galanterie.‹ Kommt ein Ball angeflogen, ich will ihn fangen, nimmt er ihn mir weg. Ist das auch Galanterie? Die arme Frau, die ihn später mal heiratet. Er weiß jetzt schon, dass er mindestens sechs Kinder haben will. Und die Frau darf dann in der Küche stehen und leckeres Gebäck für ihn zaubern. Mein Gott, wie traurig.«

Wir beenden die letzte Reihe, gehen dann über die kleine Brücke den Hügel hinauf. Marijn läuft flott voraus. Am Fuße des Olivenhains blicke ich über den Weingarten, der vor uns liegt, betrachte die Glut, die die Abendsonne auf die Felsen dahinter zaubert. »Findest du das auch noch so schön, oder ist es für dich einfach normal – du bist schließlich hier aufgewachsen?«

»Ich sehe es noch immer«, sagt Marijn. Wir laufen den Graben beim alten Carignan entlang. »Erinnerst du dich noch an meine Feier, als ich klein war?«, fragt sie, »als wir hier den Staffellauf gemacht haben?« Sie lacht bei der Erinnerung. »Ich bin so froh, dass wir hier wohnen«, sagt sie dann. Ich umarme sie, wir gehen Arm in Arm weiter.

Nach dem Mittagessen machen wir die große Runde – die warme Hand von Laartje liegt in meiner. Wie von selbst kommen wir an das Haus des großen Mannes. Es steht jetzt leer, die Holztür klappert im Wind. »Erinnerst du dich noch, wie er dir mit einem tiefgefrorenen Huhn im Supermarkt hinterherrannte?«, fragt Marijn. »Und dass er uns ein Ferkel für 1000 Euro verkaufen wollte?«, fragt Fiene. Ich nicke.

Langsam gehen sie zu der Stelle, wo er sich im Fluss wusch – sie ist noch immer von halbverfallenen Paletten und Stücken grüner Baufolie umgeben. Hoch im Baum hängt ein zerfasertes Seil, etwas tiefer steckt ein verrostetes Messer im Stamm. »Ich frage mich, wo er jetzt ist«, sagt Marijn.

Letztes Jahr hat er sich ein Pferd gekauft und ist auf der Pilgerstraße nach Santiago de Compostela gezogen. Seitdem gibt es allerlei Gerüchte – er soll Skulpturen auf dem Friedhof geklaut, in einer Bar einen Kampf angezettelt haben, im Gefängnis sitzen. Das Grundstück gehört immer noch ihm, dennoch ist er nur jemand auf der Durchreise gewesen. Inzwischen ist er weitergezogen, während ich längst hierhergehöre.

Der Frühling wird immer wärmer. Heute habe ich noch eine Weste anziehen müssen, als ich die Mädchen in die Schule gebracht habe, jetzt laufe ich in einem dünnen Hemd zum Weinkeller. Ich blicke über das Weinfeld, das sich vor mir erstreckt, das sanfte Grün verströmt Frische und steckt voller Versprechungen. Ich freue mich jetzt schon auf den Sommer. Mittags ist es so heiß, dass man im Schatten bleiben muss, aber die lauen Abende kann man auf der Terrasse verbringen.

In einer Stunde kommt Xavier Billet vorbei, um den Weinkeller zu kontrollieren. Ich gehe zum Küchenblock, stelle 19 Fläschchen auf die Anrichte und schreibe die Nummer des Fasses, die Rebsorte und die Anzahl Hektoliter auf kleine Etiketten. Ich lecke an der gummierten Rückseite der Etiketten, es schmeckt nach einer vergangenen Zeit.

Die ersten Proben lassen sich ganz einfach nehmen, die Fässer aus Kunstharz haben zu diesem Zweck einen kleinen Kran, einen *dégustateur*. Ich fülle zunächst ein Glas, probiere den Wein, schreibe meine Beobachtungen ins Kellerbuch, dann fülle ich das Fläschchen. Schließlich komme ich zu den Betonfässern. Die ersten beiden haben einen *dégustateur*, aber am letzten Fass wurde immer noch keiner angebracht. Verärgert nehme ich mir eine der Aluminiumleitern, um auf das Fass zu klettern. Ich muss mich beeilen, gleich steht Xavier vor der Tür. Also öffne ich einen der großen Betondeckel, lasse ein Fläschchen in einem Edelstahlhalter tief in den Wein sinken. Als ich mit den drei Fässern fertig bin, denke ich eine Sekunde lang, dass ich vielleicht meine Hände lieber frei haben sollte, wenn ich nach unten steige. Aber ich habe es eilig. Ich setzte einen Fuß auf die Leiter und lehne mich dann weit nach links, um nach den Fläschchen zu greifen, die auf dem Fass nebenan stehen.

Es ist immer wieder erstaunlich, wie langsam man fällt. Schon in der ersten Sekunde registriere ich die Unausweichlichkeit dessen, was geschehen wird. Ich habe mich nur einen Zentimeter zu weit vorgebeugt, und die Schwerkraft hat gewonnen. Ich stelle mir vor, wie sich die Bewegung fortsetzen wird, und auch, wo das enden wird. Okay, denke ich nur.

Zuerst schlage ich auf einer Holztonne auf. Ich fühle den Metallrand wie einen Stoß in die Seite, dann falle ich in einem anderen Winkel weiter, jetzt nur noch ganz kurz. Als ich aufstehe, schmerzt meine Seite. Ich ziehe mein Hemd nach oben, nur Schürfwunden, nichts passiert.

In der Nacht spüre ich eine leichte Irritation an der Seite, die am folgenden Morgen zu einem dumpfen Schmerz angeschwollen ist. Von meinem Büro aus rufe ich jetzt doch Bistué, meinen Hausarzt, an, der mich nach der Behandlung zum Röntgen ins Krankenhaus schickt.

»Schauen Sie hier«, sagt der Arzt in der Klinik in Béziers, während er ein fleckiges Negativ vor den Leuchtkasten klemmt, »eine innere Blutung. Es ist nichts Ernstes, sollte aber schnell behandelt werden.« Einen Spezialisten gibt es in Montpellier. Der Arzt greift zum Telefon und vereinbart noch für denselben Mittag einen Termin.

Die »Clinique du Parc« liegt in einem Vorort von Montpellier, einer schönen Gegend an einem breiten Fluss mit einer üppigen Vegetation. Die Klinik steht auf einem Hügel und ist in den Siebzigerjahren errichtet worden, in einer Zeit, in der Tageslicht und ein freier Blick offensichtlich nicht so wichtig waren. Ich gehe durch die schmalen, von Neonlicht beschienenen Gänge, in denen sich eine cremefarbene Tapete im Waffelmuster mit einer Vertäfelung in einem aufdringlichen Grün abwechselt. Alle Ecken und Leisten sind abgerundet, nirgendwo gibt es ein Fenster, ich bewege mich durch eine Tupperdose. Nachdem ich drei Mal durch denselben Gang gelaufen bin, finde ich hinter einer Tür ein Wartezimmer. Auf einer der Türen steht der Name des Arztes, bei dem ich den Termin habe. Ich bin recht schnell an der Reihe.

Das Behandlungszimmer ist in einem krassen, zum Orange tendierenden Gelb gestrichen – ein verzweifelter Versuch, die Abwesenheit von Fenstern zu kompensieren. »Ich habe mir diese Farbe nicht ausgesucht!«, sagt der Arzt, der sieht, wie meine Pupillen sich in dieser Sonnigkeit weiten, »ich teile mir das Zimmer mit jemand anderem.«

Der Mann ist groß und hat dunkles Haar, ein wenig abstehende Ohren und auffallend muskulöse Oberarme. Als sich unsere Blicke begegnen, steigt so etwas wie Verwirrung in mir auf. Er bietet mir einen Stuhl an und sinkt auf seinen – schaut mich wieder an und lächelt. Ich bin froh, dass ich ihm die Röntgenaufnahme aus Béziers zeigen kann, die er entgegennimmt, um damit in die andere Ecke des Zimmers zu gehen. Dort hängt über einem Behandlungstisch ein Leuchtkasten an der Wand. Kurz gleiten seine Augen über die Aufnahme, dann betrachtet er die Blutung. »Das kann ich gut behandeln«, sagt er. »Sehen Sie, ich gehe hier mit einem dünnen Schlauch hinein«, er zeigt auf seine Leiste, »dann komme ich an dieser Stelle aus.« Er zeigt auf eine Ader am Rande des Bildes, folgt ihr mit dem

Finger bis zu der Blutung. »Wenn ich an der richtigen Stelle bin, dichte ich das Loch mit kleinen Metallspiralen ab. Ihr Körper bildet dort dann Narbengewebe. Man hat sofort ein Ergebnis, und es treten sehr selten Komplikationen auf.«

Ich nicke, es scheint einfach zu sein, und ich bin froh, dass er mich nicht aufschneiden muss.

»Sie haben einen Akzent«, bemerkt er, als wir uns wieder hinsetzen, »wo kommen Sie her?« Ich erzähle ihm, dass ich Niederländerin bin, er stellt mir weitere Fragen. Jetzt befinde ich mich auf vertrautem Gebiet und fühle, wie ich mich entspanne. Ich erzähle von meinem Leben, dem Weingut – eine Geschichte, die ich schon so oft zum Besten gegeben habe, dass ich genau weiß, wo ich einen Witz machen, wo ich etwas relativieren muss. Dennoch ist es dieses Mal anders – er stellt mir Fragen, über die ich nachdenken muss. Plötzlich ist es keine Anekdote mehr, sondern etwas Wichtiges, das richtig wiedergegeben werden will. Ich sehe den sanften Glanz in seinen dunklen Augen.

Als ich zu Ende erzählt habe, richtet er sich auf, und plötzlich sehe ich den Mann in ihm: einen ziemlichen Charmeur. Er plaudert über den Verkehr in Montpellier, über das Motorrad, das er sich gekauft hat, um zwischen den verschiedenen Kliniken hin- und herzufahren. Dann räuspert er sich, nimmt seinen Kalender und plant die Operation für den nächsten Tag ein.

»Wissen Sie, dass sie ein Weingut hat?«, fragt der Anästhesist den Arzt aus dem gelben Zimmer. Ich liege in einem Nachthemd aus blauem Papier, das nur von ein paar Bändern zusammengehalten wird, auf dem Operationstisch. »Das weiß ich schon lange!«, sagt der Arzt. »Aber ich habe mir ihre Website angeschaut«, sagt der Anästhesist.

»Na und, mir hat sie es persönlich erzählt.« Dann bemerken

sie, dass ihr Gesprächsthema noch zuhört. Ich bekomme ein Narkosemittel und schlafe ein.

Als ich in meinem Krankenzimmer wieder wach werde, wird es draußen schon dunkel. Ich schalte eine Lampe ein und sinke in die Kissen. Beinahe gleichzeitig wird an die Tür geklopft – es ist der Arzt, der mich operiert hat. »Der Eingriff ist hervorragend verlaufen«, sagt er, während er ein paar Aufnahmen aus einem großen weißen Umschlag holt. Er erklärt mir, was er gemacht hat – es sieht gut aus.

Dann steht er auf, aber noch bevor er an der Tür ist, dreht er sich zu mir um. Er wirkt ein wenig verwirrt, sucht kurz nach Worten und sagt dann: »Hm, ich möchte Ihnen gerne sagen, dass ... es für mich etwas Besonderes ist, jemanden wie Sie zu treffen. Unser Gespräch hat mich berührt, ich ... ich finde, Sie sind eine ungewöhnliche Frau.«

Ich schaue ihn an, seine dunklen Augen, sein blaues OP-Hemd, unter dem ich die Konturen seines Körpers erahne, sein vorsichtiges Lächeln. Alles an ihm zieht mich an, mit einer Intensität, die mir Angst macht. Er wartet noch immer unsicher auf meine Reaktion. Ich denke nach, fühle alles Mögliche gleichzeitig, sage dann das Einzige, was mir einfällt: *»Merci.«*

23

Ich folge dem schmalen Weg, der an den Weinfeldern entlangführt und an der linken Seite von hochgewachsenem Bambus gesäumt wird. Auf halbem Weg sehe ich Monsieur Lampilas ein wenig vornübergebeugt vor seinem Gemüsegarten stehen, er wirkt klein und rundlich in seiner verwaschenen beigen Hose und einem Hemd, das irgendwann einmal kariert gewesen sein muss.

Die hohe Felswand hinter ihm liegt noch im Schatten, aber das Gras auf dem Feld davor glänzt bereits in der Sonne. Er dreht sich zu mir um, ein breites Lachen auf einem runden Gesicht mit hellen Augen. Hinter ihm erkenne ich seine schon hoch aufgeschossenen Tomatenpflanzen an den spitz zulaufenden Gestellen aus Bambus, dem gleichen Bambus, der auf der anderen Seite am Fluss wächst. Ich betrachte die sauber geharkten Beete mit dem Salat, kleine grüne Pflänzchen, und im Hintergrund sein selbst gebautes Haus. Die Reihe Pappeln, die er vor fünf Jahren als kahle Stämme gepflanzt hat, sind zu hohen Bäumen herangewachsen, an denen die Blätter zufrieden im Morgenwind rascheln. Ich schaue ihn an, den kleinen Mann, der sich so selbstverständlich und zeitlos in dieses Land einfügt, das ihn umgibt. Ich fühle, dass ich hier an etwas Wesentliches rühre, an etwas, das die Wahrheit sein könnte.

Als ich langsam wieder davongehen will, hält er mich zurück. »Warten Sie kurz!«, sagt er. In seiner etwas holprigen Art geht er in seinen Gemüsegarten und kommt kurz darauf mit zwei großen Salatköpfen zurück, die er mir feierlich überreicht: »Für Sie!«

Simone und Henk sind wieder für einige Tage in Südfrankreich. Ich habe am Abend zuvor bei ihnen gegessen, und jetzt stehen wir zusammen auf dem Platz mit den Platanen im alten Zentrum von Maraussan. Vor der Natursteinfassade des Gemeindehauses ist eine große Bühne aufgebaut worden, auf der ein paar Jungs eine Cover-Version von The Clash spielen. Der künstliche Nebel auf der Bühne fließt ins Publikum, das vor der Bühne tanzt – ein gepflegter Mann im Leinenjackett bewegt seinen Kopf im Rhythmus der Musik, ein stolzes Lächeln spielt um seine Lippen. Der Junge auf der Bühne mit dem schwarz gefärbten Haar, der sein Lächeln erwidert, muss sein Sohn sein. Dann erklimmt eine Gruppe erwachsener Männer die Bühne, eine Band aus der Kategorie Hochzeiten und Partys. Routiniert spielen sie ein paar gecoverte Stücke.

Langsam werde ich nervös, drängele mich durch das Publikum hindurch zu einem Platz ganz vorne, wo ein paar Jungs und Mädels auf einer kleinen Mauer sitzen. »Fiene und Marijn sind jetzt dran!« – Laartje kommt schreiend auf mich zugerannt, und ich sehe, wie Marijn sich starr vor Aufregung eine schwarze Gitarre umhängt. Dann klettert sie auf die Bühne, um zusammen mit dem alten Rocker, der sich um die Tontechnik kümmert, den Verstärker einzustellen. »Ich habe totale Angst«, sagt Fiene leise. »Bist du verrückt, die Nummer kannst du richtig gut«, sage ich noch viel aufgeregter als sie.

Dann leuchten die Scheinwerfer auf, und von zwei Seiten strömt Nebel auf die Bühne. Fiene sitzt hinter einem riesigen Schlagzeug, umringt von Marijn und drei Jungen aus ihrer Klasse, und rockt. Ich werde beinahe verrückt vor Stolz.

Zwei Nummern – alles super gelaufen. Ich hyperventiliere noch immer, während ich zur Bar auf dem Platz strauchele, um mir ein richtig großes Glas Wein zu gönnen. Eine Frau neben mir dreht sich lachend zu mir um: »Ich bin eine Lehrerin Ihrer Töchter«, sagt sie, »was für nette Kinder, ich bin froh, sie in der Klasse zu haben, immer gute Noten, keine Frage, aber sie sind auch so nett, so interessiert.« Dann denkt sie kurz nach: »Sie haben mir erzählt, dass sie auf einem Weingut leben. Vielleicht ist es das, die Tatsache, dass sie auf dem Land aufgewachsen sind, womöglich sind sie deshalb ausgeglichener, glücklicher als viele Kinder aus der Stadt.« Überrascht schaue ich sie an. Wenn das stimmen würde, dann war es die richtige Entscheidung, hierzubleiben.

Langsam ordnen sich die Dinge. Bei meinen Abenteuern mit dem Journalisten habe ich in Bordeaux gelernt, meine Weine weiter zu verfeinern. Ich habe neue, große Fässer aus einer französischen Eiche gekauft, die von ihrer Qualität her zu einem *Grand Cru* passen würde. Viel zu teuer, aber der Effekt ist bereits zu spüren: Plötzlich stehen die Weine auf der Karte eines Drei-Sterne-Restaurants in London. Über einen Schweden, der in Saint-Emilion neben mir saß, habe ich jetzt auch auf dem schwedischen Markt einen Kunden gefunden. Die extreme Haltung aus meiner Zeit mit Pierre habe ich aufgegeben. Warum sollte ich nur eine gute Winzerin sein können, wenn ich den ganzen Tag Weinstöcke schneide? Natürlich bin ich für die Herstellung verantwortlich, aber ist es nicht viel wichtiger, dass ich mich mit meinen Kunden beschäftige, Weinproben veranstalte?

Ich frage mich, ob ich mich nur in Pierre verliebt habe, weil er der Gegenpol zu Aad war. Der Anti-Materialist auf der einen Seite und der Mann mit Statusbewusstsein auf der anderen? Raue Natur gegen geleckte Werbung? Alter Peugeot gegen Porsche? Ich frage mich, ob ich das Leben wirklich durch dieses Schwarz-Weiß-Raster betrachte. Wahrscheinlich ist es so.

Jetzt stehe ich mit Marijn auf dem Stück Land hinter dem Weinkeller. Sie ist groß geworden, ich betrachte ihr nachlässig hochgestecktes blondes Haar, ihre alte Jeans, das weiße T-Shirt mit dem Streifen roter Erde darauf. Nach dem »Pic« ist sie auf das »Lycée La Trinité« gewechselt. Es ist die angesehenste Schule der Stadt. Dort gehen die Kinder hin, die später einmal studieren wollen, meistens, weil ihre Eltern das auch gemacht haben. Jetzt fahre ich Marijn nicht mehr zu den dunklen Wohnungen ihrer Grundschulfreunde, sondern auf Feste in erleuchteten Schwimmbädern, in eine Welt, in der sie sich genauso zu Hause fühlt.

»Gib mir mal einen *plantoir*, so einen Pflanzstock«, sagt sie zu Philippe, dem Winzer, dessen Felder nicht weit von uns entfernt liegen. Es ist der zweite Tag, an dem ich sie nicht in die Schule geschickt habe. Gestern haben wir für einen Winzer einen Weingarten ganz in der Nähe des Dorfes angelegt. Die Winzer helfen sich hier traditionell gegenseitig, um Kosten zu sparen. Und heute ist also *Mas des Dames* an der Reihe. Ich fühle mich geehrt, dass auch ich gefragt werde, denn nur diejenigen, die sich mögen, sind bereit, umsonst füreinander zu arbeiten. Von einem Anhänger wird gerade eine große Rolle Eisendraht heruntergeholt, an dem in gleichmäßigen Abständen Stücke farbigen Klebebands befestigt sind. Der Draht wird ausgerollt, sodass das Klebeband anzeigt, an welchen Stellen die Pflanzen stehen müssen.

»Komm, lass mich das mal machen«, sagt George und nimmt Marijn den *plantoir* aus der Hand. Er ist 72, aber schlägt den T-förmigen Pfahl immer noch mit einem kräftigen Schlag in den Boden, dreht ihn dann nach rechts und links, bis er bis zum Anschlag in der Erde steckt. Fertig, weiter zum nächsten.

Marijn und ich gehen zu dem Sack mit den Pflanzen, die nicht mehr als dünne Stöcke sind, abgeschnittene Wurzeln am einen Ende und eine schützende Schicht roten Wachs am anderen. Während wir am Eisendraht entlang nach oben gehen, lassen wir bei jedem Stück Klebeband eine Pflanze auf den Boden fallen. Die Männer graben die Löcher, setzen eine Pflanze hinein und gehen weiter zur nächsten.

»*Merde*, das ist nicht dasselbe wie in der *plaine*, auf dem flachen Land«, sagen die Männer, als sie wieder auf einen Stein stoßen. Aber dann setzen sie ihren Rhythmus ohne weitere Klagen fort, Weinstock für Weinstock für Weinstock, 4000 Pflanzen auf dieser Parzelle von fast einem Hektar.

Am Ende des Tages sitzt Marijn entspannt zwischen Jean-François, George, Philippe und Benjamin. Wir haben alle gut gearbeitet, jetzt sind wir müde und betrachten unsere Arbeit oben vom Hügel aus. Marijn redet auch über die Weinfelder und das Wetter und erzählt genauso selbstverständlich, dass sie Medizin studieren will. Die Leute reagieren freundlich darauf, vielleicht sind wir anders und haben andere Ideale, aber die einen sind nicht besser als die anderen.

»Ich muss wieder ein Praktikum machen«, sagt Marijn. Im französischen Bildungssystem machen die Kinder von ihrem 14. Lebensjahr an jedes Jahr ein Betriebspraktikum. Nach einer Woche bei einem Kinderarzt und einem Neurochirurgen sucht Marijn jetzt auch wieder nach einem Platz bei einem Spezialisten. Ich muss nur kurz nachdenken: »Ich glaube, ich kenne da jemanden.«

Eine Woche später sitzen wir im Auto und suchen nach einer Adresse in dem Ort, in dem ich operiert worden bin. »Natürlich erinnere ich mich noch an Sie«, hatte der Arzt aus Montpellier auf meine zurückhaltende Mail geantwortet. Er schlägt vor, dass wir zu ihm nach Hause kommen, wenn er dort während seiner Arbeit für die beiden Kliniken eine Pause macht.

Es ist viel Verkehr auf den Straßen und schon fast drei Uhr, als wir endlich in dem Vorort ankommen, in dem er wohnt. Wenn wir dem Navi glauben, muss sein Haus ganz in der Nähe sein, aber in dem Nieselregen sehe ich nur Absperrungen und Umleitungsschilder. Ich versuche, sie zu umgehen, stehe aber fünf Minuten später wieder im Stau. »Lass dein Auto einfach hier stehen«, sagt Marijn, »dann laufen wir das letzte Stück.«

Aber ich will nicht so schnell aufgeben. »Geh du schon mal vor, dann umfahre ich die Absperrung – es muss doch einen Parkplatz vor der Tür geben.« Ich folge den gelben Pfeilen, die mich lange in eine Richtung führen, wo ich nicht mehr abbiegen kann. Inzwischen bin ich wirklich weit weg und eine Viertelstunde zu spät. Ich rufe den Arzt an, bei dem Marijn inzwischen schon angelangt sein muss. Er versucht, mir zu erklären, wie ich – die zweite links, die dritte rechts und dann über einen Kreisverkehr – zu seinem Haus komme. Es ist ein Albtraum, aus dem ich erst eine weitere Viertelstunde später erwache, als ich endlich mein Auto gegenüber der Hausnummer abstelle, die er angegeben hatte. Ich steige aus, schaue mich suchend um, sehe dann in der Ferne einen Mann in Jeans und schwarzer Dreivierteljacke auf mich zukommen. Er lacht mich an – ich erkenne sein Gesicht wieder und erinnere mich noch an viel mehr Dinge, die ich eigentlich nicht wissen kann. Automatisch habe ich den gleichen Gedanken wie damals, vor 20 Jahren.

Wie konnte ich nur so blind sein, denke ich, er ist es.

»Das war ziemlich lustig«, sagt Marijn auf dem Rückweg im Auto. »Wie aufgeregt ihr beide wart und versucht habt, lustig zu sein. Ich hab dich noch nie so gesehen, voll pubertär.«

Ich weiß jetzt, dass er Olivier heißt, zögernd schreiben wir uns ab und zu, wir siezen uns noch immer. *»Je suis très heureux d'avoir de vos nouvelles«*, simst er mir von einem Kongress in New York. Ich stehe zu dem Zeitpunkt für einen Flug nach Chicago an und grinse, als ich seine Mitteilung lese. Der junge Mann, der neben mir steht, lacht: »Gute Neuigkeiten, stimmt's?«

Was kommt, war absehbar: Wir wollen uns wiedersehen. Feige wie ich bin, schlage ich ihm einen Besuch auf dem Weingut vor – ganz unverbindlich und ohne jedes Risiko. Aber statt ihm den Weinkeller zu zeigen, sitzen wir jetzt schon seit zwei Stunden auf den beiden Sofas im Wohnzimmer. Ich sehe wieder diese sanfte Glut in seinen Augen, es ist unglaublich, wie gut sich alles anfühlt bei diesem Mann. »Darf ich dich kurz in den Arm nehmen«, fragt er, als er aufsteht.

Während er sich wieder setzt, sagt er verwirrt: »Ich lebe nicht alleine«, und mit fester Stimme fügt er hinzu: »aber ich könnte mir vorstellen, das sich das bald ändert.«

Zwei Tage später ist Olivier zurück. Wir gehen in ein Restaurant in der Nähe, schlafen miteinander – jetzt wissen wir es genau. *Tomber amoureuse, falling in love* – warum haben wir im Niederländischen keine ähnlich bewegenden Worte für dieses schwindelerregende Gefühl? Wir »sind« einfach nur verliebt. Ich weiß jetzt mehr über seine Beziehung, weiß, dass er gerade einen Kaufvertrag für ein Haus unterschrieben hat. Er sagt, dass er schon seit Monaten schlecht schläft, weil sein Leben in eine Richtung läuft, die er sich so nicht vorgestellt hat.

Ich fühle mich in eine frühere Zeit zurückversetzt, denke an Pierre und den ewigen Schatten seiner Freundin. Ich will nicht, dass Olivier lügen muss, um mich sehen zu können, will mich nicht an ihn binden, ohne zu wissen, wohin mich das führt. »Ich verstehe, dass du Zeit brauchst«, sage ich also, »wir sollten uns vorläufig nicht mehr sehen.«

»Das wollte ich auch nicht«, sagt er, »gib mir einen Monat.«

Ich gehe mit Simone und Fiene durch einen Gastronomie-Großmarkt. Fiene legt einen Käse von einem halben Meter Durchmesser in den Wagen und große Eimer, in denen man normalerweise Wandfarbe kauft, mit griechischen Oliven. In diesem

Jahr feiert *Mas de Dames* sein zehnjähriges Bestehen. Es ist ein Wunder, dass es uns noch gibt – wie viele Menschen haben geglaubt, dass ich es alleine niemals schaffen würde? Wie lange habe ich selber daran gezweifelt?

Mit dem Abstand, den ich inzwischen habe, kommt mir das Leben, das ich noch vor ein paar Jahren geführt habe, beinahe unwirklich vor. War ich tatsächlich diese überarbeitete Frau, die mit einem Baby und zwei kleinen Kindern in einem unbeheizten Ferienhaus gewohnt hat? Die ihre Tage auf einer Landwirtschaftlichen Schule verbrachte und in blinder Panik vor einer Entstielungsmaschine stand, die nicht funktionierte?

Es scheint, als sei mit der Zeit alles einfacher geworden, als seien die großen Zweifel weggefegt worden. Was zählt, ist das Hier und Jetzt, sind das Weingut und die Mädchen, dieser Augenblick, in dem ich lebe.

Ein sehr guter Anlass für ein Fest.

»Wir sind dann mit dem ganzen Personal aus unserem Weinhandel auf einer Reise im Languedoc«, sagt Xavier van Okhuysen. 24 Leute. Ich lade sie alle ein.

»Ah, dann sind Mike und ich mit einer Gruppe Zwischenhändler in der Gegend«, sagt Roy, der Amerikaner. Zwei Anrufe genügen, und das kleine Fest ist hinfällig, wir feiern ein großes.

Jean-François und seine Frau Géraldine organisieren, dass wir uns alle Tische und Stühle aus dem Rathaus in ihrem Dorf leihen können. Ich miete Damast-Tischdecken, tue über Bekannte einen DJ aus Paris auf, leihe eine runde Bar, die ich vor das Haus stelle, und eine Zapfanlage.

Raymond, der eine Wein- und Tapasbar in Roquebrun hat, erklärt sich bereit, an diesem Abend einen großen Räucherschinken für die Gäste aufzuschneiden. »Den Schinken zum Einkaufspreis und mich gratis dazu.« Die türkischen Frauen aus dem Dorf kommen mit drei Autos auf dem Parkplatz an – viele Hände arbeiten an der größten Schale mit gefüllten Weinblättern, die ich je gesehen habe.

»Liebling, wie viele Leute kommen eigentlich?«, fragt Simone besorgt. Auf der Gästeliste stehen über 100 Personen, von denen immer mehr zusagen. Miriam und Annemiek fliegen zusammen, Anne kommt aus Paris, Rex und Anneke werden da sein, Michiel und Sharon, aber auch alle neuen Freunde aus der Gegend, die *Vinifilles*. Zusammen mit Fiene, Marijn und Laartje plane ich den Abend bis ins Detail. Es fühlt sich unglaublich toll an, dass so viele Menschen diesen Moment mit uns teilen wollen. Ein Lebensabschnitt geht zu Ende, etwas Neues kann beginnen.

»Kommt Olivier eigentlich auch?«, fragt Marijn.

Samstagmittag – die Tabletts sind gefüllt mit kleinen durchsichtigen Bechern aus dem Gastronomie-Großhandel. Anne hat unglaubliche Mengen Mousse au Chocolat vorbereitet, die Miriam und Annemiek mit schwindender Begeisterung in die Becher füllen. »Mein Gott, ist das viel!«, sagt Annemiek, als sie das dritte Tablett in den Kühlschrank stellt.

Währenddessen unterhalten Miriam und Annemiek sich auf Englisch mit Anne – die drei sehen sich zum ersten Mal, aber sie können problemlos auf eine Wirklichkeit zurückgreifen, die jeder von ihnen kennt.

Mit Simone, Fiene und Marijn schaffe ich große Schalen dreifarbiger Pasta und Quiches mit Brokkoli und Cashew-Nüssen auf den Wohnzimmertisch. Es gibt riesige Brote, die türkischen Frauen haben einen unglaublichen Berg Taboulé und Stapel Baklava gezaubert. Draußen höre ich das tiefe Lachen von Rex, der zusammen mit Michiel die Zapfanlage anschließt. Laartje rennt über den Kies.

Und wieder habe ich das Gefühl, dass alles ganz genau so ist, wie es sein muss.

Die Firma »Okhuysen« fährt mit einem großen Bus auf den Parkplatz. Es ist sonderbar und doch zugleich vollkommen selbstverständlich, sie plötzlich alle hier auf dem Weingut zu sehen. Jetzt laufen sie also durch das Foto, das sie schon jahrelang aus dem Katalog des Weinhandels »Okhuysen« kennen. Ich freue mich, ihnen noch die Weingärten zeigen zu können. Schließlich gehe ich schnell nach oben, um mir ein Kleid anzuziehen und mein zerzaustes Haar aufzustecken.

Als ich wieder hinunterkomme, hat das Fest bereits begonnen. Claire aus dem Dorf, die mit Marijn in die Grundschule gegangen ist, steht mit einer Freundin hinter der Bar. Sie sieht professionell aus in der Kleidung der Hotelfachschule, routiniert öffnet sie eine Flasche Rosé. Xavier van Okhuysen unterhält sich mit Mike von »Vintage '59«, im Hintergrund schneidet Raymond große Scheiben von dem Schinken, der in einer Halterung vor ihm steht. Die *Vinifilles* kommen mit Schalen voller Anchoïade und selbstgemachten Torten. Louis, Xavier van Okhuysens Vater, überreicht mir eine Flasche Wein, die sofort zur wertvollsten in meiner Sammlung wird.

Als ich schließlich an die Bar zurückgehe, sehe ich ihn plötzlich. Dort steht er, oben an der Treppe. Sofort merke ich, wie ein breites Lächeln mein Gesicht überzieht und wie sich dieses Lächeln auf seinem Gesicht widerspiegelt. Ich gehe ihm entgegen.

»Hier bin ich also«, sagt Olivier lächelnd, »und ich habe dir etwas mitgebracht. Jemand muss mir tragen helfen.« Zusammen mit Michiel laufen wir zum Eingangstor, wo sich eine bizarre, dunkle Form abzeichnet. Erst als wir dicht davorstehen, erkenne ich den großen Zitronenbaum, der über und über mit Früchten behangen ist. Ich stelle mir vor, wie er ihn in seinem Cabriolet von Montpellier aus hierher transportiert hat – ein Wunder, dass der Baum noch Blätter hat. Im Dunkeln nimmt Olivier meine Hand und zieht mich zu sich heran. »Natürlich ein sehr symbolisches Geschenk«, sagt er lachend, »dieser Baum soll widerspiegeln, was ich mir für unsere Beziehung erhoffe – er soll groß und stark werden und immer Früchte tragen.« Kurz nimmt er mich in die Arme, dann schleppt er den schweren Topf zusammen mit Michiel bis oben an die Treppe.

Ich laufe hinter den beiden Männern her, die den Baum zwischen sich tragen – dorthin, wo all die Menschen stehen, die so wichtig für mich sind, von wo ihre fröhlichen Stimmen zu mir heraufschallen und wo die Beleuchtung so festlich schimmert. Ich betrachte das alles, und plötzlich verstehe ich: Alle Entscheidungen, alle Probleme und Zweifel der vergangenen Jahre hatten einen Sinn, unaufhaltsam haben sie zu diesem Moment geführt – zu dem Moment, in dem alles gut ist.

Oliver setzt den Baum ab und dreht sich zu mir um. Ich nehme seine Hand und führe ihn die Treppe hinunter. An seinem Lächeln sehe ich, dass wir dasselbe denken: Das hier ist erst der Anfang.

Ein wahrer Mittsommernachtstraum

Christiane Stella Bongertz,
Joakim Montelius
VERLIEBT IN SCHWEDEN
Eine Geschichte ohne
Elch, aber mit Herz
288 Seiten
ISBN 978-3-404-60740-2

Im Juli ist Schweden ein Märchen: magisches Licht, überbordende Natur und fröhliche Menschen. Stella sucht hier Zuflucht, weil daheim alles den Bach runter geht: Job, Mann und Wohnung. Als sie ihrer Gastwirtin erzählt, dass sie bis zum Winter eine neue Bleibe gefunden haben muss, bietet die Schwedin ihr ein kleines Strandhaus an. Damit verändert sich Stellas Leben für immer. Denn sie verliebt sich in das skandinavische Land – und in Joakim, der ganz in der Nähe wohnt. Doch bis beide zueinander finden, muss noch einiges geklärt werden. Etwa warum das Reißverschlussverfahren den Schweden gegen die Ehre geht. Aber vor allem, warum sie sich zur Paarungszeit so merkwürdig verhalten …

Bastei Lübbe Taschenbuch

BASTEI LÜBBE
www.luebbe.de